D1723339

Anthroposophie und Christentum

Weltanschauungen im Gespräch
Band 13

Herausgegeben von
Otto Bischofberger, Joachim Finger,
Joachim Müller, Georg Schmid

im Auftrag der
Ökumenischen Arbeitsgruppe
«Neue religiöse Bewegungen in der Schweiz»

Anthroposophie und Christentum

Eine kritisch-konstruktive Auseinandersetzung

Herausgegeben von Joachim Müller

Beiträge von
Cornelius Bohlen – Hans Buser – Joachim
Finger – Bernhard Grom – Andreas Heertsch –
Joachim Müller – Martin Scheidegger –
Georg Schmid – Georg Otto Schmid –
Carlo Willmann

Paulusverlag Freiburg Schweiz

Die Deutsche Bibliothek – CIP-Einheitsaufnahme

Anthroposophie und Christentum : eine kritisch-konstruktive Auseinandersetzung / hrsg. von Joachim Müller. Beitr. von Cornelius Bohlen ... – Freiburg, Schweiz : Paulusverl., 1995
  (Weltanschauungen im Gespräch; Bd. 13)
  ISBN 3-7228-0360-8
NE: Müller, Joachim [Hrsg.]; Bohlen, Cornelius; GT

© 1995 Paulusverlag Freiburg Schweiz
Umschlaggestaltung: Peter Kunz, Zürich
ISBN 3-7228-0360-8

Inhalt

Einleitung

Joachim Müller

In einem Klima des Unbehagens an gegenwärtiger Technik, Medizin, Wissenschaft, Erziehung, Religion und Kirchen wächst heute offensichtlich die Sympathie für anthroposophische Ideen. Das Interesse vieler Menschen gilt in erster Linie den praktischen Alternativangeboten der Waldorfschulen, der Waldorf-Kindergärten, der ganzheitlichen Medizin, der heilpädagogischen Arbeit mit körperlich und geistig behinderten Menschen und der biologisch-dynamischen Landwirtschaft.

Weniger zur Kenntnis genommen wird das zentrale Anliegen der Anthroposophie als Erkenntnisweg und Weltanschauung; denn Anthroposophie will die spirituelle Erfahrung der All-Einheit vermitteln, in der ihrer Auffassung nach Mensch und Kosmos leben. Rudolf Steiner (1861–1925) formulierte: «Anthroposophie ist ein Erkenntnisweg, der das Geistige im Menschenwesen zum Geistigen im Weltall führen möchte.»

Die großen christlichen Kirchen widmen der Anthroposophie seit einigen Jahren verstärkte Aufmerksamkeit. Nicht nur in der Auseinandersetzung mit der Waldorf-pädagogik, sondern grundsätzlicher stellen deren Vertreter die Frage nach dem Kern der Anthroposophie. Dabei blieb und bleibt es nicht beim Wiederaufwärmen alter Argumente. Das Freund-Feind-Denken wird abgelöst; ausgewogenere Stellungnahmen werden gesucht, dialogische Begegnungspunkte werden gefunden und helfen, den Andersdenkenden besser wahrzunehmen und in seiner Argumentationsweise auch besser zu verstehen.

In diesem Sinne will auch dieser Band einen Beitrag leisten, der – jenseits falscher Etikettierung und vereinfachender Klischees – «Weltanschauungen im Gespräch» zeigen und zum Gespräch mit wie zum Nachdenken über

Anthroposophie und Christentum (der Kirchen) einladen soll. Er geht zurück auf eine Tagung der Ökumenischen Arbeitsgruppe «Neue religiöse Bewegungen in der Schweiz» in Zusammenarbeit mit der Paulusakademie in Zürich am 4./5. Dezember 1993.

Trennendes wird in den Beiträgen dabei nicht verschwiegen, sondern deutlich benannt; nicht vereinfachende Harmonie, sondern spannungsreiche Darstellung unterschiedlicher Positionen zwischen Vertretern der Anthroposophie (Bohlen, Heertsch), von Grenzgängern (Buser, Willmann) und Vertretern der Kirchen (Grom, Finger, Müller, G. Schmid, G. O. Schmid und Scheidegger) werden sichtbar. Doch ist dies auch der Versuch, in der Achtung vor fremder, vor der jeweils anderen Religiosität und Spiritualität diese Auseinandersetzung zu führen und in der Bereitschaft, zu lernen und sich selbst zu korrigieren, einander zu begegnen.

In diesem Sinne laden wir den Leser ein, sich mit diesen Beiträgen auseinanderzusetzen und sich seine Meinung zu bilden.

Rudolf Steiner
Ein einsamer Geisteswissenschaftler
im Blick einiger Zeitgenossen

Carlo Willmann

Diese Skizze von Rudolf Steiners biographischen Bezügen zu Zeitgenossen und dem Motiv des Dialogischen möchte ich mit dem Jahr 1900 beginnen. Wo steht in diesem Jahr Rudolf Steiner?

Die aufreibende und ermüdende Redaktionsarbeit an dem von ihm herausgegebenen «Magazin für Literatur» hat er gerade niedergelegt, enttäuscht von der zu geringen Wirkung, die seinem Blatt, das lebendiges Kulturschaffen repräsentieren und anregen wollte, beschieden war.

Dies mag keine große Ermunterung für den fast Vierzigjährigen gewesen sein, nachdem er schon vier Jahre zuvor nach bravouröser Mitherausgabe Goethes naturwissenschaftlicher Schriften in Weimar erfahren mußte, wie zäh und trocken doch sein großes literarisches und geistiges Vorbild Goethe mehr verwaltet denn lebendig verstanden wurde. Verwaltet von «Archivherren», die kaum zu ahnen schienen, welcher Lebensnerv in ihrem jungen Mitarbeiter Steiner von Goethes Werk getroffen wurde, ein Nerv, der ein Leben lang vibrieren sollte. Mußte doch Steiner in Goethe denjenigen Denker und Forscher sehen, der vermochte, Sinnlich-Faßbares mit Geistig-Geschautem zu verbinden – etwas, wonach schon der junge Steiner aufgrund seiner okkulten Begabung suchte. Bereits in seiner Schul- und Studienzeit litt er über weite Strecken an der materialistischen Gesinnung von Wissenschaft und Philosophie. Er fand schon in seiner vom übersinnlichen einsam heimgesuchten Kindheit nur Trost und Glück in der mathematischen Klarheit der Geometrie und auch, wie ein Gegensatz dazu, in der tiefen Religiosität des kindlichen Gemütes – eingebettet in die kultische Heimat der katholischen Messe, die ihm als dörflichem Ministrantenjunge ein, wie er selbst Jahrzehnte später schreibt, «tiefgehendes Erlebnis» war, eine Welt, mit der er «fortwährend dachte, sann und empfand.»[1]

1900 in Berlin, aus ärmlichen Verhältnissen durch auffallende Begabung und immensen Fleiß zum Doktor der Philosophie und zum Verfasser einer Philosophie der Freiheit avanciert, entschließt sich Steiner, seine Überzeugungen und seine übersinnlichen Erkenntnisse von nun an vorwiegend in Vorträgen und Reden den Menschen zu Gehör zu bringen. Damit beginnt ein gewaltiges Vortragswerk, dessen zukünftiges Ausmaß – es werden ca. 6000 Vorträge, Ansprachen und Reden sein – Steiner damals selbst nicht geahnt haben kann. Mit diesem Entschluß ist der Beginn seines theosophischen bzw. anthroposophischen Wirkens gesetzt.

Aber noch bevor Steiner in der Theosophischen Gesellschaft Berlins seine erste esoterische Zuhörerschaft findet, spricht und wirkt er vor allem im Berliner «Kreis der Kommenden», dem so illustre Persönlichkeiten angehören wie Erich Mühsam, Käthe Kollwitz, Else Lasker-Schüler, Stefan Zweig, Ludwig Jacobowski und andere mehr. Daß Steiner dort starken Eindruck machte, wissen wir von Stefan Zweig, der uns von der «hypnotischen Kraft seiner Augen» und von seinem «von geistiger Leidenschaft gezeichneten Antlitz» zu erzählen weiß.[2] Zweig berichtet uns in seinen Erinnerungen eines Europäers:

«Es war aufregend ihm zuzuhören, denn seine Bildung war stupend und vor allem gegenüber der unseren, die sich allein auf Literatur beschränkte, großartig vielseitig; von seinen Vorträgen und manchem guten privaten Gespräch kehrte ich immer zugleich begeistert und etwas niedergedrückt nach Hause zurück.»[3]

Zweig fand später kein Verhältnis mehr zu Steiner und auch zu keinem Verständnis der Anthroposophie, wie er selbst eingeräumt hat. Zu allgemein, zu breit, stellenweise gar banal erschien ihm Steiners späteres Werk.

Steiners Eintritt in die Theosophische Gesellschaft 1902

erlaubt ihm nun, durchgehend esoterische Erkenntnisse vorzutragen, vorerst nur für ein kleines Publikum.

Mit seinen Vorträgen in den theosophischen Kreisen beginnt Steiner das Christentum mehr und mehr in den Mittelpunkt seiner Gedanken zu stellen. Das Buch «Das Christentum als mystische Tatsache» erscheint 1902, in weiteren Vorträgen beschäftigt er sich mit den christlichen Mystikern; eine frühe Vortragsreihe trägt den Titel «Von Buddha zu Christus».

Grundlegende Schriften wie die «Theosophie» und «Wie erlangt man Erkenntnisse höherer Welten?» 1904 und die beträchtliche Steigerung seiner europaweiten Vortragstätigkeit ab 1906 verschaffen ihm und seiner Bewegung einige Beachtung. Es finden sich nun Persönlichkeiten ein, die über die geistige Goldgräberatmosphäre des angegangenen Jahrhunderts hinaus zu den schöpferischen Größen des Jahrhunderts zählen werden.

So findet sich 1908 unter seinen Zuhörern in Berlin eine wahrhaft aufbruchgestimmte Künstlerpersönlichkeit, dessen Werk heute wieder viele Menschen beschäftigt.

Es ist Wassily Kandinsky, der spätberufene Meister aus Moskau. Kandinsky hört Steiners nach dem Vortragsort benannte Architektenhaus-Vorträge. Hier entwickelt Steiner eine geistige Kosmologie, in der hinter Farbe und Ton «Geist, geistige Wirklichkeit» zu sehen und zu hören seien, und «nicht eine phantastische Welt von durcheinanderwirbelnden Atomen».[4] Sogleich inspiriert von Steiner, sucht Kandinsky nun entschlossen seinen Weg zum Geistigen in der Kunst zu gehen. Von dieser Zeit an keimt der bestimmende Spiritualismus in Kandinskys Werk und wird zur Triebfeder der malerischen Revolution zur abstrakten Kunst, welche nicht mehr den vordergründigen sinnlichen Gegenstand, sondern das Geistige hinter einer vom Gegenständlichen befreiten Form sucht.

So findet Kandinsky große Worte für Steiners Bewegung in seiner berühmten programmatischen Schrift «Über das Geistige in der Kunst» (von 1912). Kandinsky sieht in jener «eine der größten geistigen Bewegungen» der Zeit, «ein starkes Agens», einen «Erlösungsklang».[5] Als Steiner ein Werk Kandinskys vorgelegt worden ist,[6] soll er geäußert haben: «Der kann was, der weiß was, ist er hell-sehend?»[7]

Zu einer persönlichen Begegnung zwischen beiden ist es dennoch nie gekommen, auch liegt kein Schriftwechsel vor. In Kandinskys Nachlaß fanden sich lediglich zahlreiche Schriften und Vortragszyklen Steiners. Der vergleichende Anblick gängiger anthroposophischer Kunst und derjenigen Kandinskys zeigt, wie unterschiedlich die künstlerische Realisation geistiger Erfahrungen ausgefallen ist.

Im Jahr 1909 läßt sich der sprachschöpfende und phantasiereiche Dichter Christian Morgenstern von den Vorträgen Steiners faszinieren. Vor allem die Evangelien-Vorträge machen auf Morgenstern einen solchen Eindruck, daß er trotz seines bedenklichen Gesundheitszustandes Steiner auf dessen theosophischen Vortragsreisen durch halb Europa nachreist.

Für Morgenstern sollte die Begegnung mit Steiner lebensentscheidend werden. Doch persönlich hält Steiner Morgenstern lange von sich fern. Morgenstern berichtet seiner Frau:

«Steiner bin ich noch nicht wesentlich näher gekommen. Er zeichnet mich zwar leicht aus, aber ich fühle immer noch nicht Vertrauen. Und so entfernt er mich auch immer wieder innerlich von sich.»[8]

Ist es nur die arbeitsbedingte Überlastung, die für Steiner keinen näheren Kontakt zu dem Dichter zuläßt? Ist dies die distanzierende Haltung des Lehrers, der die Freiheit seines Schülers durch persönliche Momente nicht belasten will?

Daß es letztlich doch zu einer tieferen persönlichen Beziehung zwischen Morgenstern und Steiner kam, ist sicher mehr dem unbeirrten Wunsch Morgensterns anzurechnen als dem Interesse Steiners.

1910 erscheint Steiners Grundwerk «Die Geheimwissenschaft im Umriß». In den Vorträgen dieses Jahres werden mit Karmadeutungen und Evangelieninterpretationen neue Themenkreise erschlossen. Da tritt 1911 eine andere, zu Morgenstern wahrlich polare Dichtergestalt an Steiner heran: Franz Kafka, der in seinen Werken an die Grenzen des Menschlichen schlechthin rührt, dessen literarische Figuren traumatische Menschenschicksale verkörpern, die für etwas büßen, von dem sie nicht wissen, und die etwas suchen, das sie nicht kennen.

Verwunderlich genug, daß Kafka in Steiners Lehre und in seine charismatische Person Vertrauen faßte.

Kafka hatte Steiner im Jahre zuvor ein Manuskript einer seiner Arbeiten zukommen lassen.[9] Ob und wie Steiner darauf reagierte, ist unbekannt.

Was Kafka, dem wir übrigens eine kurze, aber ausgezeichnete Analyse von Steiners Vortragsweise verdanken, Steiner dann in einer vertraulichen Unterredung in Berlin 1911 vorträgt, ist erschütternd offen. Er schildert Steiner, daß er in seinem inneren Leben ähnliche übersinnliche Erfahrungen mache, wie er sie bei Steiner geschildert findet. Er klagt ihm das Leid seiner in ein künstlerisches und ein bürgerliches Leben gespaltenen Existenz. Die Theosophie, so fragt Kafka ihn,

«wird sie nicht nach beiden Seiten hin stören und selbst von beiden Seiten gestört werden? Werde ich, ein gegenwärtig schon so unglücklicher Mensch, die drei zu einem Ende führen können? Ich bin gekommen, Herr Doktor, Sie das zu fragen, denn ich ahne, daß, wenn Sie mich dessen für fähig halten, ich es auch wirklich auf mich nehmen kann.»[10]

Ganz Kafka, erfahren wir außer vom intensiven Blick, von der großen Konzentration und einem Schnupfen Steiners nichts von Steiners Antwort. Es muß daher weitgehend im Dunkeln bleiben, was zwischen diesen beiden in ihren Welten einsamen Menschen ausgetauscht wurde.[11] Eine verläßliche Erwähnung seines Ratgebers ist bei Kafka nicht mehr zu finden, und Anthroposoph ist Kafka bekanntlich nie geworden.

Als Steiner nach Gründung der Anthroposophischen Gesellschaft 1913 und nach dem Bau des Goetheanums als Geisteswissenschaftlicher Hochschule in Dornach größere Aufmerksamkeit auf sich und sein Werk ziehen kann, bemerkt man in seinem Umkreis vermehrt Dichter, Philosophen und Künstler, die erst unter dem Einfluß Steiners ihre Berufung entwickeln.

So kommt in den nächsten esoterischen Kreis um Steiner der russische Philosoph und Romancier Andrej Belyj und arbeitet an der Ausgestaltung des Ersten Goetheanums mit.

Doch reibt er sich im stetigen Kampf mit der biederen anthroposophischen Gesellschaft auf, hin- und hergerissen zwischen dem Wunsch nach Anerkennung von ihrer Seite und dem Gefühl, sie für ihre Biederkeit verachten zu müssen. Als er nach einem längeren Aufenthalt im inzwischen bolschewistisch gewordenen Rußland 1923 in den Westen zurückkommt, wendet er sich beschämt von der Kleinkrämerei vieler Anthroposophen ab. In seiner Selbstbiographie blickt er auf diese Zeit zurück:

«...hier erregte man sich darüber: welches ‹Pfäfflein› welches ‹Traktätchen› gegen Steiner geschrieben habe; und das bewegte die Gemüter so, als ob die Welt untergehen würde...»[12]

Selbst nach einer versöhnlichen Begegnung mit Steiner kehrt er im allgemeinen enttäuscht und verbittert in seine russische Heimat zurück.

Steiner widmet sich seit 1917 mehr und mehr der praktischen Umsetzung seiner Ideen in Pädagogik und Medizin, in Soziallehre und Bühnenkunst. Da erreicht ihn 1921 ein Brief von Piet Mondrian, dem avantgardistischen Maler, der schon lange Mitglied der theosophischen Gesellschaft Amsterdams ist.[13] Darin versucht Mondrian, Steiner für den von ihm kreierten Neo-Plastizismus zu begeistern, der «als Kunst der nahen Zukunft für alle wahren Anthroposophen und Theosophen» anzusehen sei. Er bittet Steiner unter Versicherung seiner Hochachtung um eine Antwort, um eine Einschätzung seiner Kunst, kurz: um einen Dialog über die Zukunft der Kunst.

Eine Antwort blieb Steiner schuldig, was Mondrian verständlicherweise erboste. «Einseitig und stur» seien Steiner und seine Anhänger, explodieren könne er gegenüber diesen Brüdern, aber er habe ja Zeit: so reagierte der enttäuschte Künstler.[14]

Auch wenn Steiner ein Jahr später in einem Vortrag in Den Haag künstlerische Fragen anschnitt,[15] so kann doch nicht von einem wirklichen Dialog mit Mondrian gesprochen werden.

Aus den frühen Lebenserinnerungen eines Ehrenbürgers von Zürich, dieser geistesträchtigen Stadt an der Limmat, wissen wir, daß Steiners unermüdliches Wirken auch auf Kinder Eindruck machte. Elias Canetti berichtet uns, wie er als etwa 12jähriger Junge eines Tages seine sensible Mutter wie verändert empfindet. Ihm ist, «als spräche sie plötzlich in einer anderen Sprache».[16]

Hypnotischen Einfluß vermutet der Sohn, da auch die Mutter von der besonderen Ausstrahlung Steiners spricht. Eifersüchtig geworden schenkt er seiner Mutter, die ihm die Welt Steiners verwehrt, als Provokation ein Buch des ihm verbotenen Autors. Heuchlerisch sagt er seiner Mutter: «Jetzt kannst Du in Ruhe Steiner lesen und bist besser vorbereitet für die Vorträge.»[17]

Dieser kluge Zug führt zum gewünschten Erfolg, die Mutter läßt ab von diesen für Elias fremden Geisteswelten. In seinen Erinnerungen weiß Canetti Schuld und Unschuld dieser Episode seines jungen Lebens gut auseinanderzuhalten:

«Ich empfand nicht die Unwürdigkeit dieses Sieges über einen Geist, von dem ich nicht einen einzigen Satz widerlegt hatte, weil ich keinen kannte.»[18]

Diese schon fast entschuldigende Einsicht eines wahren Geistesmenschen spricht sowohl für den frühreifen Jungen wie für den späteren Nobelpreisträger.

Die immense Arbeitsbelastung, verbunden mit dem Gefühl, in vielem allein zu stehen, fordert von Steiner Tribut. Nach längerer Erkrankung stirbt er am 30. März 1925 in seiner Schweizer Wahlheimat Dornach. Der Nachwelt hat Steiner ein inkommensurables Werk überlassen, dessen gesamte Tragweite auch 70 Jahre nach seinem Tod noch nicht vollständig erschlossen, geschweige denn fortgeschrieben ist.

Was ist aus den vorgetragenen Episoden festzuhalten, für eine Betrachtung heute zu bedenken?

Zunächst: Steiner wurde zu seiner Zeit mehr wahrgenommen, als wir aufs erste glauben mögen. Es wären noch einige Persönlichkeiten aufzuzählen, die Steiner ernst nahmen und denen es wie ihm um die Humanisierung der Welt ging, solche, die Steiner zugeneigt waren, wie Albert Schweitzer oder Selma Lagerlöff; viele, die Steiner kritisch verfolgten, sehr interessant darunter Ernst Bloch.

An unseren Beispielen ist zudem auffallend: Nicht Steiner sucht andere Menschen auf, sondern sie ihn. Schlummert darin das Parcival-Motiv eines Bewußtseins, das nur Antwort gibt, wenn zuvor die rechte Frage gestellt wurde? Wenngleich nicht ganz abwegig, dürfte eine solche Begründung zu kurz greifen. Denn in unserem Fall haben wir ja, mit Ausnahme des jungen Canetti, nur an Steiner Interessierte als Zeugen, und doch bekommen wir dabei ein Bild schwieriger, distanzierter Beziehungen – außer bei Morgenstern, der sich jedoch ganz und gar der Sache und Person Steiners verschrieben hatte.

Was machte den Kontakt mit Steiner so schwierig? Warum kam er so schwer in den Diskurs mit gleichrangigen Geistern, nicht mit den kleinkrämerischen Kritikern der Kirchen und Institutionen, sondern mit solchen, die ernsthaft an Fragen des Geistes und der Seele arbeiteten, nur nicht auf anthroposophischer Ebene? Etwa mit C. G. Jung, der ja in nächster Nähe ein Vierteljahrhundert mit Steiner teilte?

Lag denn in Steiner nach Abschluß seiner akademischphilosophischen Karriere kein Bedürfnis mehr vor, sich mit anderen, d. h. auch Andersdenkenden, wirksam auseinanderzusetzen, und dies nicht nur im internen Vortrag mit Dornacher Heimvorteil?

Die in der Gesellschaft allgemein zu konstatierende herablassende Negierung der Anthroposophie als Wissenschaft und ihre Verdrängung aus praktischen Bereichen der Gesellschaft: hat sie nicht auch in Steiner selbst, in seiner Unbeweglichkeit gegenüber anderem und anderen und in seinem enormen Anspruch auf alleinige Zukunft seiner Anthroposophie ihre Wurzeln?

Und vice versa: Steiners radikale Umkehrung aller konventionellen Axiome – weil man bei ihm nicht glaubt, um zu wissen (credo ut intelligam), sondern wissen muß, um zu glauben; weil für ihn der Mensch nicht vom Tier abstammt, sondern das Tier vom Menschen; man nicht arbeitet, um Geld zu verdienen, sondern Geld erhält, um arbeiten zu können –, stand dieses «Metanoiete» dem Gespräch und der gemeinsamen Erkenntnis im Wege? War es die fremdartige Sprache Steiners, in die er seine Gedanken kleidete, die vielen den Blick auf das Wesentliche erschwerte? War es seine Universalität, die andere überforderte, war es sein (im Sinne Egon Friedells) genialer Dilettantismus, der seine Chance auf eine ernsthafte wissenschaftliche Aufarbeitung minderte?

Sehen Sie es mir bitte nach, wenn ich keine abschließende Antwort auf diese Fragen geben kann und will.

Bedauern müssen wir nur, daß der Dialog solange nicht in Gang kommen wollte – bedauerlich für alle Dialogpartner.

Ein dauernder kritisch-konstruktiver Diskurs der Anthroposophie mit den Weltanschauungen, Wissenschaften, Künsten und Religionen dürfte mindestens zweierlei bewirken: auf anthroposophischer Seite eine selbstkritische Reflexion und flexiblere Positionen innerhalb der Anthroposophie, die ein Epigonentum hätte vermindern können, das sich allzulange in langweiliger Hagiographie bezüglich

Steiners Person und anhaltender Paraphrasierung seines Werkes erging.

Auf nichtanthroposophischer Seite hätten viele Denkanstöße aus der Anthroposophie eher aufgegriffen werden können zu Fragen, welche die heutigen Gesellschaften aufs dringendste beschäftigen, wie Erziehungs- und Bildungswesen, naturgerechter Landbau, eine humane Krankenpflege und Medizin und nicht zuletzt die Pflege spiritueller Werte.

Fassen Sie diese Gedanken bitte als Ermunterung zum regen Gespräch auf, bin ich doch aus Erfahrung davon überzeugt, daß wir von der Anthroposophie noch viel lernen können, und umgekehrt die Anthroposophie noch viel von uns.

ANMERKUNGEN

1   Rudolf Steiner, Mein Lebensgang (GA 28), Dornach: Rudolf Steiner-Verlag, 1982, 22.
2   Stefan Zweig, Die Welt von gestern. Erinnerungen eines Europäers, Frankfurt/M.: Fischer-Verlag, 1979, 92.
3   Ebd.
4   Rudolf Steiner, Die Erkenntnis der Seele und des Geistes (GA 56), Dornach: Rudolf Steiner-Verlag, 1965, 70.
5   Wassily Kandinsky, Über das Geistige in der Kunst, Bern: Benteli-Werd-Verlag, 1962, 42f.
6   Es handelte sich hier um den Holzschnitt «Der Zeiger» von 1913.
7   Sixten Ringbom, The Sounding Cosmos. A Stuy in the Spiritualism of Kandinsky and the Genesis of Abstract Painting, in: Acta Akademia Aboensis, Ser. A. Humaniora, Vol. 38, Nr. 2, 1970, 70.
8   Brief Morgensterns vom 10. 05. 1909. In: Ch. Morgenstern. Ein Leben in Briefen, hg. von Margareta Morgenstern, Wiesbaden: Insel-Verlag, 1952, 364f.
9   Brief Kafkas vom 31. 03. 1910. Vgl. Rudolf-Steiner-Gesamtausgabe. Eine Dokumentation, Dornach: Rudolf Steiner-Verlag, 1988, 36.
10 Franz Kafka, Tagebücher 1910–1923, Frankfurt/M.: Fischer-Verlag, 1951, 58.
11 In Max Brods Autobiographie befindet sich ein Gedächtnisprotokoll eines Gespräches mit Kafka über dessen Begegnung mit Steiner, die, so Brod, von Mißverständnissen begleitet gewesen sei. In: Max Brod, Streitbares Leben, München: Kindler-Verlag, 1960, 269ff.

12 Andrej Belyi, Ich, ein Symbolist. Eine Selbstbiographie, Frankfurt/M.: Insel-Verlag, 1987, 176.
13 Brief Mondrians vom 25. 02. 1921. Vgl. Rudolf Steiner, Wenn die Erde Mond wird. Wandtafelzeichnungen 1919–1924, hg. von W. Kugler, Köln: DuMont-Verlag, 1992, 151.
14 Andreas Mäckler, Anthroposophie und Malerei. Gespräche mit 17 Künstlern, Köln: DuMont-Verlag, 1990, 32f.
15 Vgl. Rudolf Steiner, Vortrag vom 09. 04. 1922. In: Die Bedeutung der Anthroposophie im Geistesleben der Gegenwart, Dornach: Rudolf Steiner-Verlag, 1986.
16 Elias Canetti, Die gerettete Zunge, Frankfurt/M.: Fischer-Verlag, 1990, 191.
17 Ebd. 192.
18 Ebd. 193.

Zum Menschen- und Weltbild der Anthroposophie

Bernhard Grom

Was Außenstehende von der Anthroposophie am ehesten kennen, sind die praktischen Reformideen, die ihr Gründer Rudolf Steiner aufgegriffen hat: die Waldorfpädagogik, die Heilpädagogik, die ganzheitliche Medizin mit den Heilmitteln der Firma Weleda sowie die Biologisch-dynamische Landwirtschaftsweise. Hingegen ist ihr zentrales Anliegen, ihr meditativer «Erkenntnisweg» und ihre Weltanschauung, oft nur bruchstückhaft bekannt.

Dieser Weg gilt vielen als schwer verständlich. Rudolf Steiner, der von 1861 bis 1925 lebte, hat ihn in jahrzehntelangem Suchen entwickelt. In seiner Frühphase hat er seine Auffassungen noch überwiegend philosophisch und «goetheanistisch» begründet und auch später immer wieder um die Zustimmung der philosophischen Welt gerungen. Nach der Jahrhundertwende hat er jedoch seine Gedanken mehr und mehr in der esoterisch-okkulten Sprache der Theosophie, des Paracelsus, der Rosenkreuzer und anderer Traditionen ausgedrückt, die er jeweils in seinem Sinne deutete. Als er um 1912 wegen seiner allzu abendländisch-christlichen Ausrichtung auch von der Theosophischen Gesellschaft, deren deutsche Sektion er jahrelang als Generalsekretär geführt hatte, ausgeschlossen wurde, gründete er seine eigene Bewegung, die er «Anthroposophie» nannte.

Anthroposophie will – kurz gesagt – den modernen Menschen hinausführen über eine bloß materialistische Naturerkenntnis, ein rein abstraktes, totes Philosophieren und einen nur kirchlich-dogmatischen Glauben. Der Mensch soll sich erheben über das «gewöhnliche Bewußtsein» zu einer «übersinnlichen Erkenntnis», die dank anthroposophischer Meditationsschulung zu einem «lebendigen» Denken, Fühlen und Wollen erkraftet. Sie soll einen dazu befähigen, die im Materialismus zusammenhanglos gewordenen Bereiche der Kultur wieder in einer spirituellen Einheit zu sehen.

Die philosophische Grundlegung in Steiners Frühphase[1]

Ein Ausgangspunkt für dieses Ziel ist für Steiner sein noch überwiegend philosophisch angelegtes Werk «Die Philosophie der Freiheit» (1894). In ihm will er darlegen, daß der Mensch die Erkenntnisgrenzen überschreiten kann, die ihm die Philosophie eines Immanuel Kant oder der Positivismus vieler Naturwissenschaftler zog. Um es mit seinen Worten zu sagen: Steiner spricht sich für einen «Monismus» aus, der begreift, daß wir durch das *Denken* mit dem gesamten «Weltprozeß» verbunden sind. Denn – so argumentiert er – die Welt erscheint uns nur deshalb aus Materiellem und Geistigem, Objektivem und Subjektivem bestehend, das heißt «dualistisch», weil wir sie sowohl sinnlich-leiblich als auch geistig-begrifflich erfassen. Wenn wir aber intensiv auf das Denken achten, können wir sehen, daß wir in ihm nicht nur Sinneseindrücke mit naturwissenschaftlichen Begriffen verarbeiten, sondern darüber hinaus Erkenntnisse aus der geistigen Welt empfangen.

Die Sinneseindrücke, die wir etwa vom Zusammenprall zweier Billardkugeln in uns aufnehmen, sind als solche ein unzusammenhängendes Nebeneinander. Erst wenn unser aktives Denken die Begriffe Kugel, Bewegung, Stoß und Geschwindigkeit anwendet, wird der Vorgang verstehbar. Ähnlich – so Steiner – zeigt uns die Sinnenwelt immer nur bestimmte Dreiecke, doch das, was allen Dreiecken gemeinsam ist, enthält nur unser Begriff Dreieck. Auch das konkrete Pferd oder die einzelne Rose erschließe sich uns nur von einem Typus her, den uns unsere Intuition zeige – wie es Johann Wolfgang von Goethe mit der Idee der Urpflanze und des Urtieres deutlich gemacht habe.

Hier zeigt sich bereits eine erste Besonderheit von Stei-

21

ners Erkenntnisauffassung, nämlich ihr *intuitionistischer Grundzug:* «Die Menschenseele kann ihre Erkenntnisse nur in sich *selbstschöpferisch* erzeugen» (GA 18,596). Die sinnliche Wahrnehmung ist für Steiner gleichsam nur der Anlaß, die fertig vorhandenen Begriffe, die uns durch «Intuition» aus der Ideenwelt kommen, dazu zu denken – wir bilden sie nicht durch Beobachtung und Abstraktion. Für Steiner kommen die Begriffe aus dem objektiven «Weltprozeß» zu uns. Dies begründet er so: Die Welt bringe sowohl die Pflanze, die wir erkennen, hervor als auch unseren Begriff Pflanze. Und weil wir sowohl den Begriff des Subjekts als auch den des Objekts bilden, stehe unser Denken über Subjekt und Objekt im «Weltganzen».

Dies folgt aber auch aus einer zweiten Besonderheit von Steiners Denkansatz, nämlich seinem *pantheistischen All-Einheits-Denken,* das er einmal als «Gedanken-Monismus» bezeichnet hat. Steiner meint, unser Denken sei nur vordergründig unsere individuelle Tätigkeit. Letztlich sei es das Denken des Weltprozesses, des «all-einen Wesens», des Kosmos. «Ich darf niemals sagen, daß mein individuelles Subjekt denkt; dieses lebt vielmehr selbst von des Denkens Gnaden» (GA 4,60). Steiner begründet dies damit: Weil wir universelle Begriffe wie Dreieck oder Pflanze denken, ist unser Denken überindividuell und unser Ich ein «allgemeines Bewußtsein». Individualität und «Ich-Bewußtsein» erhält das all-eine Denken in uns nur dadurch, daß wir uns durch das sinnliche Wahrnehmen, das Fühlen und das Wollen als Einzelne empfinden. Indem wir also wahrnehmen und fühlen, sind wir zwar einzelne, doch «indem wir denken, sind wir das alleine Wesen», das Göttliche, der Weltprozeß. Dabei umspanne jeder Mensch in seinem Denken einen Teil der «gesamten Ideenwelt».

Spirituell bedeutet dies, daß der Mensch neben dem sinnlichen Wahrnehmen und dem gedanklichen Verarbeiten des Wahrgenommenen auch den intuitiven Ursprung seines Denkens erleben soll. In dieser Linie soll er auch über eine bloße Autoritäts- und Pflichtmoral hinauswachsen und aus «moralischen Intuitionen» leben. Er soll einen

«ethischen Individualismus» praktizieren, der das Gute
frei und um seiner selbst willen tut.

Der anthroposophische Meditationsweg

In seiner Frühphase schildert Steiner die Verbindung mit
dem Geistig-Göttlichen noch sehr gedanklich – wie eine
besinnliche Beschäftigung mit Geometrie und Mathematik. Später sucht er sie jedoch in einer Versenkung mit gefühlsstarkem Symbolerleben, Inspirationserlebnissen und
Einheitserfahrung. Er will – und das bildet das Kernstück
der Anthroposophie – eine *Meditation* anregen, zu der
sich der geistig Strebende, der «Geistesschüler» täglich
5–15 Minuten zurückzieht. Anders als Yoga oder Zen
setzt sie nicht bei einer bestimmten Körperhaltung und
Atemerfahrung an, sondern will die Erkenntnis zunehmend «sinnlichkeitsfrei» und «leibfrei», ja sogar gehirnunabhängig machen. Über die drei Stufen Imagination, Inspiration und Intuition soll der Übende erfahren, daß er
eins ist mit der All-Liebe, daß er «Mitschöpfer», nicht nur
«Nachschöpfer» ist.

1. *Die Imagination* umfaßt Übungen, die die grundlegende
Erlebnisfähigkeit und Aufmerksamkeit für Geistiges verstärken soll. Hier vergegenwärtigt sich der Geistesschüler
in unablässig wiederholter Versenkung einen Gedanken
und versucht, dessen Gefühlsgehalt *symbolisch in einem
Bild mit gleichsam «seelischen und geistigen Farben»* zu
betrachten und auf sich wirken zu lassen.

Der Meditierende soll sich beispielsweise das Wachsen
einer Pflanze bis zur Blüte vorstellen und erwägen, wie der
Mensch zwar beweglicher ist als die standortgebundene
Pflanze, aber auch von Trieben und Leidenschaften erfüllt
wird. Er fasse nun den Saft, der durch die Pflanze fließt,
auf als Ausdruck für die reinen Wachstumsgesetze, das rote Blut in den Adern des Menschen aber als Ausdruck für
die Triebe und Leidenschaften. Dann bedenke er, wie der

Mensch seine Begierden und Leidenschaften läutern kann, und stelle sich das Blut, aber auch das Rot einer Rose vor als Sinnbild geläuterter Triebe. In Anlehnung an die Tradition der Rosenkreuzer kann der Übende das, was er so erarbeitet hat, in folgendem Sinnbild zusammenfassen: Ein schwarzes Kreuz nimmt er als Ausdruck für das vernichtete Niedere der Triebe, und ein Kranz von sieben roten Rosen um den Schnittpunkt der Kreuzesbalken symbolisiere die geläuterten Triebe. Wenn man sich so die Entwicklungsfähigkeit und -aufgabe des Menschen vergegenwärtigt, hat dies nach Steiner eine «seelenweckende Kraft», sofern man sich dieser Vorstellung in tiefer Versenkung hingibt (GA 13,312).

Der Übende kann sich aber nicht nur in solche Sinnbilder versenken, sondern auch in bestimmte Sätze, Formeln, einzelne Worte (Mantren) oder in die allgemeine Idee der Herzensgüte. Steiner meint, er könne mit der Zeit auch außerhalb der Übung ähnlich imaginativ wie die meditativen Sinnbilder eine *Aura* sehen und etwa Pflanzen, Tiere und Menschen in verschiedenen Farben und Gestalten erleben, je nachdem, ob er sie gerade als nützlich oder eher als schön betrachtet oder ob er einen Menschen gerade als niedrig oder als edel gesinnt erlebt.

Die Imaginationen, zu denen Steiner anleitet, sind m. E. Visualisierungen, wie sie auch in buddhistischer und christlicher Meditation gepflegt werden.[2] In tiefer Versenkung aktivieren sie das Erleben ähnlich, wie wenn man im Autogenen Training eine Farbe oder ein Sinnbild wählt und auf sich wirken läßt. Das Aura-Sehen ist jedoch vermutlich eine Gefühlssynästhesie, das heißt die Fähigkeit, zu dem Gefühl, das ein Mensch oder ein Gegenstand in einem auslöst, eine symbolträchtige Farbe wahrzunehmen (wie etwa beim Farbenhören).

2. *Die Inspiration* bildet nun eine weitere, zweite Stufe, auf der sich der Meditierende nicht mehr auf das Sinnbild konzentriert (oder auf eine Formel), sondern allein auf die geistig-seelische Tätigkeit achtet, aus der heraus er das

Bild oder die Formel aufgebaut hat. Er soll hier das Geistige als spontanen Impuls erleben, als *Inspiriertwerden*. Er soll lernen, seelisch-geistige Tätigkeit aus tiefstem Schweigen aufsteigen zu lassen als – wie es schon Jakob Lorber im 19. Jahrhundert nannte – «inneres Wort», als «lebendige Einsprechung», als «Offenbarung» aus dem eigenen bzw. all-einen Wollen und Denken. Der Übende soll sich nicht von unkontrollierten Einfällen überwältigen lassen, sondern das erfahren, was Steiner das «Erfülltsein von Wesen» nennt. Das sind übermenschliche Wesenheiten, von denen er Anweisungen empfängt als ein «Helfer der Welt und Menschheit», der «von der höheren Welt aus» handelt, ganz im Sinne der «moralischen Intuitionen», von denen Steiner in früheren Schriften sprach.

Psychologisch übt man auf dieser zweiten Stufe wohl eine kontrollierte Unwillkürlichkeit ein, die auch künstlerischen Inspirationserlebnissen zugrunde liegt. Man läßt das Denken und Wollen des Guten, auf das man sich auf der ersten Stufe eingestimmt hat, spontan kommen. Man fühlt sich immer weniger als Initiator solcher Gedanken und immer mehr als Empfänger von Ideen, die sich unbewußt melden. Dies hat vermutlich Steiners Neigung gefördert, das Ich des Menschen als bloßen «Schauplatz» zu betrachten, auf dem das Geistige in einer Vielzahl von höheren Wesen seine Gedanken und Impulse denkt. So kann er etwa schreiben: «Man läßt (als Seher, B. G.) seine Gedanken von den Engeln denken. Man muß wissen, daß man nicht selbst seine Gedanken in seinem Bewußtsein dirigiert, sondern daß die Wesen der nächsthöheren Hierarchie diese Gedanken dirigieren» (GA 148,279). Er meint auch, man könne sich höheren Hierarchien als Nahrung hingeben und so Aufschluß erhalten über die Erdentwicklung, an der diese beteiligt waren.

3. *Die Intuition* ist für Steiner die dritte und höchste Stufe. Auf ihr versenkt man sich nicht mehr in imaginative Sinnbilder und achtet auch nicht mehr auf das Inspiriertwerden von Wesen, vielmehr geht dieses über in das *Einswer-*

den mit den höchsten welterschaffenden Wesenheiten der *All-Liebe*. Es ist ein Eindringen in diese Wesenheiten, ein Mitschöpfersein. Der Übende verschmilzt mit der All-Liebe der höheren Wesen. Er kann nun mit ihnen die Verwandlung der Pflanzenwelt mitwollen und auch dem Tierreich, das noch im grausamen Kampf ums Dasein befangen ist, Impulse der Erlösung zusenden. Steiner umschreibt diese Erfahrung einmal so: «Das Ich hat sich ergossen über alle Wesen; es ist mit ihnen zusammengeflossen» (GA 12,22). Biographisch ist es wohl auch das «Ewige in uns», das er mit 20 Jahren in einer durchwachten Nacht erfahren hat. Psychologisch handelt es sich wahrscheinlich um Augenblicke der Ich-Entgrenzung und mystischen Einheit, in denen der Meditierende so von dem, in das er sich versenkt, absorbiert wird, daß er sich selbst vergißt und sich in einem «kosmischen Bewußtsein» unendlich und unsterblich fühlt.[3]

In vielen späteren Äußerungen scheint Steiner den Begriff der Intuition weiter zu fassen als in den Schriften über die philosophische Grundlegung und den Meditationsweg. Unter «Intuitionen» versteht er später auch alle Einfälle, die von normalbewußten Überlegungen ausgehen, aber durch inspirierte Imaginationen und das Gefühl der Allverbundenheit zu einem «lebendigen Denken» in symbolischer und mythischer Form werden. Beispielsweise die Überlegung, daß der Kalk im Erdboden «geistige Eigenschaften» hat und daß er im Winter zufrieden, im Frühling aber begierdenhaft und vom Ahrimanischen verlockt ist.

Der Mensch – seine Wesensglieder und seine Bestimmung

Der Mensch besteht nach Steiner aus sieben Wesensgliedern oder Komponenten.

1. *Der Physische Leib:* Er baut sich aus dem Mineralischen auf, in das er sich nach dem Tod wieder auflöst.

2. *Der Ätherleib* (Lebensleib): Er ist das Vegetative, das auf ihre Weise auch Pflanzen und Tiere haben. Er formt den physischen Leib wie ein Architekt und hält die Organe am Leben, so daß dem physischen Herzen ein Ätherherz zugrunde liegt und ebenso allen anderen Organen. Der Ätherleib soll – so wie der Astralleib und die Auswirkungen des Ich – als Aura wahrnehmbar sein. Der meditativ Fortgeschrittene («Hellseher») sieht auch, meint Steiner, wie aus dem Weltenäther Lebenskraft (Prana) in den Ätherleib einströmt und verbraucht wieder ausströmt. Der Ätherleib des Menschen ist eine Individualisierung des Weltenäthers, der «Welt der Bildekräfte».

3. *Der Astralleib* umfaßt die Fähigkeit des Menschen zu Empfindungen, Gefühlen und Trieben.

4. *Das Ich* ist für Steiner der geistige Kern, der den physischen, ätherischen und astralischen Leib nach eigenen Zielen steuern kann. Wenn sich das Ich in seinen höchsten Bereich zurückzieht (in die «Bewußtseinsseele» oder das «Geistselbst») und sich in seinen Intuitionen dem Wahren und Guten öffnet, «taucht es in das Göttliche ein». Mit ihm ist es zwar nicht dem Umfang, wohl aber der Art nach gleich, von gleicher Substanz. «Wie der Tropfen sich zu dem Meere verhält, so verhält sich das ‹Ich› zum Göttlichen. Der Mensch kann in sich ein Göttliches finden, weil sein ureigenstes Wesen dem Göttlichen entnommen ist.» Das Ich ist nach Steiner eine Individualisierung – gleichsam eine Ab-Teilung – des all-einen Geistigen; es nimmt das Geistige wie Nahrung auf.
   Wenn sich nun dieses ich über das «gewöhnliche Bewußtsein» hinaus dem Geistigen öffnet, entwickeln sich im Menschen die «höheren Stufen seiner Wesenheit», nämlich:

5. *Das Geistselbst* (Manas): Das ist das geisterfüllte Ich, sofern es nicht nur das Denken, Fühlen und Wollen des höheren Bereichs (der Bewußtseinsseele) vergeistigt, sondern auch den triebhaften und emotionalen Bereich

27

und so Herr über die Begierden wird – kurz: der «verwandelte Astralleib».

6. *Der Lebensgeist* (Buddhi): Das ist der Ätherleib, sofern er durch das geisterfüllte Ich, zumal dank spiritueller Kunst, beispielsweise auch dank Eurythmie, umgewandelt wird.

7. *Der Geistesmensch* (Atma): Das ist der physische Leib, sofern er vom geisterfüllten Ich erfaßt wird. Dies soll ähnlich geschehen, wie wenn beim Erröten oder Erbleichen das Ich auf den sichtbaren Leib einwirkt.

Schlaf und Tod, Reinkarnation und Karma

Nach Steiner trennen sich im traumlosen Schlaf Astralleib und Ich vom ätherischen und physischen Leib. Der Astralleib weilt in der Harmonie der seelisch-geistigen Welt, der er ja entstammt, und nährt sich dort mit Bildern, nach denen er bei Tag den ätherischen und über diesen den physischen Leib bildet.

Im *Tod* trennt sich mit dem Astralleib und dem Ich auch der Ätherleib vom physischen Leib. Der Ätherleib löst sich allmählich in den allgemeinen Weltenäther auf. Der Astralleib reinigt sich in einer Art Fegfeuer (Kamaloka) von seinen irdischen Begierden und löst sich dann in der allgemeinen Astralwelt auf. Dann betritt das Ich, seiner drei niederen «Hüllen» ledig, aber mit dem Extrakt der Läuterungszeit die sieben Regionen des «Geisterlandes» (Himmel, Devachan). In den höheren Regionen dringt es in die Absichten und Ziele ein, die sich das Geistige mit dem irdischen Leben gesetzt hat. Wie ein Berater befruchtet es die Absichten des Geisterlandes, indem es aus seinen Erfahrungen mit der stofflichen Welt neue Pläne mit ihm erarbeitet. So entfaltet sich das «wahre Selbst» und «Geistselbst».

Vor allem gliedert sich das Ich die Absicht ein, sich neu zu verkörpern, zu *reinkarnieren,* um dem Materiellen den Geist einzuverleiben. Es will auch sein unausgeglichenes

Karma, sein «selbstgeschaffenes Schicksal» abtragen. Steiner meint, die Einsicht in die selbstverschuldeten Mängel wecke im Ich den Drang, sein zukünftiges Erdenleben so verlaufen zu lassen, «daß im Schicksal (Karma) desselben die entsprechende Wirkung des Mangels zutage tritt. Was dann in dem folgenden Erdenleben als leidvolles Geschick, vom Gesichtspunkte dieses Lebens aus, erscheint..., das findet der Mensch in dieser Region des ‹Geisterlandes› als für ihn durchaus notwendig» (GA 9,142). Was uns als Schicksal trifft – sei es Behinderung, sei es Unrecht durch Mächtige –, ist nach dem Karmagesetz, das unerbittlich Ausgleich für Fehlhandlungen verlangt, uns selbst zuzuschreiben; es sind «Tatfolgen aus früheren Erdenleben».

Um sich neu zu inkarnieren, zieht das Ich seine Wesenheiten zusammen und umkleidet sie aus der Substanz der Astralwelt mit einem neuen Astralleib; dabei tritt Bewußtlosigkeit ein. Nun geleiten geistige Wesenheiten diese Individualität zu einem Elternpaar, das ihr durch Zeugung einen physischen Leib gibt.

Wie begründet Steiner diese Vorstellungen von Reinkarnation und Karma? Einerseits meint er, frühere Erdenleben würden in der Meditation erinnert (GA 35,134). Außerdem könne man intuitiv die Kluft zwischen «wahrem Ich» und «gewöhnlichem Ich» erleben und auch ein verborgenes Wollen erfahren, das das Ergebnis der vorigen Inkarnation und des durchlaufenen Läuterungszustandes sei (GA 13). Andererseits führt er als allgemein einsehbare, theoretische Begründung folgendes Argument an: Nur unser physischer Leib stamme von den Eltern und erbe von diesen nur «Eigenschaften der Gattung». Doch habe jeder Mensch in geistiger Hinsicht seine eigene Gestalt und Biographie, die bereits vor der Geburt beginne, da jeder mit bestimmten seelischen Anlagen seinen Lebensweg antrete. So seien die genialen Anlagen eines Wolfgang Amadeus Mozart «Früchte von Erlebnissen» aus früheren Leben und Anstrengungen. Allerdings räumt Steiner ein, daß diese Überlegung kein strenger Beweis sei, sondern nur vom meditativ geschulten Menschen voll verstanden werden könne, «dessen geistiges Auge erschlossen ist» (GA 9,74), eben in der Intuition.

Mit seiner Karmalehre will er den Menschen nicht passiv und schicksalsergeben machen, sondern ganz im Gegenteil ihn im Sinne seines «ethischen Individualismus» daran erinnern, daß er sich höherentwickeln muß und dies auch kann: Glück und Erfolg sind die Früchte früherer sittlicher und kultureller Anstrengungen (wie bei Mozart); Leid ist ein selbstgewählter Weg und eine Chance, Versäumtes nachzuholen und Schuld auszugleichen. Wir sollen beispielsweise eine Krankheit karmisch betrachten und uns sagen: Der Schmerz, der vom physischen Leib ausgeht, will die geistigen Wesensglieder aktivieren. Wenn wir genesen, haben wir dies aus dem Reserve-Fonds heraus geschafft, den wir früher angelegt haben. Wenn wir an der Krankheit sterben, so haben wir immerhin das betroffene Organ für die nächste Inkarnation gestärkt. Nichts ist verloren, und es zeigt sich: «Ein Lebenskraftgesetz ist das Karmagesetz» (GA 116,54). Für die Anthroposophie ist darum sowohl Eurythmie als auch die ganzheitliche Medizin, die Heilpädagogische Arbeit und die Waldorfpädagogik mit ihrer Betonung des Emotionalen und Musischen das Bemühen, eine harmonische *Inkarnation* zu fördern und den Zivilisationsschäden entgegenzuwirken.

Für die Waldorfpädagogik ergibt sich daraus u. a. der Grundsatz, daß die Erziehung mehr auf die Weckung der körperlichen, seelischen und geistigen Fähigkeiten, d. h. auf die Kräfteschulung, als auf die Vermittlung von Faktenwissen ausgerichtet sein soll – oder allgemeinpädagogisch ausgedrückt: Formale Bildung ist wichtiger als inhaltlich-materiale. Ein weiterer Grundsatz lautet: Erzieherische Anregungen sollen nicht verfrüht, sondern entsprechend den *Jahrsiebten* vermittelt werden, in denen sich der Mensch entwickle. Aufgrund seiner Geistesforschung meint Steiner, in den ersten sieben Jahren von der Geburt bis zum Zahnwechsel solle das Kind vor allem seinen physischen Leib, dann zwischen Zahnwechsel und Geschlechtsreife seinen Ätherleib, dann bis zur Mündigkeit, also zwischen 14 und 21, seinen Astralleib entwickeln können, und auch danach entfalteten sich die höheren Wesensglieder in Jahrsiebten. Zu Steiners intuitiver «geisteswissenschaftlicher Menschenkunde» gehört auch die Ansicht, daß sich die drei Seelenkräfte verschieden im Leiblichen auswirken: Das *Denken* (und damit die Ich-Organisation) stütze sich besonders auf das Nerven-Sinnes-System; das *Fühlen* (und mit ihm der Astralleib) auf das rhythmische System von Herz und Lunge – Angst oder Freude lassen z. B. das Herz schneller schlagen – und das *Wollen* auf das Stoffwechsel-Gliedmaßen-System (weil es sich in unsere Bewegungen übersetzt). Krankheit entsteht demnach dadurch, daß die vier Wesensglieder und die drei Systeme in ihrem Aufbauen und Abbauen unharmonisch zusammenwirken oder daß ein Prozeß an einer falschen Stelle auftritt. So ist bei jeder Krankheit auf irgendeine Weise das seelisch-geistige Leben gestört; die Ursache ist ganzheitlich, nicht nur in der sichtbaren Organschädigung zu suchen.

Weltentwicklung und Christus-Impuls

So wie der Mensch gliedert sich nach Steiner auch die Gesamtwirklichkeit in eine geistige, seelische und physische Welt. Das Geistige ist für ihn wie ein Meer, dessen Tropfen die geisterfüllten Ichs (Geistselbste) der Menschen darstellen und das sich auch in einer Vielzahl von übermenschlichen Wesenheiten und Göttern – sog. Hierarchien – individualisiert. Die untermenschlichen, physischen Dinge hingegen sind wie Eisklumpen, zu denen sich ein Teil dieses Meeres «herausverdichtet» hat, wie sich aus Wasser durch Abkühlung Eis bildet. Der andere Teil dieses Meeres bleibt geistig in den höheren Wesenheiten und menschlichen Ichs.

Steiner hat auf mehreren hundert Seiten versucht, die gesamte Kosmos- und Menschheitsgeschichte als Entwicklung aus dem Geistigen zu deuten. Dabei gliedert er alle

Zeiträume stets in sieben Etappen. So wurde der jetzige «Erdenzustand» durch drei frühere Verkörperungen von Erde und Kosmos vorbereitet – er nennt sie den Saturn-, den Sonnen- und den Mondenzustand. Ihm werden noch drei weitere planetarische Verkörperungen folgen: der Jupiter-, der Venus- und der Vulkanzustand.

Zu Anfang des jetzigen *Erdenzustandes* war die Erde noch ganz Seele, Geist und Feuer. Dann verdichtete sie sich zu Gas und Luft. Daraus spaltete sich ein Weltkörper ab, der sich zur gegenwärtigen Sonne entwickelte. Ihn brauchten jene höheren Wesenheiten als Wohnplatz, die die weitere Verdichtung der Erde zu Wässerigem und Erdigem behindert hätte. Die höheren Wesenheiten wirkten dann von der Sonne und vom Mond, der damals die Erde verließ, auf Erde und Menschen ein und halfen diesen, sich die festeren Teile einzugliedern. Als die Bewußtseinsseele des Menschen einen geeigneten Leib bilden konnte, entfachten die «Geister der Form» mit Funken aus ihrem Feuer sein Ich, das der Leib aufnahm.

Für Steiner hat auch das Materielle Bewußtsein – nur ist es wie im tiefsten Tiefschlaf. Darüber hinaus sind für ihn die Erde und alle Gestirne, vor allem aber die *Sonne*, beseelt von seelisch-geistigen Wesen. Über die ätherisch-astralen Wesensglieder wirken die höheren Wesenheiten auf die Gestirne ein. Von der Sonne schreibt er: «Mit dem physischen Sonnenlichte strömt die warme Liebe der Gottheit auf die Erde» – und meint dies nicht nur bildhaft, metaphorisch, sondern buchstäblich. Von der Sonne gingen und gehen rettende Impulse zur Erde hin aus.

Das war auch notwendig. Denn sowohl die Geistwesen, als auch die Menschen haben sich nicht immer geradlinig entwickelt, sondern zwischen Verstofflichung und Vergeistigung geschwankt. So bewirkten «unregelmäßig entwickelte» Wesen, *«luziferische Geister»*, die in ihrem Freiheitsrausch gegen die «Sonnengeister» arbeiteten, daß der Mensch in der Lemurischen Zeit zwar von bestimmten Kräften frei wurde, aber auch zum Irrtum und zum Bösen fähig ward. Dieses «Luziferereignis», das Steiner mit dem

Sündenfall nach Genesis 3 gleichsetzt, verstrickte den Menschen mehr, als ihm vorbestimmt war, in die irdische Stofflichkeit. Sein physischer Leib wurde nicht nur für Krankheit und Tod anfällig, sondern auch so dicht, daß die Gefahr bestand, daß sich keine Menschenseelen mehr inkarnieren konnten. Da griff von der Sonne her der «Christus-Impuls» ein und trug durch Einstrahlung zur Harmonisierung von Leib und Gemüt bei. Der Christus oder Logos – das ist für Steiner eine besonders hohe Individualisierung des Geistigen, nämlich das «führende Sonnenwesen» bzw. die Summe der Licht- und Liebesgeister (Elohim), die nach der Trennung der Sonne von der Erde auf der Sonne Wohnung nahmen. Durch seine Menschwerdung und sein Opfer auf Golgatha ist dieses Sonnenwesen in die Erde gekommen und wirkt nun auch von innen als «Geist der Erde».

Seit Golgatha wirkt der Christus-Impuls dem luziferischen und ahrimanischen Einfluß entgegen. Ahrimanisch nennt Steiner die Mächte, die alle freie Entfaltung verhindern wollen, weil sie alles nach «Maß, Zahl und Gewicht» regeln und zur kosmischen Maschine machen möchten, während das Luziferische den schrankenlosen Freiheitsdrang bedeutet. Das Ahrimanische soll zu den modernen Wissenschaften beigetragen, aber auch zum Materialismus geführt haben.

Der Christus-Impuls hat den physischen Leib des Menschen so erfrischt, daß sich Verstorbene wieder inkarnieren können, so daß die Menschheit nicht aussterben muß. Er wirkt während des Schlafes auf den Astralleib und das Ich ein. Außerdem hat er die «objektiven Wirkungen» der Schuld auf sich genommen, die vom Täter nicht wieder gutzumachenden schädlichen Folgen für die Weltentwicklung. Das «subjektive Karma», die persönlichen und irdischen Folgen für sich selbst, muß der Mensch jedoch selber austragen und ausgleichen.

Wer das religiös-kultische Erleben des Christus-Impulses sucht, schließt sich gewöhnlich der «Christengemeinschaft» an. Sie wurde 1922 von evangelischen Theologen wie Friedrich Rittelmeyer und Emil Bock begründet, die sich von Steiner anregen und beraten ließen. Die Christengemeinschaft feiert – als «erneuerte Mysterien» – die sieben Sakramente und das mit jahreszeitlichen Elementen angereicherte Kirchenjahr. Die Anthroposophie regt dies nur an, bleibt jedoch davon unabhängig.

Was Steiner über Jesus sagt, entnimmt er großenteils den überlieferten Evangelien, die er jedoch ganz in seinem anthroposophisch-geisteswissenschaftlichen Sinn deutet. Er ergänzt sie aber auch um ein «*Fünftes Evangelium*» mit Angaben zu Jesu Entwicklung vom 12. bis zum 30. Lebensjahr.

Er lehrt etwa, daß es zwei Jesusknaben gab, den einen mit dem Zarathustra-Ich, den anderen mit der überaus liebesfähigen, aber weltunerfahrenen Wesenheit Buddhas. Beide seien beim Besuch des Zwölfjährigen im Tempel eins geworden, und dieser Jesus habe bei der Taufe durch Johannes von der Sonne her die Christus-Wesenheit in sich aufgenommen. Er habe Lazarus nicht aus dem Tod, sondern aus dem Einweihungsschlaf zurückgerufen, das heißt eine öffentliche Mysterienfeier vollzogen – und anderes mehr. Bei all diesen Aussagen schöpft er aus der Quelle, die seiner Ansicht nach allein maßgeblich ist: aus dem «unmittelbaren übersinnlichen Wissen» seiner Meditation und *Akasha-Forschung*. Die Akasha-Chronik ist für ihn (wie schon für die Theosophin H. Blavatsky) eine Art Weltgedächtnis, in dem fortgeschrittene Eingeweihte Vergangenes lesen können.

Dieser Erkenntnisquelle gegenüber bieten ihm die überlieferten vier Evangelien nur eine nachträgliche Bestätigung: «...daß also weder das Johannes-Evangelium noch die anderen Evangelien Quellen ihrer (der Anthroposophie, B. G.) Erkenntnis sind, muß immer streng betont werden. Was heute erforscht werden kann ohne eine historische Urkunde, das ist die Quelle für das anthroposophische Erkennen... Was wir zu lesen vermögen in der unvergänglichen Chronik, in der Akasha-Chronik, das ist für uns die Quelle für die geistige Forschung. Es gibt die Möglichkeit, das, was sich zugetragen hat, ohne äußere Urkunde zu erkennen» (GA 114,28f.). Damit weitet Steiner seine ursprüngliche Auffassung von Intuition aus im Sinne von *Neuoffenbarungen,* wie sie von Jakob Lorber bis zu Gabriele Wittek immer wieder beansprucht wurden.[4] Dadurch sieht er sich legitimiert, das Christentum, das er für dogmatisiert, verrechtlicht und veräußerlicht hält, durch ein esoterisches, verinnerlichtes Christentum abzulösen, das allein der heute möglichen Geist-Erkenntnis entspricht.

Würdigung und Rückfragen

Zur Gesamteinschätzung der Anthroposophie möchte ich in aller Kürze folgendes bemerken. Nicht wenige Menschen verdanken der Anthroposophie viel – nämlich praktische Reformideen, eine meditative Schulung und eine Weltanschauung, die ihren Idealismus anspricht, ihre Verantwortungsbereitschaft animiert und ihnen Sinnerfüllung vermittelt. Der humanitäre Einsatz vieler anthroposophischer Ärzte und Heilpädagogen, aber auch das pädagogische Engagement von Waldorflehrern, die oft unter finanziellen Opfern «ihrer» Schule dienen, verdient ohne Zweifel Hochachtung. Als kirchlich engagierter Christ sehe ich in der Anthroposophie – so sehr sie die Bibel relativiert und den biblischen Glauben esoterisch-östlich umdeutet – eine Verbündete im Bemühen um eine Überwindung des Materialismus, im Kampf gegen Naturzerstörung und im Suchen eines spirituell bestimmten Lebensstils. Natürlich ist sie auch eine ernste Anfrage, ob in den Kirchen nicht manches Defizit an Lebendigkeit und Sensibilität zu beklagen ist. Doch gemeinsame humanitäre und spirituelle Ideale kann man von unterschiedlichen Grundlagen aus anstreben, und von diesen Grundlagen muß man überzeugt sein können. So entspringen denn auch die folgenden Rückfragen dem Suchen nach einer überzeugenden Weltanschauung und nicht der Geringschätzung oder gar der Feindseligkeit. Drei Themenkreise sollen kritisch beleuchtet werden: 1. Verfügt die Anthroposophie über eine eigene, «übersinnliche» Erkenntnismethode für humanwissenschaftliche Fragen? 2. Was ist von ihrer Auffassung von der Leib-Seele-Beziehung, von Reinkarnation und Karma zu halten? 3. Sieht sie das Verhältnis von Mensch und Göttlichem richtig?

1. Menschenkunde aufgrund einer eigenen, «übersinnlichen» Erkenntnis?

Zu den medizinischen, heilpädagogischen, waldorfpädagogischen und anderen Reformideen ist zu fragen, ob man Steiners Anregungen, die viel Richtiges enthalten mögen, dies jedoch in den Grenzen seiner Zeit und seiner autodidaktischen Bildung ausdrücken, nicht zu unveränderlichen Glaubenssätzen erhebt, wenn man sie als Ergebnis einer eigenen, «geisteswissenschaftlichen», «übersinnlichen» Forschung wertet, die im Zweifelsfall den akademischen Wissenschaften überlegen ist. Dies mag zwar das Verlangen vieler Menschen nach einem geschlossenen Menschen- und Weltbild befriedigen – doch hat die Anthroposophie aufgrund ihrer meditativen Schulung eine *zuverlässige human- und naturwissenschaftliche Erkenntnismethode?* Kann sie die Ursachen von endogenen Depressionen und von Schizophrenien durch ihre Meditation und Intuition erkennen – und wenn ja, warum hat sie es dann nicht getan? Kann sie die Erreger von Krebs oder die Immunschwäche Aids durch anthroposophische Medizin so wirksam bekämpfen, wie es nötig wäre, oder ist sie bei all dem nicht, wie alle Welt, auf wissenschaftliche Experimente angewiesen? Eine «esoterische Psychologie», Pädagogik oder Physik ist nie eine nachprüfbare Erkenntnis; wer die Methoden und Kriterien der Hauptströmungen der Wissenschaft mißachtet, kann nur parawissenschaftliche oder pseudowissenschaftliche Aussagen machen.

Kann die heutige Anthroposophie zugeben, daß beispielsweise Steiners Lehre von den vier Temperamenten –

sanguinisch, melancholisch, cholerisch und phlegmatisch –
allzu vorwissenschaftlich und undifferenziert ist? Daß kein
Pädagoge seiner Empfehlung zustimmen kann, Schüler
gleichen Temperaments nebeneinander zu setzen, weil sich
so angeblich Einseitigkeiten abschleifen, da etwa die San-
guiniker ihrer Geschwätzigkeit und die Choleriker ihrer
gegenseitigen Pufferei überdrüssig werden, so daß Gleiches durch Gleiches geheilt wird – was ein homöopathi-
sches, aber kein psychopädagogisches Prinzip ist? Kann
man einräumen, daß Steiner seine Ideen zur Phantasiebil-
dung, Gefühlserziehung, Nachahmung und Gedächtnis-
schulung in ein Siebenjahres-Schema gepreßt hat, das für
eine wissenschaftliche Entwicklungspsychologie unannehm-
bar ist[5] und das ganz anderen Leitvorstellungen folgt,
nämlich seiner Lehre von den Wesensgliedern und der my-
thischen Ansicht: «Alles, was zeitlich geordnet ist, das ist
nach dem Maße und nach der Natur der Siebenzahl ange-
ordnet» (Vortrag vom 30. 8. 1909)? Täte es den einstmals
guten Anregungen nicht gut, wenn man sie heute frei von
solchen ideologischen Zwängen weiterdenken würde und
auch offen wäre für andere Impulse? Warum verschließt
sich die Waldorfpädagogik beispielsweise der Montessori-
Pädagogik, dem Orffschen Schulwerk oder der Gestalt-
Pädagogik, denen niemand Materialismus vorwerfen
kann? Jedenfalls empfinde ich es als dogmatische Selbst-
fesselung, wenn mir Anthroposophen erklären, Steiners
Waldorfpädagogik beruhe auf seiner besonderen Erkenntnis und ich müsse eben warten, bis sich vielleicht nach
Jahren das «Wahrheitserlebnis» auch bei mir einstelle. Als
kirchlicher Christ fühle ich mich da freier und erlaube mir,
aus Steiners Anregungen einzelnes auszuwählen, sie aber
auch zu kritisieren und zu ergänzen, wie es die laufende
wissenschaftliche Diskussion nahelegt.

Viele Aussagen, die Steiner aus imaginativer und intuitiver
Betrachtung heraus machte, mögen in vorwissenschaft-
licher Form Richtiges enthalten. Was er allerdings über
den Ätherleib des Menschen und über den Weltenäther
sagt, in dem der Akasha-Forscher lesen kann, ist schlech-

terdings unüberprüfbar. Allerdings steht fest, daß Steiners Akasha-Forschung keine einzige archäologische Entdeckung ermöglicht hat.

2. Leib-Seele-Beziehung, Reinkarnation und Karma

Steiner hat recht, wenn er betont, daß der Inhalt unserer Erkenntnis nicht das Ergebnis körperlicher Hirnprozesse ist. Aber ist es nicht antimaterialistischer Übereifer und ein Widerspruch zur Schlaf- und Meditationsforschung, wenn er behauptet, im traumlosen Schlaf und in inspirierter Meditation diene das Gehirn den geistig-seelischen Wesensgliedern nicht mehr als Werkzeug (GA 13,319)? Lehrt er da nicht einen extremen *Leib-Seele-Dualismus* und Spiritualismus, wo die heutige Psychosomatik eine Wechselwirkung zwischen Erleben und Hirnprozeß annimmt und damit der Leib-Seele-Einheit besser gerecht wird?

Steiner psychosomatisiert damit Gesundheit und Krankheit total, da er sie völlig abhängig sieht von der geistig-seelischen Wesenheit jedes Menschen. Er nimmt eine Seelenwanderung an, wo Ich und Astralleib beim Herabsteigen in das Erdenleben einen «Gedankenvorrat» mitbringen und daraus über den Ätherleib das Gehirn bilden. Ich und Astralleib wählen dabei auch das Elternpaar aus, das den physischen Leib zu zeugen hat. So hängen unser Gehirn, unsere Physiognomie und unsere Erbfaktoren von unserer vorgeburtlichen Wesenheit ab, und Krankheit und geistige Behinderung beruhen letztlich auf mangelnder Vorbereitung der Inkarnation und auf früherer Interessenlosigkeit am Leiblichen. Für Steiner bilden wir nach dem Umbau des physischen Leibes in den ersten sieben Lebensjahren unseren eigenen Körper, was sich im Gestaltwandel und in der Bildung der zweiten Zähne zeige, und es sei irrig, eine Wirkung von Erbfaktoren über diese Zeit hinaus anzunehmen – es sei denn, sie sei karmabedingt (GA 317,15). In dieser Sicht beruht jede körperliche Erkrankung auf einer seelischen Störung. Wörtlich: «In einem kranken Leibe steckt ein verdorbenes Seeli-

sches, das einen unrichtigen Einfluß erfahren hat, einen luziferischen oder ahrimanischen Einfluß»[6].

Dies mag das Vertrauen wecken, der Mensch sei, wie
Steiner sagt, «Herr des Schicksals» und mitverantwortlich
für den Weltprozeß. Es mag dem Verlangen nach einer Je-
der-ist-seines-Glückes-Schmied-Sicherheit entgegenkommen.
Aber wird man so dem Leid gerecht, das gerade nicht
selbstgewählt und selbstverschuldet ist? Schließt man
nicht von vornherein aus, daß es solches Leid gibt?

Doch was spricht eigentlich für die Reinkarnations- und
Karmalehre? Psychologisch kann man sie nicht ausschließen, aber es gibt keinen Grund, sie anzunehmen.
Denn die wissenschaftliche Psychologie erklärt die Biographie eines Menschen sehr plausibel aus dem Zusammenwirken von Anlagen, Fremdsozialisation und freier Selbst-
sozialisation. Philosophisch spricht gegen sie, daß der Leib
nicht eine dem Ich äußere «Hülle» ist, sondern zum Ich
gehört. Ebenso, daß wir nicht mehr frei wären, wenn wir
uns unter dem Zwang des Karmas bessern und höherentwickeln *müßten,* wie es Steiners Vorhersagen zum weiteren Schicksal von Menschheit und Kosmos beinhalten.
Theologisch steht das Leistungs- und Vergeltungsdenken
der Karmalehre jedoch im Gegensatz zu Jesu Botschaft
von Gottes Barmherzigkeit, die dem Arbeiter der elften
Stunde den vollen Lohn schenkt (Matthäus 20,1–16) und
damit von Herzen gern auf Karma verzichtet.

3. Das aufgelöste Ich des Menschen und das pluralisierte Göttliche

Eine grundlegende Rückfrage gilt schließlich der Auffassung vom Ich des Menschen und vom Du Gottes. Steiner
sieht sicher richtig, daß geistiges Erkennen und Lieben ein
Ergriffenwerden und Sichinspirierenlassen vom Wahren
und Guten ist. Faßt er aber das Ich des Menschen nicht zu
wenig personal auf, wenn er es als Organismus beschreibt,
der sich aus geistigen Impulsen aufbaut (ernährt)? Wenn
er es als bloßen «Schauplatz» anderer Wesenheiten be-

zeichnet (die Engel denken unsere Gedanken mit) und als eine bestimmte Gedankenmenge des all-einen Geistigen betrachtet und meint: «Ich darf niemals sagen, daß mein individuelles Subjekt denkt» (GA 4,60).

Ist ein solches Ich noch *eigenständig* und unvertretbar – oder ist es nur Durchgangsgestalt von Geistigem, ähnlich wie es in der buddhistischen Lehre vom Nicht-Selbst (anatman) angenommen wird? Und wenn dieses Ich ein Tropfen aus dem Geist-Meer sein soll, das sich in eine Vielzahl von Wesenheiten individualisiert und sich – durch Emanation – zu materiellem herausverdichtet, gibt es dann noch eine göttliche Wirklichkeit, die ihrerseits *eigenständig* und im Gebet als übermenschliches Du ansprechbar ist? Ist das bei einer so pantheistischen und pluralen Auffassung vom Göttlichen noch denkbar?

Steiners philosophische Begründung provoziert eine Reihe von Einwänden. Nimmt er nicht in einem begriffsrealistischen Trugschluß an, daß das Denken an sich, ohne Ich, subjektlos existiert – wo es Denken doch nur als Tätigkeit von Denkenden gibt (sei es Gott oder Mensch)? Und verkennt er nicht den grundlegenden Unterschied zwischen menschlichem und göttlichem Denken? Das menschliche Denken ist ja nur insofern «selbstschöpferisch», als es aktiv aus Einzelbeobachtungen universelle Begriffe bilden und apriorische Anschauungsformen (Raum, Zeit) und Kategorien (wie Einheit, Vielheit, Kausalität) anwenden kann. Dabei *entdeckt* es jedoch nur Gedanken, während der göttliche Urgrund diese erdenkt und erschafft. Auch vernimmt der Mensch in seiner Gewissenserfahrung nur die Geltung von Werten wie Gerechtigkeit und Liebe, während der göttliche Urgrund ihn darin ruft. Das Denken des Menschen weiß sich schließlich selber einem anderen verdankt: dem Schöpfer.

Dieser Urgrund kann sich aber nicht in eine Vielheit von Geistwesen gliedern, denn diese würden sich ja gegenseitig begrenzen, so daß er nicht mehr unendlich wäre. Er kann auch nicht selber in die werdende Welt eingehen, sonst wäre er nicht mehr Urgrund des Werdens. Wenn Steiner sagt, er verdichte sich zum Materiellen heraus – materialisiert er ihn dann nicht zu einer Art Luft? Materialisiert er nicht auch *Christus,* wenn er ihn auf der Sonne lokalisiert?

Hier scheint mir die biblische Sicht überzeugender, die Romano Guardini einmal so ausgedrückt hat: «Der Mensch ist Ich, weil Gott (als Schöpfer) ihn zu seinem Du macht.» Augustinus beschreibt sie als meditative Erfahrung, wenn er schreibt: «Du bist mir innerlicher als mein Innerstes und höher als mein Höchstes.»[7]

In weltanschaulicher Hinsicht klaffen zwischen Anthroposophie und kirchlichem Christentum unüberbrückbare Gegensätze. Trotzdem können und sollen beide Seiten einander bei ihrem Suchen und in ihren Absichten achten und versuchen, einander besser zu verstehen. Mehr Gespräch und Verstehen ist dann möglich, wenn die kirchlich engagierten Christen die Unkenntnis und die Vorurteile überwinden, die nicht selten bei ihnen herrschen. Mehr Verständnis wächst dann, wenn andererseits die Anthroposophen die bei ihnen verbreiteten pauschalen Urteile über das angeblich in Dogmenglauben, Verrechtlichung und Materialismus erstarrte kirchliche Christentum revidieren. Wenn sie sich nicht mehr für die einzige Alternative zum heutigen Materialismus halten, sondern auch die spirituellen, liturgischen und theologischen Ansätze wahrnehmen, die in den Kirchen leben – von der Meditationsbewegung bis zur Befreiungstheologie.

ANMERKUNGEN

1   R. Steiners Werke werden nach der in Dornach (Schweiz) erschienenen Gesamtausgabe (GA) zitiert. Ihre Titel und die genaue Jahreszahl der hier verwendeten Ausgabe finden sich im Literaturverzeichnis von B. Grom, Anthroposophie und Christentum, München 1989, 183–185.
2   Siehe B. Grom, Religionspsychologie, München-Göttingen 1992, 255–258.

3   Zum Begriff «kosmisches Bewußtsein» vgl. R. M. Bucke, Die Er-
    fahrung des kosmischen Bewußtseins, Freiburg i. Br. 1975. Zu mysti-
    schen Einheitserlebnissen und ihrem Zusammenhang mit Inspirations-
    erlebnissen siehe B. Grom, Religionspsychologie, München-Göttingen
    1992, 338–366.
4   Siehe K. Hutten, Seher, Grübler, Enthusiasten, Stuttgart 1982.
5   Vgl. H. Ullrich, Waldorfpädagogik und okkulte Weltanschauung,
    Weinheim 1986.
6   R. Steiner, Die Offenbarungen des Karma, Dornach 1985, 189.
7   A. Augustinus, Bekenntnisse (Confessiones) III,6.

Das Göttliche im Menschen – Anthroposophie und Christentum

Hans Buser

Katholische und evangelische Theologen bemerken oft einen grundlegenden Unterschied, der Anthroposophie und christliche Botschaft trennt. Bibel und christliche Überlieferung betonen doch, daß der Mensch Geschöpf Gottes ist, daß er der Gottheit gegenüber steht und daß Gott frei dem Geschöpf seine Gnade zuwendet oder nicht.

Vertritt demgegenüber Anthroposophie nicht einen Panentheismus? Panentheismus unterscheidet sich von Pantheismus, für den die Welt, Pflanzen, Tiere und Menschen göttlich sind. Für den Panentheismus ist die Welt nicht einfach mit dem Göttlichen identisch. Wohl überragt das Göttliche die Welt, «doch so, daß die Welt ein Teil des Göttlichen eine Emanation (ein Herausströmen), eine Entwicklungsform von ihm, Leib und Gestalt des Göttlichen ist, nicht die von ihm verschiedene (aber von ihm ständig im Dasein erhaltene) Schöpfung»[1].

Betont doch Steiner: Wie der Wassertropfen sich zum Meer verhält, so verhält sich der geistige Kern des Menschen, das menschliche Ich, zum Göttlichen. Der Mensch kann also in sich ein Göttliches finden, weil sein ureigenstes Wesen dem Göttlichen entstammt. 1916 war das erste Goetheanum im Bau. Anthroposophie wurde in der Nordwestschweiz bekannt. Steiner wurde von den Vertretern der beiden Kirchen heftig angegriffen. Da hielt Steiner in Liestal einen Vortrag, in dem er zu diesen Problemen Stellung nahm. Er betont, wie er zunächst versucht hat, auf einsamen Wegen eine Weltanschauung aufzubauen, die auf der einen Seite mit den bedeutsamen Errungenschaften der Naturwissenschaft rechnet und die auf der andern Seite sich zum Einblick in die geistigen Welten erheben will.

Steiner wurde dann eingeladen, in der damaligen theosophischen Bewegung zu wirken. Sie war sehr mit östlicher Weisheit verbunden. Führende Theosophen erwarteten einen Bodhisattva als Menschheitslehrer.

Steiner fand in dieser Bewegung Menschen, die für Spirituelles aufgeschlossen waren. Er konnte aber die östliche Einseitigkeit nicht bejahen. So hat Steiner an die großen christlichen Mystiker angeknüpft, wie uns sein Buch «Mystik» zeigt.

Es entstanden Konflikte mit der Leitung der theosophischen Bewegung. Es bildete sich eine eigenständige anthroposophische Bewegung.

Steiner wehrt sich in dem erwähnten Vortrag gegen den Vorwurf, er lehre einen Pantheismus und leugne die Persönlichkeit Gottes.

Er ist sich bewußt, «wie widersinnig es ist, die Persönlichkeit in Gott leugnen zu wollen. Im Gegenteil, dazu kommt man, einzusehen, daß man nicht nur von der Persönlichkeit, sondern sogar von einer Überpersönlichkeit Gottes sprechen kann. Die gründlichste Widerlegung des Pantheismus kann gerade durch die Geisteswissenschaft gefunden werden»[2]. Er zitiert das Bibelwort: «In Gott leben, weben und sind wir.»

«Und derjenige, der da will Gott mit einem Begriffe umfassen, der weiß nicht, daß alle Begriffe Gott nicht umfassen können, weil alle Begriffe in Gott sind. Aber Gott anzuerkennen, als ein Wesen, das in einem viel höheren Sinne noch als der Mensch, in einem Sinne, den man auch durch Geisteswissenschaft nicht einmal voll ahnen kann, Persönlichkeit hat, das wird insbesondere durch die Anthroposophie so recht den Menschen, ich möchte sagen, natürlich.»[3]

Aber was ist der göttliche Tropfen im Menschen? 1904 erschien Steiners Buch: Theosophie, eine Einführung in übersinnliche Welterkenntnis und Menschheitsbestimmung. Steiner zeigt, daß drei Seiten in menschlichen Wesen zu beachten sind.

«Ich gehe über eine mit Blumen bewachsene Wiese. Die Blumen künden mir ihre Farben durch mein Auge. Das ist die Tatsache, die ich als gegeben hinnehme. – Ich freue mich über die Farbenpracht. Dadurch mache ich die Tatsache zu meiner eigenen Angelegenheit. Ich verbinde durch meine Gefühle die Blumen mit meinem eigenen Dasein. Nach einem Jahre gehe ich wieder über dieselbe Wiese. Andere Blumen sind da. Neue Freude erwächst mir aus ihnen. Meine Freude vom Vorjahre wird als Erinnerung auftauchen. Sie ist in mir; der Gegenstand, der sie angefacht hat, ist vergangen. Aber die Blumen, die ich jetzt sehe, sind von derselben Art wie die vorjährigen; sie sind nach denselben Gesetzen gewachsen wie jene. Habe ich mich über diese Art, über diese Gesetze aufgeklärt, so finde ich sie in den diesjährigen Blumen so wieder, wie ich sie in den vorjährigen erkannt habe. Und ich werde vielleicht also nachsinnen: Die Blumen des Vorjahres sind vergangen; meine Freude an ihnen ist nur in meiner Erinnerung geblieben. Sie ist nur mit *meinem* Dasein verknüpft. Das aber, was ich im vorigen Jahre an den Blumen erkannt habe und dies Jahr wieder erkenne, das wird bleiben, solange solche Blumen wachsen. Das ist etwas, was sich mir geoffenbart hat, was aber von meinem Dasein nicht in gleicher Art abhängig ist wie meine Freude. Meine Gefühle der Freude bleiben *in mir;* die Gesetze, das *Wesen* der Blumen bleiben außerhalb meiner in der Welt.»[4]

Durch die leiblichen Sinnesorgane offenbaren sich uns Menschen die Dinge der Umwelt. Mit dem Wort Seele wird auf das gedeutet, wodurch wir Menschen die Eindrücke der Außenwelt mit unserem eigenen Dasein verbinden, wodurch wir Gefallen und Mißfallen, Lust und Unlust, Freude und Schmerz an ihnen empfinden. Als Geistiges kann erfahren werden, was sich nicht auf das Eigene beschränkt, was uns die Gesetze, das Wesen der Dinge enthüllt.

Ist nun das Geistige im Menschen das Göttliche? Leib und Seele aber gehören zur vergänglichen Welt. Solche Gesichtspunkte wurden in der damaligen theosophischen Bewegung vertreten.

Steiner hat sie abgelehnt. Erfahren wir doch, daß unsere leiblichen Sinne eine wunderbare Gestaltung und Vollkommenheit zeigen. Das Geistige in uns ist aber oft schwach, unfertig und chaotisch.

Gesichtspunkte der Anthroposophie haben immer eine Beziehung zum Alltag, zur Lebenspraxis. Ich habe viele Jahre reformierten Religionsunterricht in der Basler Steinerschule erteilt. Da ist mir aufgefallen, wie sehr in dieser Schule dem Leib, der Seele und dem Geist Zeit eingeräumt wird.

Alle Sinneserfahrungen – Hören, Sehen, Tasten usw. – werden intensiv gefördert. Wie wichtig ist zum Beispiel das Farberleben.

Dann wird das Seelische besonders angesprochen. Die farbige Schilderung der biblischen Joseph- und David-geschichten weckt in der dritten Klasse in den Kindern starke Emotionen. Die Pflege des Geistigen wird im Zusammenhang mit Leib und Seele gefördert. Das abstrakt Geistige wird relativ spät, aber dann auch intensiv geübt.

Blicken wir zunächst auf den Leib des Menschen. Ich will ein Beispiel moderner Naturwissenschaft anführen. Anthroposophie will nicht nur Alternativbewegung sein. Sie ist eine Ergänzungswissenschaft, die Resultate anderer Wissenschaften aufnimmt, verarbeitet und ergänzt. Skizzieren wir ein Erlebnis moderner Naturforschung und fügen wir ergänzende Gesichtspunkte der Anthroposophie hinzu. F. Vester entdeckt in unserem Finger eine Fülle eng miteinander verschachtelter Systeme.

«Was ist ein Finger? Nun, halt ein Finger. Ein bißchen Haut, Muskeln und Knochen. Ein Teil der Hand und gleichzeitig ein gigantisches Supersystem ineinander verschachtelter Welten.
Er ist ein hochkomplexes System. Ein Instrument der Sinne und der Bewegung. Mit Billionen von Einzelelementen. Mit einem rasanten Materie-, Energie- und Informationsverkehr, bei dem in jeder Sekunde – auch in Ruhestellung – allein 500 einzelne Bewegungskorrekturen, über 1000 Sinneswahrnehmungen und Zehntausende von chemischen Reaktionen durchgeführt werden. Nur der winzigste Teil seiner Tätigkeit ist uns bewußt.»[5]

Dieses komplizierte System erblickte ich nicht mit meinen Augen. Unsere Sinnesorgane und die Instrumente (Mikroskope usw.) vermitteln uns nur Einzelnes, Unzusammenhängendes. Gesetzmäßige Zusammenhänge erschließen sich erst unserem Denken. Wir tragen nicht willkürliche Begriffsschemata an die Erfahrung heran. Wir achten auf die verschiedenen Erfahrungen, bilden Begriffe, die uns die verborgenen Zusammenhänge der Erfahrung erfassen lassen.

Wir haben die Möglichkeit, in selbstloser Offenheit unsere Aufmerksamkeit auf die Erfahrungen zu richten und in selbstloser Tätigkeit unsere Begriffe in unserem Bewußtsein zur Erscheinung zu bringen. Das Leibliche – die Inhalte der Sinneserfahrung – und das bewußt Geistige – die Begriffe, die Ideen – werden verbunden. Aber auch das Seelische verbindet sich mit diesen Inhalten. Das Supersystem des Fingers weckt Gefühle des Staunens, der Ehrfurcht in uns. Diese Gefühle helfen uns, behutsamer, sorgfältiger, mit diesen Systemen umzugehen.

Wenden wir uns dem anderen Pol in menschlichen Wesen zu, dem Geistigen, das bewußt zunächst im Denken erfaßt wird. Geistiges, Gesetze, Systeme, Zusammenhänge finden sich auch in der Natur, zum Beispiel im Finger. Aber Vester betont: Nur der winzigste Teil dieser Tätigkeiten im Finger ist mir bewußt.

Bewußt fassen wir zunächst Geistiges in unserem Denken. Wir können uns mit dem oberflächlichen Urteil begnügen: Nur ein Finger, Haut, Muskeln, Knochen.

Wir können eine solche Erscheinung sorgfältig, mit Hingabe betrachten und ein differenziertes Urteil fällen.

Wir können uns mit wenigen Erkenntnissen begnügen. Wir können aber auch unseren Horizont erweitern, uns unbekannten, neuen Erscheinungen zuwenden oder in den uns bereits bekannten Erfahrungen Verborgenes, Übersehenes entdecken. Unsere Erkenntnisse lassen sich erweitern, vertiefen.

Auf die verborgenen Zusammenhänge dieser Welt weisen uns die biblischen Weisheitsbücher hin. Will nicht Anthroposophie in moderner Form etwas Ähnliches anregen?

Steiner unterscheidet Denktätigkeit, Denkwille und die Inhalte, die durch unser Denken in unserem Bewußtsein zur Erscheinung gebracht werden. Sind nicht unsere Denkinhalte weitgehend herabgelähmt, erstorben, schattenhaft – um die Ausdrücke Steiners zu verwenden? Der Begriff des Feuers kann kein Feuer entzünden. Der Begriff der Wärme wärmt nicht. Wieviele Farben und Formen offenbart uns eine einzige Blüte! Wie vollendet ist eine einzelne Pflanze! Wie schematisch sind aber oft unsere Begriffe einer Pflanze!

Fliehen nicht viele Menschen das bewußte Denken, das Verkopfte, wie man sagt, um in die Vielfalt der Sinneserfahrungen, in die Wärme der Emotionen unterzutauchen?

In Naturwissenschaft und Technik sind wir auf exaktes Denken angewiesen. Aber wie oft wir auch mit diesem mathematisch-exakten Denken viele Zusammenhänge der Welt erfassen, das Menschliche läßt sich nicht berechnen. Viele gebrauchen das Denken für das äußere Leben, aber sie fliehen in die Wärme des Gefühls und in die spontane Phantasie, um dem Menschlichen näher zu kommen.

Prägt nicht dieser Gegensatz auch das Leben in unseren Kirchen? Haben nicht auch die christlichen Lerninhalte oft etwas Starres, Erstorbenes? Viele suchen deshalb die Erfahrung des Göttlichen im Gefühl.

Anthroposophie aber will anregen, auch das abstrakte Denken nicht zu fliehen, sondern das Denken meditativ zu stärken und zu vertiefen. In einem weiteren Schritt können dann Denken, Fühlen und Wollen verbunden werden. Vergegenwärtigen wir uns einige wesentliche Gesichtspunkte im Kapitel «Der Pfad der Erkenntnis» in Steiners Theosophie. Sie regen uns an, in rückhaltloser, unbefangener Hingabe für dasjenige offen zu sein, was das Menschenleben oder die außermenschliche Welt offenbaren. Wer von vornherein mit dem Urteil, das er aus seinem bisherigen Leben mitbringt, an eine Tatsache der Welt herantritt, verschließt sich durch solches Vorurteil gegen die vielseitige Wirkung, welche diese Tatsache auf ihn ausübt. Der Übende, Lernende muß in jedem Augenblick sich zum völlig leeren Gefäß machen können.

«Der Lernende muß die Eigenschaft in sich entwickeln, sich den Dingen und Menschen gegenüber in deren Eigenart zu verhalten, ein jegliches in seinem Werte, in seiner Bedeutung gelten zu lassen. Sympathie und Antipathie, Lust und Unlust müssen ganz neue Rollen erhalten. Es kann nicht davon die Rede sein, daß der Mensch diese ausrotten soll, sich stumpf gegenüber Sympathie und Antipathie machen soll. Im Gegenteil, je mehr er in sich die Fähigkeit ausbildet, nicht alsogleich auf jede Sympathie und Antipathie ein Urteil, eine Handlung folgen zu lassen, eine um so feinere Empfindungsfähigkeit wird er in sich ausbilden.»[6]

Theologen beider Konfessionen haben immer wieder eingewendet: Wird da der Mensch nicht hoffnungslos überfordert? Wird in der Anthroposophie nicht eine neue Gesetzlichkeit aufgerichtet, die der Botschaft der Gnade im Evangelium widerspricht? Diese Einwände berühren einen wichtigen Punkt und können helfen, die Anliegen der Anthroposophie tiefer zu erfassen.

Auf der einen Seite sieht sie den Tropfen des Göttlichen im Menschen in der selbstlosen Hingabe im Denken und in der Möglichkeit, auf Fremdartiges offen zuzugehen.

Auf der anderen Seite beachtet sie, daß Sympathien, Antipathien und Emotionen oft mächtiger sind als unsere selbstlose Hingabe. Müssen wir uns nicht oft abkapseln, mit unseren Antipathien eine Mauer errichten, um das Eigene zu schützen, um der Entfaltung unseres Eigensten Raum zu schaffen und es vor Einflüssen zu bewahren, denen es nicht gewachsen ist? Anthroposophie weist auf die Möglichkeiten unseres Menschseins hin, offen zu werden. Aber das Eigene muß genügend gestärkt und entwickelt sein, um es ohne Schaden zu öffnen.

Fassen wir zusammen: Unser Leib besitzt in den Sinnesorganen eine Offenheit für die verschiedenen Bereiche der Welt.

In unserer Seele muß auch das Eigene Entfaltungsmöglichkeiten haben, sich selbst verwirklichen können. Auch im Gefühl kann echte Hingabe leben. Aber sie ist oft mit anderen Kräften vermischt. Steiner spricht von der Gewalt der Eigenliebe, die in unserer Seele wirken muß.

Wohl findet sich im bewußten Denken eine Offenheit, die es uns ermöglicht, uns über Sympathien und Antipathien zu erheben. Aber dieses Geistige im Menschen bleibt meist schwach.

«Man erfährt durch wahre Selbsterkenntnis zum Beispiel, daß man bisher geglaubt hat, man stünde einem Menschen wohlwollend gegenüber, und daß man doch in den Seelengründen verborgenen Neid oder Haß oder ähnliches hegt. Man erkennt, daß diese bisher nicht zutage getretenen Gefühle sich ganz gewiß einmal werden äußern wollen. Und man wird gewahr, daß es ganz oberflächlich wäre, sich zu sagen: nun hast du doch erkannt, daß es so mit dir stehe, vertilge also in dir den Neid, den Haß.»[7]

Gerade wenn wir bewußt unsere Möglichkeiten der Hingabe ausschöpfen, so erleben wir oft schmerzlich unser Scheitern, so daß der Tropfen des Göttlichen von den Wogen der Emotionen zugedeckt wird.

Die Hingabe im Denken wird mir nicht aufgedrängt. Ich öffne bewußt mein Wesen, um etwas Fremdartiges zu verstehen. Ich schließe die Tür, um zu verarbeiten, oder wenn eine Fülle der Eindrücke mich gefangen nimmt.

Aber erlebe ich nicht in verschiedenen Situationen, daß das freie Öffnen und Schließen nicht möglich ist, daß die Tür wie von einem Windstoß gewaltsam zugeschlagen oder geöffnet wird? Wie kann die Kraft, zu öffnen und zu schließen, in uns gestärkt werden? Weist nicht Steiner auf eine meditative Stärkung der Hingabe hin, so daß auch Sympathien und Antipathien verwandelt werden? Theologen äußern an diesem Punkt ihre Bedenken, weil meditative Bemühungen die Schwäche des Menschen nicht aufheben können.

An diesem Punkt weist Steiner bewußt auf einen Gegensatz hin, der erlebt werden muß:

Einerseits erleben wir das Göttliche im Menschen, das sich als unbefangene Liebe äußert; andererseits erfahren wir die Schwäche dieses Geistigen.

Betont nicht auch das Johannesevangelium diese beiden Seiten? An einer Stelle findet sich das Rätselwort: «Ihr (Menschen) seid Götter» (Joh 10,34). So weist das Evangelium auf die menschlichen Gaben hin.

Dann aber macht es deutlich, wie sehr Schwächen und Behinderungen Menschen gefangen nehmen. Behindert ist nicht nur der Blindgeborene. Behindert sind vor allem die

Gesunden in seiner Umgebung, die den Blindgeborenen aus der Gemeinschaft ausstoßen (Joh 9).

Anthroposophie weist darauf hin, daß göttliche Liebe unsere menschliche Gestalt annimmt und uns so nahekommt, daß unsere Freiheit geachtet wird. Diese göttliche Liebe kommt, sich zurückhaltend, ihre Kraft und Macht verbergend, uns nahe. Sie klopft, um ein Bild der Offenbarung zu gebrauchen, an unserer Tür an und wartet auf uns, die öffnen (Offb 3,20).

So erfahren wir den Tropfen des Göttlichen in uns. Wir erleben aber auch, wie andere Kräfte in uns wirken, die diesen Tropfen zudecken. Wenn ich diesen Gegensatz, diese Schwierigkeiten bewußt erfahre, kann ich für die Hilfe der göttlichen Liebe offen werden. Da ich den Tropfen des Göttlichen bewußt erlebe und in seinem Wesen erfasse, stehe ich dem Göttlichen nicht als einem absolut Unbekannten, Fremden gegenüber. So spricht Jesus in dem Gespräch mit der Samariterin am Brunnen von der Quelle: «Ich gebe ihm Wasser, das in ihm zu einer Quelle wird, die ewiges Leben schenkt» (Joh 4,14).

Steiner macht darauf aufmerksam, wie jedes Evangelium als ein Organismus, als ein Ganzes betrachtet werden kann. Frieling und Rau haben diese Anregungen aufgenommen und gezeigt, wie im vierten Evangelium das Motiv der Liebe entfaltet wird[6]. So können wir diese göttliche Liebe, die in Jesus Fleisch geworden, das heißt, in unsere menschliche Welt hereingetreten ist, uns meditierend vergegenwärtigen. So ist meditative Übung in der Anthroposophie in erster Linie ein sich Öffnen der göttlichen Liebe.

Frieling zeigt auch, wie das unscheinbare Wort «bleiben» im vierten Evangelium besonders hervorgehoben ist. Christus spricht: «Bleibet in meiner Liebe» (Joh 15,9).

«‹Bleiben› gehört zu den unergründlich tiefen johanneischen Worten. Vom einfachsten wörtlichen Sinne bis zur verborgenen Mystik spannt sich seine Bedeutung. Es kann heißen: bleiben, wohnen, dauern, ewig sein.»[9]

Was bleibt vom Göttlichen im Menschen? Wird doch der Tropfen des Göttlichen immer wieder zugedeckt, verschüttet. Ich erlahme in meinem Bemühen, Fremdartiges zu verstehen. Es bleiben dann oft nur Schemata und Vorurteile. Regt nicht Anthroposophie an, Alltägliches zu meditieren? Wir vergegenwärtigen uns das Werden und Vergehen einer Pflanze, die Seelenregungen eines Tieres, die Vielfalt des Menschlichen. Wir konzentrieren und längere Zeit täglich auf denselben Gegenstand. Wir überwinden die Ablenkungen, die Langeweile und die Routine der Gewohnheit. Der Denkakt, der eine Gesetzmäßigkeit in Begriffsform in meinem Bewußtsein zur Erscheinung bringt, bleibt nicht dauernd. Aber es bleibt die Möglichkeit, uns der Erfahrung zuzuwenden und den Begriff immer wieder neu zu fassen.

Auf diesem Weg mit seinen Möglichkeiten und Schwierigkeiten kann erfahren werden, daß Tropfen göttlicher Liebe uns gegeben werden, daß unser Tropfen vermehrt wird, daß ein Quell bei uns bleibt und uns begleitet. Die johanneischen Schriften des Neuen Testamentes fassen dies zusammen in der Verheissung: «Gott ist Liebe und wer in der Liebe bleibt, der bleibt in Gott und Gott in ihm» (1 Joh 4,16). Steiner hat dies auch in spruchartigen Meditationstexten veranschaulicht[10].

«Gottes schützender, segnender Strahl
erfülle meine wachsende Seele,
daß sie ergreifen kann
stärkende Kräfte allüberall.
Geloben will sie sich
der Liebe Macht in sich
lebensvoll zu erwecken,
und sehen so Gottes Kraft
auf ihrem Lebenspfade,
und wirken in Gottes Sinn
mit allem, was sie hat.»[11]

ANMERKUNGEN

1 B. Grom, Anthroposophie und Christentum, München 1989, 86.
2 R. Steiner, Philosophie und Anthroposophie (GA 35), Dornach 1965, 200.
3 Ebd.
4 R. Steiner, Theosophie (GA 9), Dornach 1961, 25.
5 F. Vester, Unsere Welt – ein vernetztes System, München 1983, 25.
6 Steiner, Theosophie, 179.
7 R. Steiner, Ein Weg zur Selbsterkenntnis des Menschen (GA 16), Dornach 1982, 42.
8 R. Frieling, Studien zum Neuen Testament, Stuttgart 1986; Ch. Rau, Struktur und Rhythmus im Johannesevangelium, Stuttgart 1972.
9 Frieling, Studien, 131.
10 R. Steiner, Makrokosmos und Mikrokosmos (GA 119), Dornach 1962.
11 Ebd. 287.

Das Leben Jesu und das Christus-Ereignis im anthroposophischen Weltbild

Joachim Finger

Rudolf Steiner verstand sich als Christ – und zwar als ein solcher, der die tiefe Wahrheit des Christentums besser verstanden und erfahren hatte als praktisch alle Christen vor ihm. Denn das, was er «das Mysterium von Golgatha» nannte, war ihm nicht nur Wissen, sondern Erfahrung. Sein sogenanntes «Damaskuserlebnis» (ca. 1900)[1] hat seine sich zur anthroposophischen Weltsicht entwickelnde Lehre zutiefst geprägt. «Christlich» ist denn auch in seinen Werken ein häufig genanntes Stichwort, und die Evangelien stehen im Mittelpunkt mancher Vorträge und Schriften. Was immer Steiner damals erfahren hat – wir müssen es zunächst einmal als echtes und tiefgehendes Erleben stehen lassen.

In der Folge wurde das Geheimnis von Golgatha für ihn nicht nur zum Geheimnis des Glaubens, sondern zum Angelpunkt in der Entwicklung des gesamten Kosmos. Es bildet die Basis der Bemühungen, die Vergeistigung des Menschen und der Schöpfung zu fördern; es ist der Impuls, welcher den Tiefpunkt der Weltentwicklung überwunden hat. Steiners Zugang zu diesem Geschehen, welcher auf seinen Erkenntnissen «aus der Akasha-Forschung» beruht, kondensiert in einem Buch, welches auch «das Fünfte Evangelium» (Gesamt-Ausgabe/GA Nr. 148) genannt wird.

Das Christus-Ereignis, das Wirken des Christus in dieser Welt, wurde gemäß den Erkenntnissen Steiners durch den Ratschluß der Götter eingeleitet (GA 148:286). Das höchste Sonnenwesen sollte zur Rettung der Entwicklung des Kosmos in die Welt gesandt und hingeopfert werden.

Nach einer anderen Version faßte das Sonnenwesen selbst diesen Entschluß. Denn die Liebe der Gottheit gelangt mit den Strahlen des Sonnenlichtes auf die Erde, es vermittelt rettende Impulse bei einer Entwicklung, die nicht geradlinig verläuft, wie ursprünglich vorgesehen (siehe unten, S. 60ff.). Alle Religionen der Welt sind letztlich dazu bestimmt, dieses umfassende Ereignis vorzubereiten (GA 13:276). Eine jede hatte dabei ihre besondere Aufgabe. Allerdings wußten jeweils nur die Eingeweihten um den wahren Zweck ihrer Rituale und Lehren.

Verschiedene Kulturen und Traditionen hatten die feinstofflichen und grobstofflichen Voraussetzungen des Geschehens zu schaffen. Dem hebräischen Volke fiel die besondere Aufgabe zu, den entsprechenden Leib vorzubereiten, in welchem das Sonnenwesen Christus Aufnahme finden würde. Dazu wurde es in der geistigen Entwicklung auf einer relativen frühen Stufe zurückgehalten, damit es seine jugendlichen Kräfte nicht vorzeitig verbrauche (GA 117:23). Die Hebräer entwickelten die dem zukünftigen Ereignis gemäße Gottesvorstellung des «alles von außen Empfangens» (während in Asien die Gottesvorstellung «von innen» entstand, die bereits stärkere Kräfte der Vergeistigung erforderte). Die ganze benötigte Fülle konnte sich jedoch nicht in einem menschlichen Körper entfalten – es waren zwei Menschenwesen notwendig, um die entsprechenden Geisteswesen und -kräfte aufzunehmen.

Drei Strömungen kommen nun als Vorbereitung des Christusereignisses in zwei Leibern zusammen – in den Leibern des salomonischen und des nathanischen Jesusknaben.

Rudolf Steiner geht bei seiner Jesus-Darstellung von der Beobachtung aus, daß sich die Stammbäume Jesu in Matthäus 1 und Lukas 3 in einigen Details unterscheiden. So wird in Mt 1,6 Salomo als Nachfahre Davids aufgelistet, in Lk 3,31 an gleicher Stelle aber Nathan. Dies ist nach Steiners Erkenntnissen aus der Akasha-Chronik so zu verstehen, daß zwei Paaren mit den Namen Maria und Joseph ein Knabe geschenkt wurde, den sie Jesus nannten.

Die eine Familie aus dem Geschlecht Salomos vertritt dabei die königliche Linie und lebt in Bethlehem, die andere Familie aus dem Geschlecht Nathans wohnt in Nazareth und repräsentiert die priesterliche Linie.

Die Leiber der Jesus-Knaben entspringen also der *hebräischen Strömung,* welche das Gottesbild, als noch unverbrauchtes, urtümliches Volk die nötige physische Frische und Aufnahmefähigkeit sowie diejenige Schönheit mitbringt, welche das Zeichen seelischen Fortschritts ist (der Körper zeigt den Zustand der Seelenentwicklung: vgl. den Aufsatz von G. O. Schmid).

Die *zweite Strömung* findet im Leib des nathanischen Jesus aus Bethlehem Aufnahme – die Geisteskräfte desjenigen Wesens, welches einst als Buddha auf der Erde lebte. Seine Aufgabe war es, aus den höheren Regionen Mitleid und Liebe in die Menschen einfließen zu lassen. Dazu konnte sich der Buddha zwar nicht mehr inkarnieren, weil er eben der «Buddha», der Erleuchtete und Erlöste war. Doch die Vereinigung seiner (bis zur Stufe des Ätherleibes) verdichteten, in eins zusammengefaßten Kräfte konnte in den Astralleib des salomonischen Jesusknaben eingehen. Steiner sieht dies in der Engelschar von Lk 2,13 angedeutet (GA 117:122). Dieser Jesus war ein stilles, introvertiertes und in äußeren Dingen wenig begabtes Kind, das jedoch ein tiefes Gemütsempfinden zeigte.

Die *dritte Strömung* schließlich erscheint in dem salomonischen Jesus aus Nazareth. Er war von Geburt an schon extrovertierter und praktisch begabter als sein Namensvetter in Bethlehem. Denn in ihm inkarnierte sich das «Ich» desjenigen Wesens, das zu einer anderen Zeit als Zaratustra auf dieser Erde weilte. Ihm waren vergleichsweise mehr geistige Eigenschaften zu eigen, die auch äußerlich-praktisch hervortraten (GA 117:14). Dieser Jesus mußte auch nach Ägypten kommen (Mt 2,14), um eine ihm gemäße Umgebung zu erleben und die Eindrücke aus der früheren Inkarnation wieder zu beleben.

Steiner erfährt nun in seiner Schau der Akasha-Chronik, daß sich diese drei Strömungen auf eine einzigartige Weise vereinen: In der Bibel wird geschildert, daß der 12jährige Jesus anläßlich einer Reise von Nazareth nach Jerusalem verlorenging, um dann von den Eltern eigenartig verändert wieder aufgefunden zu werden. Der ehemals stille Knabe zeigte plötzlich Interesse und Durchsetzungsvermögen. Diese Veränderung ist nach anthroposophischer Erkenntnis darauf zurückzuführen, daß das «Ich» des bethlehemitischen Jesus bei einer Begegnung der Knaben auf den nazarenisch-nathanischen Jesus übergegangen war.

Der nun mehr ich-lose Knabe aus Bethlehem starb bald darauf, ebenso die Mutter aus Nazareth und der Vater aus Bethlehem. Die überlebenden Elternteile bildeten mit dem nazarenischen Jesus eine neue Familie (GA 117:122; 148:56).

Das Christus-Ereignis wird nun weiter vorbereitet, indem Jesus lernt und an sich arbeitet. Er studiert bei den Essenern, lernt Kultstätten und Religionen der umliegenden Völker kennen und erkennt dank seiner Sensibilität die dämonischen Mächte, welche die verschiedenen Traditionen unterwandert haben. Er empfängt «die Inspiration durch die innere Stimme der Eingebung, die Bath-Kol, von der jüdische Schriften sprechen»[2]. Von da an ist er ein «Eingeweihter» und erfährt, daß die heidnischen Religionen, aber auch das traditionelle Judentum verderbt und überholt sind, ja daß selbst die frommen Essener ihr Glück auf Kosten anderer leben – denn wegen ihrer Frömmigkeit fliehen die dämonischen Mächte vor ihnen und suchen anderswo Unterschlupf (GA 148:77ff). Verzweifelt treibt es ihn an den Jordan, wo dann die Taufe durch Johannes stattfindet. Durch die Erschütterungen und Erkenntnisse war das Zaratustra-Ich von ihm gewichen, das vorher vorhandene Wesen war gewachsen, das Gemüt genügend vertieft und gebildet – jetzt senkte sich die Christus-Wesenheit in den so vorbereiteten Leib (GA 148:84).

Das heißt, nach anthroposophischer Anschauung sind erstens der Mensch Jesus und der Christus zweierlei Wesen.

Zweitens ist Jesus nicht vom Beginn seines Lebens an Christus bzw. Gottes Sohn. Er muß sich vorbereiten, und der Christus-Geist nimmt erst zu einem späteren Zeitpunkt Wohnung in ihm. Theologisch gesehen erinnert das an die 387 abgelehnte adoptianische Christologie[3] des Apollinarius von Laodicea († um 390) und an die Lehre von den zwei getrennten und unvermischten Naturen Christi[4] die 431 zurückgewiesen wurde. Beide Ansichten stehen der evangelischen Botschaft entgegen, daß Gott in Jesus *von Geburt* an voll und ganz *Mensch* geworden ist.

Jesus Christus weihte nun nach empfangener Taufe seinen engeren Jüngerkreis in Mysterien ein (vgl. Joh 16,12). Er verkündete, daß sich die Menschen das Himmelreich aneignen können, wenn sie ihre inneren Kräfte entdecken und ausbilden. Mit der öffentlichen Auferweckung des Lazarus (Joh 11), die eine mystische Einweihung in diese inneren Kräfte war, verriet er endgültig das geheime Wissen an Unberufene, erzürnte damit die offiziellen Verwalter der Tradition und mußte dafür mit dem Tod büßen (GA 8:129). Hier geschieht nun das Mysterium von Golgatha, «ein Mysteriendrama, das sich auf der Bühne der Menschheitsgeschichte abspielt»[5]. Christi Blut, sein Leben verbindet sich vom Kreuz herab mit der Erde und wird zu einem Impuls, der die Welt erfrischt: Der Heilige Geist verbindet sich mit der Erde, die Menschen können sich wieder inkarnieren, die Bemühung um die Entwicklung hin zur Vergeistigung kommt nicht zum Stillstand, sondern erhält neue Anstöße. Der Impuls wirkt dämonischen Kräften entgegen und löst die objektiven Folgen von Schuld, das Menschheitskarma. Damit sind die Auswirkungen unserer Handlungen für Erde und Lebewesen gemeint, die nicht wieder rückgängig gemacht werden können. Die subjektive Schuld, die Konsequenz und Bedeutung der Taten für den einzelnen Mensch selbst, ist jedoch von jedem als persönliches Karma abzutragen.

Die Verbindung des Christus-Impulses mit der Erde ist das eigentliche Wesen der Auferstehung. Ätherisches Licht verband sich mit der Aura der Erde, sie empfing gewissermaßen die Kommunion. Der Leib Jesu wurde von der Erde wieder aufgenommen, ein Erdbeben ließ ihn in einem Spalt verschwinden – die Christus-Wesenheit hatte sich wieder von ihm getrennt. Ein Wirbelwind drapierte die Tücher so, wie es im Johannes-Evangelium geschildert ist (GA 148:30,211). Im Pfingstereignis nahm das Christus-Ich dann Wohnung im Ich der einzelnen Jünger. Von da an wurde den Aposteln vieles, was sie bis anhin wie im Traum erlebt hatten, bewußt, und die geistige Kraft stand nun nach der Befruchtung mit der «allwaltenden kosmischen Liebe» nicht mehr nur einzelnen auf dem Mysterienweg, sondern allen zur Verfügung. In den Seelen aller seiner Anhänger war der Auferstandene fortan als Keim vorhanden, so daß sich die Christuswesenheit fortschreitend weiter offenbaren konnte, im geistigen Wachstum des einzelnen Menschen wie auch im Wachstum der Gemeinde. Die Wende der Menschheitsgeschichte war eingeleitet.

Rudolf Steiner stützt sich für alle diese Ausführungen auf die «Akasha-Chronik», die ihm in intuitiver Schau zugänglich war. Wenn in den kanonischen Evangelien viele dieser Dinge nicht enthalten sind, so tut dies ihrer Wahrheit keinen Abbruch. Denn erstens ist das Lesen der Evangelien für Steiner nur einer der möglichen Zugänge zum Verständnis des Christus. Zweitens sind die Evangelien nur eine teilweise und nachträgliche Bestätigung dessen, was den Eingeweihten sichtbar ist. Jesus Christus ist auch ohne die biblischen Texte zu erkennen. Und drittens steht die Akasha-Chronik ohnehin über allen menschlichen Wahrnehmungen und Aufzeichnungen. «Geschichte» im Sinne von historischer Forschung, so meint Steiner, kann nur der «Vorhof der eigentlichen Forschung sein» (GA 8:16)[6]. An diesen (Erkenntnis-)Weg muß man glauben bzw. sich ihm unbefangen öffnen, damit man ihn erfahren kann. Wenn man ihn dann erfährt, glaubt man ihm. Für Steiner ist dieser esoterische Weg zum Christentum der für die heutige Zeit allein richtige, da allein wahrhaft weitere Entwicklung ermöglichende[7].

Aufgrund seiner – auch in anthroposophischen Kreisen bisher noch von keinem anderen erreichten – einzigartigen Erkenntnismöglichkeiten konnte Steiner natürlich mit solchem Anspruch auftreten. Subjektiv war er sicher von der Wahrheit seiner intuitiven Schau überzeugt. Doch seine Qualifizierung der Akasha-Chronik entzieht dieselbe natürlich auch jeder kritischen Prüfung und erschwert jede fruchtbare Auseinandersetzung über seine Christus-Darstellung. Denn im Zweifelsfall gelten alle historischen Erkenntnisse immer weniger als die intuitiven. Damit geht ein wesentliches Element der Fleischwerdung Gottes verloren, der ja eben in *einen* historisch faßbaren Moment der Geschichte eintrat, aus der Ewigkeit in die konkrete und damit der normalen menschlichen Wahrnehmung zugängliche Zeitlichkeit hinein.

Wo steht nun das Christus-Ereignis im Rahmen der Weltgeschichte, warum hat es nach Steiners Auffassung eine solch überragende Bedeutung, obwohl es nach seinen Ausführungen über die kosmischen und weltgeschichtlichen Zeiträume weder ein neues Zeitalter noch eine neue Epoche einleitet? Darüber gibt das Schema auf der folgenden Seite Auskunft.

Steiner geht in seiner Weltansicht von einer Entwicklung aus, die zuerst in einem absteigenden Prozeß in drei Zeitaltern vom Rein-Geistigen in die Stofflichkeit hineinführt. Diese zunehmende Verdichtung kommt im vierten Zeitalter zum Stillstand und geht in den aufsteigenden Vorgang der Vergeistigung des Stofflichen im Verlauf von drei weiteren Zeitaltern über (GA 11:109ff). Diese Entwicklung unterlag verschiedentlich Störungen, die im Gesamten vier Christus-Ereignisse notwendig machten. Golgatha ist dabei als viertes die vorläufig letzte Vollendung der drei anderen, die sich nicht auf der physischen Ebene, sondern in den geistigen Welten abgespielt haben (GA 148:191). Die Störungen wurden von luziferischen und ahrimanischen Wesen verursacht.

Das Christusereignis im Rahmen der Weltentwicklung

I. Saturnzustand
II. Sonnenzustand
III. Mondenzustand
IV. Erdenzustand
   1. Polarische Epoche
   2. Hyperboräische Epoche
   3. Lemurische Epoche
      • Individualisierung des Ich; Geschlechtertrennung;
      • **Luzifer-Ereignis**
      • **Erstes Christus-Ereignis**
   4. Atlantische Epoche
      • **Zweites Christus-Ereignis**
      • Magie; Orakelstätten; Ahrimanischer Einfluß
      • **Drittes Christus-Ereignis**
   5. Nachatlantische Epoche
     ① *Altindische Kultur (ab 7227 v. Chr.)*
     ② *Urpersische Kultur (ab 5067 v.)*
     ③ *Ägyptisch-chaldäische Kultur (ab 2907 v.)*
     ④ *Griechisch-lateinische Kultur (ab 747 v.)*
       • **Viertes Christus-Ereignis**
       • Mysterium von Golgatha
       • Pfingstereignis
     ⑤ *Fünfte nachatlant. Kultur (ab 1413)*
       • Heutige Zeit
     ⑥ *Sechste nachatlant. Kultur (ab 3573)*
     ⑦ *Siebte nachatlant. Kultur*
   6. Sechste Erden-Epoche
   7. Siebte Erden-Epoche
V. Jupiterzustand
VI. Venuszustand
VII. Vulkanzustand

«Luzifer» steht dabei für die Mächte der freien Wirkung von Intelligenz und Willen, welche für die Entwicklung des Menschen nötig ist, aber nicht schrankenlos werden darf (GA 26:173ff). In der «lemurischen» Epoche kam es zur Trennung von Erde und Mond. Geistige Mondenwesen beeinflußten den Astralleib bzw. die Empfindungsseele des sich entwickelnden Menschen so, daß er sich vom geistigen Urgrund löste. Dadurch gewann er Herrschaft über das noch nicht vollständig entwickelte «Ich», welches dadurch seinen Ursprung vergaß, sich in Leidenschaften und Gefühle verstrickte und – vorzeitig – der Materie verfiel. Dieses anfängliche «Luzifer-Ereignis» brachte den Wesen Freiheit, aber auch Schrankenlosigkeit und lieferte sie ihrem maßlosen Eigenwillen aus. Es kam zur Trennung der Geschlechter, Krankheit und Tod traten in Erscheinung und damit auch die Reinkarnation. Die Christus-Wesenheit griff hier ein erstes Mal ein, um die sinnlichen Empfindungen nicht allzu stark werden zu lassen. Sie vereinigte sich dazu mit dem Wesen, welches später als der nathanische Jesus auf die Erde kam. Diese Vereinigung strahlte in der geistigen Welt mäßigend und ausgleichend auf die Sinne der Menschen aus (GA 148:193).

Zu Anfang der «atlantischen» Epoche kam es laut Steiner zu einer weiteren «Durchseelung» der Wesenheiten, um die Temperamente der sieben Lebensorgane (die dem Ätherleib zugerechnet werden) auszugleichen, die sonst unter dem Einfluß von Luzifer und Ahriman übermäßig aktiv geworden wären und eine angemessene Entwicklung verunmöglicht hätten. «Ahriman» meint das berechnende Prinzip, welches zwar rationales Denken und die Entstehung der Wissenschaften fördert, gleichzeitig aber alles in Maß und Mechanik fassen will, der Freiheit zuwiderwirkt und durch Beeinflussung der Verstandesseele materialistisches Denken fördert.

Am Ende der atlantischen Epoche griff die Christus-Wesenheit ein drittes Mal ein, um ein gesundes Maß in das Verhältnis von Denken, Fühlen und Wollen zu bringen. Wie schon bei den vorhergehenden zwei Ereignissen «durchseelte» die Christuswesenheit den späteren nathanischen Jesus und beeinflußte so harmonisierend die Entwicklung des menschlichen Astralleibes. Dieses Geschehen hat sich nach Steiner im Denken der Griechen so erhalten, daß der Gott Apollo (der von Christus durchdrungene spätere nazarenische Jesusknabe) den aus der Erde aufsteigenden Dämpfen im Orakel von Delphi die luziferisch-ahrimanische-verwirrende Wirkung genommen hat. So konnte er durch die Pythia weise ordnend auf das Denken, Fühlen und Wollen der Griechen einwirken (GA 148:196f).

Dennoch hätte sich das «Ich» im weiteren untergeordnet ausgebildet, da die Chaoskräfte überhandnahmen und die Entwicklung einem Tiefpunkt der Verdichtung zustrebte, welche alles zum Erstarren gebracht hätte. Daher mußte die Christus-Wesenheit in diese Erstarrung, in die Materie hineingeopfert werden, um eine Umkehr dieses Prozesses einzuleiten. Sie mußte nach dem Wirken im Astral- und Ätherleib auch noch auf der physischen Ebene in Erscheinung treten. Dafür war zum einen die Entwicklung eines entsprechenden Leibes notwendig. Im hebräischen Volk hatte sich genügend Jugendfrische bewahrt, um den dem Christus entsprechenden schönen Leib zu formen, in dem auch noch ein Rest des von luziferischen Kräften unverdorbenen Leibes Adams bewahrt war. Zum anderen hatten die Menschen dieser Weltgegend (im Unterschied zu den Völkern des Ostens) schon ein genügendes Bewußtsein ihres realen «Ich» entwickelt.

Für das, was Steiner mit seiner anthroposophischen Lehre bezweckt, nämlich die Förderung des Vergeistigungsprozesses, ist also das Christus-Ereignis unabdingbar. Es verleiht dem Menschen überhaupt erst die Fähigkeit, höhere Erkenntnisse zu erlangen. Es markiert den Wendepunkt zwischen Abstieg und Aufstieg. Mit dem Mysterium von Golgatha hat auch der alttestamentliche Schöpfergott Jahwe seine Funktion verloren. Selbst sein Wirken war nurmehr eine Vorbereitung für den Christus-Impuls[8]. Um so erstaunlicher ist es daher eigentlich, daß es kein neues Zeitalter, ja nicht einmal eine neue Epoche einleitet. Es steht als Angelpunkt der Weltgeschichte in der Mitte der vierten Epoche des vierten Zeitalters. Steiner beschreibt dieses Ereignis auch keineswegs zusammenhängend und systematisch in einem Buch. Der interessierte Leser muß sich die Fülle der Informationen nicht nur im «Fünften Evangelium», sondern in verschiedenen Werken suchen[9]. Dies zeigt allerdings auch, daß es sich um ein Ereignis handelt, das mit den verschiedenen Aspekten der kosmischen und menschlichen Entwicklungsprozesse innig verflochten ist. Doch ist die Person, das Sterben und die Auferstehung Christ dabei letztlich kein erlösendes Gnadengeschenk, sondern ein Impuls zur Höherentwicklung des Menschen durch eigene Anstrengung, die ihn durch zunehmende Vergeistigung zur Erlösung und Vervollkommnung führen soll. Das umfassende «Ja» Gottes in Jesus wird eingeschränkt zu einem teilweisen – der Mensch hat sich erst noch über mehrere Leben hinweg zu bewähren. Und selbst das persönliche Gegenüber des Vatergottes ist mit der Relativierung Jahwes verschwunden. Gemessen an der evangelischen Botschaft liegt eine gründliche Umdeutung der biblischen Aussagen vor, die letztlich allein mit den intuitiv gewonnenen Anschauungen Rudolf Steiners begründet wird und endlich auch allein darauf ihren Wahrheitsanspruch stützt.

ANMERKUNGEN

1 Rudolf Steiner, Mein Lebensgang, Stuttgart [2]1975.
2 Bernhard Grom, Anthroposophie und Christentum, München 1989, S. 101.
3 Diese Auffassung rückt Christus in seinem Mensch-sein so stark von dem einen Gott ab, daß er mit diesem nur noch durch die göttliche Kraft (mit der er z. B. anläßlich der Taufe ausgestattet wurde), oder gleichsam durch Adoption verbunden blieb.
4 Dieses irreführende Verständnis der Person Jesu warf man Patriarch Nestorius von Konstantinopel († um 451) vor, als er während der

Zusammenfassung:
Das Leben Jesu nach der Akasha-Forschung

Geburt Jesu von Nazareth	Geburt Jesu von Bethlehem
Eltern: Maria und Joseph (aus dem Haus Nathan)	Eltern: Joseph (aus dem Haus Salomo) und Maria
keine Geschwister	4 Brüder, 2 Schwestern
introvertiert, still	kann sofort sprechen, extrovertiert
12jährig: Begegnung Jesu	mit Jesus im Tempel

Übergang des Ich

Jesus verändert sich	Jesus stirbt
Maria stirbt	Joseph stirbt

Joseph   und   Maria
heiraten

Inspiration der inneren Stimme (Bath-Kol)
Studienreisen zu heidnischen Kultstätten
Schulung bei den Essäern

Taufe – Niederkunft des Christusgeistes

Reformation alter Lehren
Mysterienlehre und Mysterienverrat

Kreuzigung und Mysterium von Golgatha

Pfingstereignis

theologischen Auseinandersetzungen des 5. Jh. eine pointierte Gegen-
position zur Meinung Cyrills von Alexandrien formulierte.

5 Kurt Hutten, Seher, Grübler, Enthusiasten, Stuttgart [13]1984, S. 701f.

6 «Die Naturwissenschaft ist reif, die Früchte einer höheren Weltanschauung in Empfang zu nehmen.» Aus der Akasha-Chronik, Dornach [6]1986, GA Nr. 11.

7 Vgl. GA 148,9ff; 266ff sowie: Der Christus-Impuls und die Entwick-
lung des Ich-Bewußtseins, Dornach 1986, GA Nr. 116, S. 96 und Die
Mission der neuen Geistesoffenbarung, Dornach 1975, GA Nr. 127,
S. 169.

8 Die Christus-Wesenheit wird von der Gesamtheit der sechs Sonnenwesen (Elohim) gebildet, die von der Sonne aus Liebe auf die Erde
strömen lassen. Ein siebtes, gleichrangiges Sonnenwesen wirkte
abweichend davon vom Mond aus für die Menschen: Jahwe. (Jan
Badewien, Anthroposophie, Konstanz 1985 S. 73f, zitiert in:
H. J. Ruppert/F. Valentin, Anthroposophie und ihre vielfältige Praxis,
Dokumentation 1/86, Wien: Referat für Weltanschauungsfragen.

9 Weitere Quellen:
Das Christentum als mystische Tatsache und die Mysterien des Alter-
tums, Dornach [8]1976, Gesamt-Ausgabe (GA) Nr. 8;
Die Geheimwissenschaft im Umriß, Dornach 1968, GA Nr. 13;
Anthroposophische Leitsätze, Dornach [5]1962, GA Nr. 26;
Die tieferen Geheimnisse des Menschheitswerdens im Lichte der
Evangelien, Dornach [2]1985, GA Nr. 117;
Aus der Akasha-Forschung – das Fünfte Evangelium, Dornach
[4]1985, GA Nr. 148.

Wiederverkörperung und Schicksal im Alltag

Andreas Heertsch

ERSTER TEIL

Das Tor der Geburt, das Tor des Todes

Was geschieht, wenn man davon ausgeht, daß die menschliche Existenz mit der Geburt (oder der Zeugung) beginnt und mit dem Tode endet? Dazu ein Lebenslauf:

Als M. auf die Welt kommt, ist sein Vater schon lange auf und davon. Seine Mutter – er ist ihr siebtes Kind – verläßt das Krankenhaus in einer Großstadt im ehemaligen Ostblock, sobald sie kann, ohne ihn mitzunehmen. M. kommt nun in ein Säuglingsheim zu vielen anderen Leidensgenossen. Das Personal dieses Heimes ist völlig überfordert. Das Milchfläschchen wird ihm nur ins Bett gelegt; lernt er nicht schnell, daran zu saugen, wird er nicht mehr lange leben. Drei Jahre bleibt er in diesem Heim, schließlich darf er eine Stunde pro Tag aufstehen. Der Arzt bescheinigt ihm einen psychomotorischen Entwicklungsgrad von 30 % eines normalen Kindes. Dann kommt er in ein Heim, in dem er bis zum Schuleintritt bleiben soll. Jetzt darf er zwar herumlaufen, aber das Heim, ein ehemaliges Justizgebäude in einer Kleinstadt, dürfen die Kinder nicht verlassen, weil die Bevölkerung sich dagegen wehrt.

So fanden ihn seine neuen Eltern in dem Heim: ein viereinhalbjähriges Häuflein Elend! – Jetzt lebt er in der Schweiz: und ist ein kerngesundes Goldstück voller Pfiffigkeit und Phantasie...

Aber die Geschichte hätte auch so weitergehen können, wie für viele seiner Leidensgenossen: Hospitalismus-geschädigt, ungeliebt, verlassen sie das letzte der Heime und landen im besten Falle im Schwarzhandel, normalerweise jedoch in Kriminalität und Prostitution.

Wenn die Existenz doch erst mit der Zeugung beginnt, stellt sich dann nicht notwendig die Frage:

– Womit haben die beiden ein so verschiedenes Schicksal verdient?

Wenn die Existenz des Menschen erst mit seinem Leben auf der Welt beginnt, ist es dann nicht ungerecht, wenn der eine am Rande der Gesellschaft überleben muß, während der andere in ihrer Mitte getragen wird?

Sind das Fragen, die man als Mensch nicht stellen darf, weil es in Gottes Hand liegt, welche Führung ein Leben bekommt? Aber das Problem wird dadurch nicht anders, daß man das Fragen verbietet. Wollte denn Gott wirklich einen unmündigen Menschen als Krone seiner Schöpfung schaffen, dem er die Erkenntnis dieser göttlichen Welt verbietet?

Betrachten wir nun das andere «Ende»: Wenn man sein Leben hinter sich hat und seiner Umgebung wegen körperlicher und seelischer Gebrechen beginnt zur Last zu fallen, ist es da nicht besser – wie holländische Politiker in Erwägung zogen –, jedem Menschen über siebzig die «Todespille» zur Verfügung zu stellen?

– Wenn nun sein Tod auch seine Existenz beenden würde, wäre doch sein Leben im hohen Alter ganz sinnlos.

Wäre es nicht besser, er fiele seiner Umwelt nicht zur Last und stürbe einfach, wenn seine Kräfte ihn verlassen?

Etwa im Sinne des Baccalaureus im Faust:
Bacc.: Gewiß! das Alter ist ein schleichend Fieber
Im Frost von grillenhafter Not
Hat einer dreißig Jahr vorüber
So ist er schon so gut wie tot.
Am besten wärs, euch zeitig totzuschlagen.
Mephisto: Der Teufel hat hier weiter nichts zu sagen.

Wenn wir die menschliche Existenz mit der Geburt oder Zeugung beginnen lassen, wird das Leben *ungerecht,* wenn wir sie mit dem Tod enden lassen, wird das Leben *sinnlos.*

– Aber endet die Existenz mit dem Tode?

Nun, die Frage wird wohl jeder religiös gestimmte Mensch verneinen, aber wie können wir sicher sein, ob die religiöse Überlieferung wirklich die Wahrheit sagt.

– Kann man sich auch als ungläubiger Thomas über diese Frage einen Weg bahnen, der zu Antworten führt?

68

Der ersten Frage – nach der Existenz vor der Geburt – ist man sicher viel eher bereit, eine abschlägige Antwort zu erteilen, denn da gibt es ja nicht einmal eine allgemeine religiöse Überlieferung.

Schicksalsereignisse

Wohl in jedem Leben lassen sich Schicksalsereignisse finden, bei denen man den Eindruck haben kann: «Wenn ich wählen darf, dann – wenn es möglich ist – bitte nicht noch einmal! Aber es war doch gut, daß es geschehen ist. Wenn ich das nicht durchgemacht hätte, wäre ich nicht der, der ich heute bin.»

Zur Illustration ein Erlebnis aus meinem Leben:

Als ich 14 Jahre alt war, hatte ich mir einen Oszillographen gebaut (eine Art Fernseher, der anstelle der Bilder elektrische Schwingungen auf seiner Bildröhre darstellen kann). Beim Zusammenschrauben mußte das Gerät umgedreht werden, und dabei passierte es: Ich bekam einen solchen elektrischen Schlag, daß der Strom von der einen Hand über meinen Arm durch den Brustkorb und das Herz zur anderen Hand floß. Die Muskeln verkrampften sich: Ich konnte das Gerät nicht fallen lassen: Der Strom floß immer weiter. Glücklicherweise konnte ich noch aufstehen und eine schnelle Drehung machen, so daß das Gerät aus meinen Händen flog... Ein schwerer Elektroschock mit Herzflimmern, und Angstvorstellungen waren die Folge.

Erst viel später ging mir der Sinn dieses Schicksalschlages auf – wenigstens anfänglich: Ich war damals ein glühender Verehrer der Physik und ihres materialistischen Weltbildes. Meine Mutter erzählte mir, nun sei ich plötzlich mit Fragen wie: «Warum ist das eigentlich alles so...?» an sie herangetreten.

Offenbar hatte der Schock meine so festgefügte Vorstellungswelt gründlich erschüttert und Schichten der Weltempfindung freigelegt, die mir früher unzugänglich waren. Der Schock hatte dabei wohl die Aufgabe eines Auslösers. Heute bin ich über diesen wohl notwendigen Schock als Auslöser froh – aber, bitte nicht noch einmal!

Ähnliche Situationen sind wahrscheinlich zunächst leichter in der ferneren Vergangenheit zu finden, sind wir doch mit den kürzlich «erteilten» Schlägen oft noch zu sehr verbunden, als daß wir schon gelassen auf sie blicken könnten.

An diesem Punkt unserer Betrachtungen stellen sich zwei Fragen:
– Haben alle Ereignisse einen entwicklungsbestimmenden Einfluß?
– Woher weiß das Schicksal, was für mich gut ist?

Gehen wir noch einen Schritt zurück und fragen uns:
– Wie kam es zu dem Ereignis?

Das läßt sich bei manchen Ereignissen gut sagen, bei anderen weniger. Dennoch möchte ich an einem Beispiel schildern, was sich bei den meisten Schicksalssituationen – mehr oder weniger verborgen – auffinden läßt.

Nach meiner Schulzeit wollte ich unbedingt sozial tätig werden. Ich erhielt Gelegenheit zur Mitarbeit in einer soeben von der Universität eingerichteten Beratungsstelle für Drogenabhängige und Dissoziale. Vorher mußte ich allerdings erst in einem kleineren Behördenkrieg darum kämpfen, diese Stelle zu bekommen.

Ich hatte Nachtdienst, als einer der Jugendlichen die Nerven verlor, weil er seinen Mantel in einem Lokal verwechselt hatte. Er hatte dadurch keinen «Stoff» mehr. Er begann nun die Räume zu demolieren. Da ich allein Nachtdienst hatte, mußte ich – der ich kaum älter war als er – die Polizei anrufen und ihn in die benachbarte Nervenklinik einliefern lassen. Allerdings kam die Polizei erst nach 20 Minuten! Wie man sich leicht denken kann, ging er auch nicht freiwillig mit, so daß er von den Polizisten kampfunfähig «gemacht» wurde, um es gelinde auszudrücken. Das letzte, was er mir zubrüllte war: «Ich schlag dich tot, wenn ich wieder herauskomme!» Ich habe die Nacht schlecht geschlafen und ihn dann morgens aus der Nervenklinik abgeholt...

Als dann in einer weiteren Nacht – ich hatte wieder allein Nachtdienst – die Stereoanlage gestohlen wurde und mir morgens ein Jugendlicher andeutete, ich wäre jetzt wohl nicht mehr so «beieinander», wenn ich letzte Nacht aufgetaucht wäre..., entschloß ich mich, die Stelle zu wechseln.

Ich hatte nun alles unternommen, um diese für mich sehr unangenehme Erfahrung machen zu müssen, wie anders die Wirklichkeit ist, als ich sie mir vorstellte. Und dies gilt sowohl im Hinblick auf jene Welt, die mir bis dahin verschlossen war, als auch auf die mir zur Verfügung stehenden Kräfte und Fähigkeiten. Ich erlebte meine Grenzen und verlor Illusionen.

Spüren wir nachträglich ein solches Ereignis noch einmal ab, so kann deutlich werden, daß hier etwas in unser Leben eingreift, das uns näher zu uns selbst führen will, uns reifer werden läßt. Ein Stück weit sind wir dem, was der Mensch dereinst werden kann, näher gerückt. Mit anderen Worten: Ideale, in jugendlicher Begeisterung gebildet, werden revidiert, geklärt, ausgestaltet, reicher und realistischer.

Gehört mein Schicksal zu mir?

Ich möchte nun eine Frage stellen, die mir in vielen Gesprächen bisher mit *nein* beantworten wurde. Die Frage lautet:

– Würden Sie Ihr Schicksal mit dem Schicksal eines anderen Menschen tauschen wollen?

Die Frage lautet nicht: Können Sie sich vorstellen, daß jemand anderes mit einem anderen Menschen sein Schicksal tauscht?, sondern ob Sie ihr ureigenes Schicksal mit allen Konsequenzen mit dem eines anderen Menschen tauschen wollen. Das heißt: Man würde dann also fernerhin nicht mehr die Ereignisse durchmachen, die man ohne den Tausch durchgemacht hätte, sondern alle Freuden und Leiden des anderen Menschen übernehmen.

Zur Erläuterung dieser Situation kann vielleicht die folgende Parabel helfen:

Ein Mensch im Himmel

Ein Mensch kommt mit seinem Kreuz beladen zum Himmel. Er klopft an das Himmelstor, und Petrus öffnet ihm. Der Mensch wartet gar nicht ab, ob er von Petrus gefragt werde, sondern ruft gleich: «Petrus, Petrus, mein Kreuz ist mir zu schwer! Ich muß ein anderes haben.» Petrus antwortet nicht, führt ihn aber in den Garten der Kreuze. Der Mensch weiß nun, daß er diesen Garten nicht ohne ein Kreuz verlassen darf. Er prüft also genau, denn er muß damit ja in seinem weiteren Leben zurechtkommen. Die Menge der Kreuze ist groß: Es gibt da Holzkreuze, Eisenkreuze, Steinkreuze, Kreuze mit langem Querbalken, Kreuze mit mehreren Querbalken, bei einigen ist ein Ende länger als das andere, bei wieder anderen ist der Querbalken nicht richtig fest usw. Der Mensch prüft also in der ungeheuren Menge der Kreuze gründlich. Mit den allermeisten ist er nicht zufrieden. Lediglich eines sagt ihm zu, allerdings hat er das Gefühl, daß es doch auch reichlich schwer sei, immerhin schien es ihm seiner würdig. Er nimmt also dieses Kreuz im Wissen, daß es eine anstrengende Aufgabe werden würde, und kommt zu Petrus zurück an das Himmelstor, glücklich lächelnd, fast etwas stolz, geht er an Petrus vorbei. Petrus aber schweigt weiterhin und schaut ihn ernst etwas mit dem Kopf nickend an und schließt hinter ihm das Tor. Der Mensch wundert sich nun aber doch über den schweigsamen Türhüter. Unter diesen Gedanken betrachtet er das Kreuz genauer. Es war das gleiche Kreuz, das er mitgebracht hatte: sein eigenes.

Mein Schicksal und Ich

Wenn wir nicht bereit sind, unser Schicksal mit jemand anderem zu tauschen, dann müssen wir wohl ein besonderes unverwechselbares Verhältnis zum Schicksal haben. Es ist wie ein Teil von uns selbst. Etwas, das uns in Situationen führt, die zu Prüfungen werden können und uns – ob durch Bestehen oder Scheitern – erziehen. Auch das Scheitern kann uns weiterhelfen, wenn wir uns dadurch wahrhaftiger kennenlernen, und wir die Kraft finden, uns um die Verwirklichung des Menschenbildes zu bemühen, das wir als Ideal in uns tragen können.

Wieder kommen wir zu weiteren Fragen:
– Wie zieht das Schicksal die Ereignisse herbei?
– Wie weiß das Schicksal, was für mich gut ist?

Wir wollen sehen, ob sich beide Fragen durch Beobachtungen im Alltag beantworten lassen.

«Technik» des Schicksals

Betrachten wir zwei Lebenssituationen, die – leider – recht oft vorkommen:

Mir ist es häufig passiert, daß ich eines Tages von jemandem angesprochen wurde: «Mein Lieber: Entschuldigung, aber du solltest endlich damit aufhören, daß du immer...», und dann kommt eine Eigenschaft, die ich mir tatsächlich abgewöhnen sollte. Das Überraschende ist aber, daß am gleichen Tag, mit fast den gleichen Worten mich auch noch ein anderer anspricht und mich auf den gleichen Fehler hinweist. Die beiden kannten sich jedoch nicht. Sie hatten sich also nicht verabredet.

– Wie kann es zu diesen nicht so seltenen Zusammentreffen kommen?

Ich bin mit jemandem im Gespräch und lasse ganz beiläufig eine Bemerkung fallen, von der ich dann aber feststellen muß, daß sie meinen Gesprächspartner zutiefst verletzt. Ich ahnte gar nicht, daß ich ihn damit derart treffen würde. Ich hätte es ihm doch sonst nicht gesagt! Alle Versuche, es wieder gutzumachen, schlagen ziemlich fehl: Er ist getroffen.

– Wie kann es sein, daß ich meinen Gesprächspartner derart verletze, obwohl ich ihn doch gar nicht gut kenne?
An dieser Stelle möchte ich einen «Probegedanken» anbieten, einen Gedanken, den man auf die Probe stellen möge, ob er zutrifft. Kann er Klarheit in das eigene Leben bringen? Dann kann man ihn sicher weiter prüfen. Er sei in folgende Fragen gekleidet:
– Könnte es sein, daß ich gewöhnlich von mir nur im Bewußtsein habe, was in meinem Leib steckt – daß das aber noch nicht alles ist?
– Könnte es nicht sein, daß ein Teil von mir auch außerhalb meines Leibes in meiner Umgebung lebt? (Lassen wir zunächst noch ganz offen, wie wir den Teil nennen wollen.)
Unter dieser Voraussetzung könnte man die beiden eben beschriebenen Situationen so verstehen: Ich – in einem unbewußten Teil – bin es selbst, der sich mit Hilfe der beiden anderen Menschen die Verhaltenskorrektur zufügt. Und umgekehrt, der andere braucht mich, um sich etwas klar zu machen; da es stimmt, was er sich mit meiner Hilfe selbst sagt, fühlt er sich so getroffen und ist mir deshalb oft besonders böse, weil er meint, ich wollte ihn verletzen. Es könnte also sein, daß wir nur zum Teil ein Bewußtsein

von uns selbst haben: *Der andere Teil lebt in unserer Um-*
gebung und zieht die Ereignisse herbei, die uns treffen.

Die nebensächlichen Ereignisse des Alltags zeigen, daß
ich mich besonders über das am anderen ärgere, was ich
bei mir selbst noch nicht in Ordnung gebracht habe. Da
wo ich etwas bei mir selbst geordnet habe, da werde ich
anderen gegenüber wieder großzügig: Ich weiß nun, wie
schwer es ist, diesen Fehler zu überwinden. Aber da, wo
mir das noch nicht gelungen ist: oh, der arme Betroffene,
er bekommt den Ärger, den ich eigentlich über mich habe,
noch gleich mit ab! (Deshalb habe ich mir zur Regel gemacht: Wenn ich mich über irgend etwas außergewöhnlich
aufrege, frage ich mich, ob ich mich nicht besser in dieser
Sache über *mich* aufregen sollte.) Überhaupt kann die Frage: Warum passiert gerade *mir* das, sehr furchtbar für die
Selbsterkenntnis werden. Insbesondere in Situationen, in
denen man objektiv ungerecht behandelt wird – etwa:
Man wird belogen. Natürlich muß man der Lüge entge-
gentreten und sie korrigieren usw. Aber gerade da kann
man sich doch fragen:
– Warum trifft es gerade mich?
– Was will mir das sagen?

Auf diese Weise kann man eine Art partnerschaftliches
Verhältnis zu seinem Schicksal gewinnen. Es ist wie ein
Gespräch zwischen Lehrer und Schüler. Der Lehrer handelt zwar (die Ereignisse treten ein), er antwortet mir aber
nur, wenn ich ihm Fragen stelle. Und wenn es mir gelingt
– früher oder später –, durch solches Fragen mich an den
Sinn eines Ereignisses heranzutasten, dann wird dieses Gespräch immer intensiver.

Aber auch das Gegenteil ist möglich: Ich kann mich gegen mein Schicksal betäuben. Eine grobe Form der Betäubung ist die Droge (Alkohol, Rauschmittel, Fernsehen);
viel gefährlicher aber ist die Betäubung, wenn ich meine:
Hier liegt ein Irrtum des Schicksals vor, dieses Ereignis
trifft den Falschen! Ich will an dieser Stelle nicht behaupten, daß eine solche Situation nie eintreten kann – wer
kann das schon sagen? Aber wenn ich mir das einwenden

will, sollte ich sehr auf der Hut sein: Gerade dieses Geschehen könnte doch besonders für *mich* bestimmt sein.

Woher weiß das Schicksal, was für mich gut ist?

Wenn ich an meine Klassenkameraden zurückdenke oder auch an Freunde aus der Kindheit und der späteren Zeit, insbesondere solche, mit denen ich gut zusammenarbeiten konnte, so würde ich gern diese Menschen wiedertreffen, um zu schauen, wo sie heute stehen und – wenn möglich – mit ihnen weiterarbeiten. Aber die Lebenswege haben sich getrennt. Ich bin aus der Heimatstadt weggezogen und habe den Kontakt verloren. Trotzdem bleibt eine Sehnsucht, irgendwie am Begonnenen weiterzuarbeiten, bestehen.

Aber auch zu Menschen, an denen wir schuldig werden, kann eine solche Sehnsucht entstehen: Nehmen wir an, jemand ist für einen Moment im Verkehr unaufmerksam und überfährt einen anderen. Dieser stirbt an den Folgen seiner Verletzung. Wenn dieser Autofahrer nun kein oberflächlicher Mensch ist, so kann er starke Schuldgefühle bekommen. Es kann sich der starke Wunsch entfalten, das irgendwie wieder gutzumachen. Aber wie soll er?

Vor einigen Jahren fuhr ich mit meiner Frau von Konstanz nach einem Vortrag nach Hause. Es war im Winter bei einsetzendem Schneetreiben, da sahen wir auf der anderen Straßenseite ein Auto – Warnblinker in Betrieb – mit vier, bei der nächtlichen Beleuchtung finsteren Gestalten. Obwohl meine Frau sagte: Du, die sehen unheimlich aus, hielt ich an und erkundigte mich, was denn sei. Die Vermutung war: Kein Benzin. Ich holte also meinen Reservekanister heraus, setzte den Einfüllstutzen auf und füllte ein… Die «finsteren Gestalten», die bei genauerem Hinsehen ganz nett waren, bestanden darauf, daß ich 5 SFr. für die 5 Liter Benzin nehme. Als der Wagen dann immer noch nicht ansprang, empfahl ich, die Zündkerzen zu überprüfen; ich müsse jetzt jedoch weiter, es seien noch 200 km zu fahren. Im Rückspiegel sah ich, wie sie ihr Auto in den nächsten Ort schieben mußten. In der nächsten Woche sagte mir meine Frau nach dem Tanken: «Der Reservekanister war übrigens voll!» Das durfte doch nicht wahr sein: Ich hatte eine Gummidichtung beim Einfüllen übersehen, dadurch hatten die Vier nicht nur kein Benzin erhalten, sondern gaben mir noch 5 SFr. dafür, daß sie ihren Wagen in den nächsten Ort schieben mußten... Das würde ich gern in Ordnung bringen. Aber wie soll ich sie wiederfinden? (Vielleicht liest ja einer von ihnen dieses Buch).

Solchen Stimmungen kann man immer häufiger begegnen, wenn man darauf zu achten beginnt. Schon während des Lebens findet man in sich Anlagen, mit anderen Menschen wieder zusammenzukommen. Wir wollen nun nach einer Zwischenbetrachtung sehen, wie sich diese Sehnsucht nach dem Tode ausnimmt.

Zusammenfassung

Wir begannen damit, uns auszutauschen über die Frage: Was passiert, wenn man das Tor des Todes und das Tor der Geburt zuschlägt? Und eine Antwort war, daß das Leben sinnlos und ungerecht wird. Damit das nicht die einzig mögliche Lebensanschauung bleibt, haben wir dann gemeinsam begonnen, verschiedene Erlebnisse zu betrachten.

So kann man nun Erlebnisse finden, von denen man sagen kann: «Bitte nicht noch einmal, aber es war doch gut, daß es passiert ist. Ich wäre sonst nicht der, der ich jetzt bin. Und was das Erlebnis aus mir gemacht hat, das kann ich bejahen.»

Weiter scheint es auch, als ob wir unsere Schicksalsereignisse (unbewußt) aufsuchen, als ob wir gar manches – ohne das ganz zu wissen – in Bewegung setzen, um an die Stelle zu kommen, wo es dann «passiert».

Es entstand dann die Frage, ob man sein Schicksal mit dem eines anderen tauschen würde. Es zeigt sich, daß diese Frage normalerweise verneint wird. Das aber heißt: Wir und unser Schicksal gehören untrennbar zusammen.

Um die Art, wie Schicksal sich vollzieht, verstehen zu lernen, haben wir zwei Gesprächssituationen betrachtet, aus denen sich ergab: Wir leben bewußt innerhalb unserer Haut, aber gleichzeitig unbewußt auch in den anderen Menschen. Wir verständigen uns mit uns selbst durch ihre Hilfe.

Ich hoffe, Sie können sehen, daß wir an dem Vollzug unseres Schicksals viel mehr beteiligt sind, als das zunächst schien. Ja, ich gehe sogar so weit, zu sagen, daß wir da, wo wir eine Beteiligung – im weitesten Sinne – ablehnen, wir uns gegen unser Schicksal betäuben und uns blinder machen, als wir sind!

Hinter allem steht aber die schon mehrfach gestellte Frage: Woher weiß das Schicksal, was für mich gut ist? Diese Frage läßt sich nur beantworten, wenn wir unsere Betrachtung über den Tod hinaus anstellen.

Um die nachtodlichen Ereignisse besser beschreiben zu können, habe ich noch einige Seelenstimmungen angedeutet: das Bedürfnis mit Menschen wieder zusammenzukommen, mit denen man etwas zu tun hatte, im Sinne sowohl eines fruchtbaren Zusammenarbeitens als auch eines Wiedergutmachens.

Welche Zugänge gibt es zum Leben nach dem Tod?

Es gibt ganz verschiedene Zugänge zum Leben nach dem Tod:
- der Zugang, den jeder irgendwann haben wird, wenn er stirbt
- die Beschreibungen derer, die bereits klinisch tot waren und reanimiert (wiederbelebt) wurden
- der Zugang mit den Hilfsmitteln der Hypnose
- der geisteswissenschaftliche Zugang dadurch, daß man seine Fähigkeiten schult, Geistiges wahrzunehmen
- der indirekte Zugang, der für jeden Menschen gangbar ist, wenn er bereit ist, die Erfahrungen des Alltags im Lichte der Ergebnisse der geisteswissenschaftlichen Forschungen zu betrachten.

Hier versuchen wir diesen letzteren Weg ein Stück zu gehen. Die beschriebenen Erfahrungen können uns auf Übersinnliches hinweisen. Wenn ich nun dazu übergehe, dieses Übersinnliche selbst zu beschreiben, so tue ich das in der Hoffnung, daß man diese Skizzen als Angebote auffaßt, sein Leben unter solchen Gesichtspunkten zu betrachten und zu prüfen, ob sich diese Gesichtspunkte im eigenen Leben als fruchtbar und ordnend erweisen oder ob sie eher das Leben als chaotisch oder weltfremd darstellen.

Eine große Hilfe im Beschreiben dieses Weges sind die Forschungen Rudolf Steiners (1861–1925), dem Begründer der Anthroposophie. Ihm verdanken wir Einsichten in die übersinnliche Welt und damit die Kenntnis der geisteswissenschaftlichen Hintergründe (vgl. seine Bücher im Literaturverzeichnis am Ende dieses Beitrages), und eine genaue Beschreibung, wie man diese Einsichten gewinnt.

Nach dieser Zusammenfassung können wir nun den beschrittenen Weg fortsetzen und uns der Zeit nach dem Tode zuwenden.

Schlaf und Tod

Zwischen Schlaf und Tod gibt es manche Verwandtschaften. So wird auch gesagt: *Der Schlaf ist der kleine Bruder des Todes.*

Was kann damit gemeint sein? Betrachten wir den Schlaf: Tagsüber gehen wir unserem Tagewerk nach und verbrauchen unsere Kräfte. Wir legen uns abends ermattet nieder und verlieren das (Tages-)Bewußtsein: wir schlafen ein. Am Morgen wachen wir durch den Schlaf – mehr oder weniger – erquickt wieder auf und setzen unser Tagewerk mit neuen Kräften dort fort, wo wir es am Vortage unterbrochen haben.

Auch im ganzen Leben arbeiten wir an unseren Aufgaben und verbrauchen unsere Kräfte. Im Alter sind wir davon ermüdet; wir sterben und verlieren das Tages-Bewußtsein. Nun verbringen wir eine Zeit zwischen Tod und neuer Geburt, in der wir unsere Lebens- und Schicksalskräfte erneuern, um dann mit einer neuen Geburt wiederum verjüngt da fortzusetzen, wo wir früher aufgehört haben. Allerdings fehlt uns zunächst im Gegensatz zum Schlaf die bewußte Erinnerung an das Begonnene.

Diese Zeit zwischen Tod und neuer Geburt läßt sich nun – auf der Grundlage der Forschungen Rudolf Steiners – wie folgt skizzieren:

Nachdem ein Mensch über die Schwelle des Todes gegangen ist, hat er – etwa so lange, wie man ununterbrochen wach sein kann, ca. drei Tage – sein ganzes Leben wie ein Panorama in Bildern um sich. Etwas, das auch von Menschen berichtet wird, die plötzlich, z. B. durch einen Absturz im Gebirge, an die Todesschwelle kamen. Nach dieser Zeit, nach der dann auch die Bestattung stattfindet, lebt der Mensch nun eine Zeit lang (etwa solange wie er im Leben geschlafen hat, ca. ein Drittel der Lebenszeit) in einem Bewußtsein, das gerade die Umkehrung seines gewöhnlichen Bewußtseins ist. Im normalen Leben lokalisieren wir uns innerhalb unserer Haut, aber nicht in unserer Umgebung. Wir haben aber schon gesehen, daß wir auch außerhalb unserer Haut im Schicksalsvollzug leben, allerdings ohne (gewöhnliches) Bewußtsein (s. weiter oben, S. 73f.). In der zweiten Phase nach dem Tode, sie wird auch ‹Kamaloka› oder im katholischen Bereich: ‹Fegefeuer› genannt, erwacht der Mensch nun in dem Bewußtsein, das zu Lebzeiten für ihn unbewußt geblieben ist. Jetzt erfährt er seinen Leib (genauer: dessen geistiges Bild) als Außenwelt und die Umgebung seines Leibes als Innenwelt.

Damit erlebt er nun rückwärts alles, was er während des Lebens getan und gelassen hat, aber so, daß er jetzt der Empfänger seiner irdischen Taten wird. Etwas derb gesagt: Die Wirkung der Ohrfeige, die er im irdischen Leben einem anderen verabreichte, erleidet er nun selbst.

Das hat für den Menschen nach dem Tod sehr tiefgreifende Folgen: Im Angesicht hoher geistiger Wesenheiten erlebt er, wie er war – und wie er hätte sein können. Es ist wohl nicht so, daß vor dem Menschen ein strafender Gott steht, der ihm sein Sündenregister vorliest. Es ist – in gewissem Sinne – viel schlimmer: Der Mensch ist es selbst, der sich im Angesicht der Gottheit beurteilt und richtet.

Für denjenigen, für den das Christentum Bedeutung hat, kann man auch sagen: Im milden Blick des Christus richtet sich der Mensch selbst, indem er an diesem Menschheitsrepräsentanten sieht, wie sein Verhalten hätte sein müssen, damit er jetzt sich nicht schämen muß, und – wie es tatsächlich war.

Das löst in seiner Seele das tiefe Bedürfnis aus: Das will ich besser machen! Aus diesen Erlebnissen entsteht im Laufe der Entwicklung zwischen Tod und neuer Geburt der starke Wunsch, sich wieder auf der Erde zu verkörpern, mit gerade den Menschen zusammen, mit denen man zu tun hatte, um wieder gutzumachen, aber auch um weiterzuarbeiten an der eigenen Entwicklung und wo möglich an der Menschheitskultur.

So wird der Mensch selber Urheber seines Schicksals. Er gibt selbst die Vorgaben für die Ereignisse, die er im nächsten Leben suchen will. Selbstverständlich gehört zur Ausgestaltung des Schicksals eine viel höhere Weisheit, als uns Menschen möglich ist. Die Anordnung und «Koordination» der Schicksale der verschiedenen Menschen einer Schicksalsgemeinschaft obliegt nun hochentwickelten geistigen Wesen. Wir Menschen hätten z. B. gar nicht den Überblick, geschweige denn die Kraft, die es zur Verwirklichung der Schicksalsströme braucht. Aber es ist an uns, die Keimpunkte und Zielrichtungen zu setzen, an die die Tätigkeit höherer Wesen anknüpft.

Da wir unser Schicksal in diesem Sinne zwischen Tod und neuer Geburt selbst bestimmen, wird zugleich auch verständlich, warum wir ein so enges Verhältnis zu ihm haben und weshalb das Schicksal «so genau weiß», was für uns gut ist.

Es werden damit die Taten des letzten Lebens – im Guten wie im Bösen – die Keime für die Schicksalsereignisse des nächsten Lebens.

Vielleicht entsteht nun doch die Frage: Muß ich darüber überhaupt etwas wissen?

Schließlich ist das Leben doch bisher über Jahrtausende auch ohne dieses Wissen ausgekommen.

Welche konkrete Hilfe in dem Wissen um wiederholte Erdenleben liegen kann, möchte ich Ihnen an einem Beispiel demonstrieren.

Mönch und Ketzer

Ein Beispiel

Im Mittelalter – noch vor der Scholastik – lebten ein Mönch und ein Ketzer. Der Mönch wurde aufgefordert, die ansässigen Bischöfe durch seine Predigt zu unterstützen, da er für seine Wortgewalt sehr bekannt war. So zog der Mönch in die Gegend des Ketzers, der schon eine ansehnliche Schar um sich gesammelt hatte. Die Lehren des Ketzers waren aus der Sicht des Mönchs gottlos: Sie leugneten die Notwendigkeit der Sakramente, den Sinn des Alten Testamentes und die Wirklichkeit des Kreuzes. Der Ketzer brandmarkte die Verweltlichung der Kirche und sprach ihr jedes Recht ab, die Nachfolge des Petrus fortsetzen zu können. Für ihn war der Christus ein hohes Sonnenwesen, das nie die Schmach eines Kreuzestodes auf sich genommen haben konnte. Er empfand das als ganz und gar gottunwürdig. Er wollte mit seinen Gesinnungsbrüdern in möglichster Reinheit leben. Armut und Keuschheit waren Grundpfeiler ihrer praktischen Lehre.

Der Mönch seinerseits hat den Ketzer persönlich nie kennengelernt, er hat den kirchlichen Berichten über ihn vertraut und daraufhin begonnen, gegen ihn zu predigen. Etwa so: «Hier habe ich Brote, ich werde sie jetzt weihen, wenn die Kranken davon essen und gesund werden, dann sind die Lehren des Ketzers Irrlehren.» Ein dabeistehender Bischof wollte sicherheitshalber einflechten: «Wenn die Kranken im Glauben essen» – wohl um bei einem Scheitern dem Mönch das Ansehen zu wahren. Der aber widersprach: «Nein, jeder, der ißt, wird gesund werden.» Die Wirkung war gewaltig. Die Leute bekehrten sich, auch bevor die Menschen gesund wurden.

Der Ketzer mußte fliehen, wurde schließlich aber doch gefangen genommen und verbüßte eine lebenslängliche Haft.

Sieben Jahre nach dieser Zeit stirbt der Mönch und erlebt nun in der Zeit zwischen Tod und neuer Geburt, daß er durch seine Predigten den Ketzer an der Verwirklichung seiner Ziele gehindert hat. Die Ziele waren von den seinen gar nicht so verschieden. Und er erlebt auch, daß er ihn bekämpft hat auf Grund von Darstellungen, die nicht genügend der Wirklichkeit entsprachen.

Im nächsten Leben treffen die beiden sich wieder. Der Ketzer ist jetzt als Frau verkörpert, der Mönch noch einmal als Mann. Sie treffen sich in einem Betrieb wieder, indem nun der Ketzer der Vorgesetzte des Mönches ist. Der Mönch hat das Anliegen – als Folge seiner nachtodlichen Erlebnisse –, alles zu tun, damit der Ketzer diesmal seine Ziele erreicht.

Der ehemalige Ketzer seinerseits begegnet dem ehemaligen Mönch mit ausgesprochener Zurückhaltung, das liebste wäre ihm gewesen, der Mönch hätte den Betrieb nach kurzer Zeit wieder verlassen. Der aber blieb, und alles, was er für seine Vorgesetzte unternahm, betrachtete diese so mißtrauisch, als ob es sich gegen sie richtete. Es kam, wie es in solchen Fällen oft kommt: Die beiden hatten sich nach kurzer Zeit gründlich verkracht. Der Mönch war nicht bereit hinzunehmen, daß ihm alles, was er für den Ketzer tat, ins Gegenteil verkehrt wurde.

Da beide aber von der Tatsache der wiederholten Erdenleben überzeugt waren, bekam der Mönch nicht, wie man vielleicht erwarten kön-
te, eine Kündigung, sondern beide gingen davon aus, daß sie hier eine gemeinsame Aufgabe hätten, etwas aus der Vergangenheit, das sie jedoch
kaum ahnten, wieder in Ordnung zu bringen. So begann aus diesem Entschluß eine mehr und mehr fruchtbar werdende Zusammenarbeit der
beiden. Nach sieben Jahren starb diesmal der Ketzer.

Dieses Beispiel kann vielleicht deutlich machen, daß schon
das bloße Wissen um die Tatsache der wiederholten Erdenleben lebensgestaltend den Alltag prägen kann. Welche
Perspektiven sich weiter daraus ergeben können, möchte
ich im zweiten Teil dieses Beitrags mit Ihnen betrachten.

Den Schluß des ersten Teiles soll ein Epitaph bilden, das
Benjamin Franklin, der Staatsmann und Erfinder des Blitz-
ableiters, als dreiundzwanzigjähriger – er war damals
Buchdrucker – als seine Grabsteininschrift dachte:

Hier ruht der Leib des Buchdruckers

Benjamin Franklin

als Speise für die Würmer
gleich dem Deckel eines alten Buches.
aus dem der Inhalt herausgenommen
und das seiner Inschrift und Vergoldung beraubt ist.
Doch das Werk selbst wird nicht verloren sein,
sondern dermalen einst wiedererscheinen
in einer neueren schöneren Ausgabe,
durchgesehen und verbessert
durch den Verfasser.

ZWEITER TEIL

Im ersten Teil haben wir betrachtet, wie man in Erlebnissen des alltäglichen Lebens Erfahrungen aufsuchen kann,
die auf die Wirklichkeit der wiederholten Erdenleben weisen können.

Im folgenden zweiten Teil wird nun nicht mehr ein Thema entwickelt, sondern ich möchte Fragen behandeln, die mir immer wieder in öffentlichen Veranstaltungen gestellt wurden.

Wiederverkörperung und Bibel

Beginnen wir mit der Frage:
– Warum erzählt die Bibel nichts von den wiederholten Erdenleben?

Diese Frage stellte mir ein evangelischer Pfarrer in einer Aussprache. Ich antwortete ihm, daß doch z. B. bei Matthäus (11,14) steht: «Und (so ihr's wollt annehmen) er (Johannes der Täufer) ist Elia, der da soll zukünftig sein» oder bei der Verklärung auf dem Berge (Mt 17,10–13): «Was sagen denn die Schriftgelehrten, Elia müsse zuvor kommen? Jesus antwortete und sprach zu ihnen: Elia soll ja zuvor kommen und alles zurechtbringen. Doch ich sage euch: Es ist Elia schon gekommen, und sie haben ihn nicht erkannt, sondern sie haben an ihm getan, was sie wollten... Da verstanden die Jünger, daß er von Johannes dem Täufer zu ihnen geredet hatte.» Nun hat sich Rudolf Steiner mit dieser Frage beschäftigt und aufgrund seiner übersinnlichen Forschungen bestätigt, daß in Elias und in Johannes die gleiche Individualität lebt. Die Antwort des Pfarrers: «Das ist nicht so verwunderlich, denn Elia ist nicht gestorben, sondern entrückt worden, damit kann er auch wiederkehren.» Tatsächlich sind die letzten Worte des Alten Testamentes (Mal 3,23–24) die Verkündigung der Wiederkunft Elias, und bei den Königen (2 Kön 2,11) wird geschildert, wie Elia in einem feurigen Wagen entrückt wird. Es werden sogar Männer ausgesandt, die seinen Leichnam suchen sollen. Sie finden ihn aber nicht...

Es gibt zwar noch weitere Andeutungen im Neuen Testament auf die Wiederverkörperung, aber sie sind noch weniger eindeutig. Deshalb kann man durchaus sagen: In der Bibel findet sich kein überzeugender Hinweis auf die wiederholten Erdenleben.

Im Gegenteil: Im 9. Kapitel des Hebräerbriefes entwickelt Paulus die Einmaligkeit des Todes und der Auferstehung des Christus – eine Darstellung, die mit der Anschauung der wiederholten Erdenleben in vollem Einklang steht: Der Tod des Christus auf Golgatha war ein einmaliges Ereignis. In Jesus verkörperte sich der Christus als Sohn Gottes nur dieses eine Mal, nicht vorher und nicht später. Aber Paulus schreibt dann weiter (Hebr 9,27): «Und wie es dem Menschen gesetzt ist, einmal zu sterben, dann aber das Gericht: so ist Christus einmal geopfert, wegzunehmen vieler Sünden; als zweites wird er ohne Sünde erscheinen denen, die ihm nachfolgen, zur Erlösung.»

Hier gibt es zwei Möglichkeiten des Verständnisses: Der Mensch lebt – wie der Christus – nur ein einziges Mal auf der Erde und wartet dann im Himmel auf das Gericht. Ein ganz naheliegendes Verständnis.

Auf dem Boden der Wiederverkörperung und der Betrachtung des Lebens nach dem Tode ergibt sich aber noch eine weitere Möglichkeit. Das Gericht folgt nach *jedem* Sterben: Man stirbt nicht mehrmals und dann kommt schließlich das Gericht, sondern jedes Leben wird im Anschluß an den Tod gerichtet, ganz in dem Sinne, wie es im ersten Teil beschrieben ist: Im Blick auf den Christus erlebt man an seinen Taten, wie man hätte sein können und wie man tatsächlich war.

– Warum aber schweigt die Bibel so gründlich über die wiederholten Erdenleben?

Dazu ein berechtigter Einwand, den ein katholischer Geistlicher in seinem Vortrag über Wiederverkörperung machte: «Die Lehre von den wiederholten Erdenleben ist auch deshalb unchristlich, weil sie dieses, mein jetziges, einmaliges, besonderes Leben entwertet, indem es bloß noch eines unter vielen wird. Ich bräuchte dann mein jetziges Leben gar nicht ernst zu nehmen, wenn ich noch viele andere durchmachen muß.» Und diese Argumentation kann man sogar noch weiterführen: Der Mensch hätte sich nie so sehr als Einzelner erlebt, wenn er sein Leben nicht zwischen Geburt und Tod begrenzt erlebt hätte. Sind wir doch dadurch erst als Menschen zu Einzelpersönlichkeiten erwacht.

Im fernen Osten, etwa im Buddhismus, ist das Wissen um die wiederholten Erdenleben erhalten geblieben, aber dafür hat dort nicht diese Persönlichkeitsentwicklung zum Einzelmensch stattgefunden. Damit ist die Einsamkeit der Menschen durch die abendländische Kultur eine viel größere als in der morgenländischen geworden. Wir erleben uns doch mehr und mehr isoliert von allen anderen Menschen. Extrem kann man diese Isolation erleben, wenn man schwer krank ist oder wenn man gar glaubt, sterben zu müssen («Jeder stirbt seinen Tod allein»).

Diese Isolation hat aber auch eine gute Seite: So haben wir uns zur Freiheit entwickeln können. Denn Freiheit entsteht nicht da, wo Menschen in ihrer Umgebung ganz geborgen leben. Geborgenheit ist eine gute Vorbedingung um geistig gesund zu sein. Erwachen aber kann man nur an einem Hindernis, das einen von den anderen trennt. Nur so findet man sich selbst und damit den Weg zur Freiheit.

Für einen weiteren Zugang zu dieser Frage sei hier eine kleine Betrachtung über drei Bilder der Bibel eingefügt.

Der Garten – die Wüste – die Stadt

Am Anfang der Bibel steht der Garten, das Paradies, in dem die Menschen noch gar nicht von ihrer Umgebung getrennt leben: Erst nach dem Sündenfall merken Adam und Eva, daß sie nackt sind. Waren sie das vorher auch und haben es nicht gemerkt? Nein: sie waren mit dem ganzen Garten bekleidet. Der ganze Garten wir ihre Hülle:

Nun tritt aber die Schlange auf und verspricht Eva zwei Dinge: *Ihr werdet sein wie Gott* – und: *Ihr werdet wissen von Gut und Böse.*

– Hat die Schlange Eva belogen?

Nachdem also Eva und Adam vom Baum der Erkenntnis gegessen haben, werden sie vom Baum des Lebens getrennt. Aber sie beginnen wacher zu werden: Sie empfinden sich hüllenlos, nackt, und weiter entdecken sie, daß sie Gottes Gebot übertreten haben: Sie treten ein in die Welt von Gut und hier besonders von Böse.

Damit verwirklicht sich die zweite Prophezeiung der Schlange: «...und wissen von Gut und Böse» (Gen 3,5). Aber als Folge davon beginnt nun das Bild der Wüste für die Menschheitsentwicklung bestimmend zu werden: Jeder wird mehr und mehr Kenner von Gut und Böse, aber um den Preis, daß wir unsere Welt verwüsten. Diese Entwicklung führt den Menschen in die Isolation. Er trennt sich von allen anderen und wird «Einsiedler». Gleichzeitig aber wächst auch die Sehnsucht nach dem anderen Menschen. Diese Sehnsucht ist immer schwieriger zu erfüllen, weil auch die Fähigkeit, Erfahrungen zu machen, mehr und mehr verlorengeht: Abstraktion von allem wird das unwillkürliche Entwicklungsmotiv.

Wie aber steht es mit der ersten Prophezeiung – *Sein wie Gott?* Hier steht nun in der Bibel das dritte Bild: die Stadt – das neue Jerusalem. War der Garten von Gott geschaffen und dem Menschen geschenkt, so ist die Wüste durch den Menschen entstanden, aber er hat die Wüste nicht gewollt. Dennoch kann er in ihr reif werden, um nach seiner Einsicht zu handeln. Damit tritt er aber in das Reich der Freiheit ein: Man handelt nicht mehr, weil Gesetze dies oder jenes vorschreiben, sondern weil man die Notwendigkeit seines Tuns einsieht.

Dies ist ganz im paulinischen Sinne gemeint: Das Gesetz ist von Übel (Röm 7,9): Wir suchen heute keine Gebote, die wir aus Tradition einhalten sollen. Vielmehr tragen wir die Richtschnur unseres Handelns in uns: Durch das Mysterium von Golgatha können wir in uns den Christus finden und mit ihm im Einklang handeln. (In diesem Sinne ist Paulus der erste und bedeutendste Anarchist.) Indem wir beginnen so zu handeln, erfüllt sich die erste Prophezeiung der Schlange: Ihr werdet sein wie Gott. Denn da, wo der Mensch schöpferisch handelt, entfaltet er sein göttliches Wesen. (Allerdings ist wohl auch deutlich, daß wir bisher noch keine sehr bedeutenden Götter sind. Aber den Weg dahin können wir alle gehen.)

Das sind die Quellen aus denen die Stadt gebaut wird: Hier wirken Menschen aus freiem Entschluß zusammen, um nach göttlichem Plan die Stadt auf der Erde zu verwirklichen.

Damit wir im Gang durch die Wüste wirklich frei werden können, mußte das Wissen um die wiederholten Erdenleben verschwinden. Das ist auch der Grund, weshalb davon nichts in der Bibel zu finden ist.

– Aber warum soll gerade jetzt diese Lehre wieder in den Vordergrund treten?

Wenn wir den Zustand der abendländischen Menschheit betrachten, dann zeigt sich, daß die Entwicklung zu einer Persönlichkeit, die sich von allen Bindungen befreit, in der Gefahr steht, daß der Einzelne das Verhältnis zur Welt und zu den anderen Menschen verliert, daß wir uns in der Wüste völlig verirren. Der einseitige Blick auf das Materielle der Sinneswelt (z. B. in der Naturwissenschaft) hat dazu geführt, daß der Mensch in der Welt nur noch als Störfaktor vorkommt. Denn das heutige Wissenschaftsideal ist noch der unbeteiligte Beobachter. Er will sich nicht mit dem Geschehen verbinden, sondern aus der Distanz (Abstraktion) Fakten sammeln. Dabei gewinnt er die Macht der Technik und verliert sein seelisches Verhältnis zu dem, was er tut. Sein Handeln (und Erkennen) ist nicht mehr naturgemäß, sondern nur noch von der Machbarkeit bestimmt. Damit isoliert er sich aus der Natur und verliert im Blick auf diese «geistentleerte» Natur auch sich selbst, da er in dieser (technisierten) «Natur» nicht mehr vorkommt.

Nun kann der moderne Mensch dieses Verhältnis nur durch eine neue Verbindung mit der geistigen Welt wiedergewinnen: Ein Weg ist das Wissen um die wiederholten Erdenleben, weil hier jeder Einzelne seine Verbindung zum anderen Menschen aufsuchen kann und gleichzeitig den Zugang zur geistigen Welt gewinnt.

Christentum und wiederholte Erdenleben

– Ist nun die Lehre von den wiederholten Erdenleben mit dem Christentum zu vereinbaren?

Der Vortrag des bereits erwähnten katholischen Geistlichen veranlaßte mich, in der nachfolgenden Aussprache folgende Frage zu stellen:

«Herr Pfarrer, nehmen wir einmal an, Sie seien gestorben. Sie kommen nun in den Himmel und finden dort eine Weggabelung: Der eine Weg führt in das Reich der Seligen. Der andere Weg führt zurück zur leidenden Kreatur auf die Erde. Welchen Weg werden Sie wählen?» Seine Antwort: «Wenn ich mich dann noch so entscheide, wie ich mich jetzt entscheide, dann werde ich den Weg wieder zurück zur leidenden Kreatur nehmen, um ihr, so gut ich kann, zu helfen.» Ist eine solche Antwort nicht ein starkes Argument *für den Sinn wiederholter Erdenleben?*

Es gibt zwei sehr verschiedene Auffassungen der wiederholten Erdenleben und des Schicksals: zum einen die alttestamentliche Auffassung, die im «Auge um Auge – Zahn um Zahn» (Ex 21,24) das unausweichliche Walten des Schicksals «bis in das dritte und vierte Glied» (Ex 20,5) sieht, das unerbittliche Sühnen der begangenen Fehler. Diese Ansicht kann dazu führen, die Erde so bald wie möglich zu verlassen und sich wenn möglich nie wieder zu verkörpern, sondern im Nirwana (d. h. in der Ewigkeit) zu bleiben.

Die Antwort des katholischen Geistlichen weist aber auf die neutestamentliche Sicht der wiederholten Erdeleben: Wir haben dadurch die Möglichkeit, die Nachfolge Christi in immer neuen Leben mehr und mehr zu verwirklichen und mitzuarbeiten an der Erlösung der Kreatur (Röm 8,19–24).

Wenn Christus uns auffordert (Joh 13,34): «Ein neues Gebot gebe ich euch, daß ihr einander liebet, wie ich Euch geliebt habe...» oder (Mt 5.48): «Darum sollt ihr vollkommen sein, gleichwie euer Vater im Himmel vollkommen ist» – muß man sich dann nicht wünschen, daß man an diesem Ziel immer wieder arbeiten kann?

Vergebung der Sünden und Schicksal

– Wie verhält es sich nun mit der Vergebung der Sünden?

Dazu ein Gleichnis: Ein Vater hat einen Sohn. Dieser Sohn ist ein Tauge-
nichts – ein «verlorener Sohn». Für jede Untat des Sohnes schlägt nun
der Vater einen Nagel in die Tür. Schließlich ist die Tür so vernagelt, daß
kaum noch Platz für weitere Nägel vorhanden ist. Da bekehrt sich der
Sohn und beschließt, alles wieder gutzumachen. Der Vater zieht nun für
jede gute Tat des Sohnes einen Nagel wieder aus der Tür heraus. Und der
Sohn bleibt beständig: es kann der Vater tatsächlich alle Nägel aus der
Tür wieder herausziehen. Aber die Tür ist durchlöchert. Sie bleibt be-
schädigt, trotz aller guten Taten des Sohnes.

So ist es auch mit unseren «Sünden»: durch sie werde
nicht nur ich schlechter, sondern auch die Welt. Wenn ich
nun versuche, das begangene Unrecht wieder gutzumachen, so ist ja doch nicht zu leugnen, daß durch meine Taten dennoch die Welt schlechter geworden ist. Für die Til-
gung dieser Folgen kann Christus aufkommen, wenn man
die Verbindung mit ihm sucht.

Ein zweiter Aspekt der Sündenvergebung liegt darin,
daß das Schicksal, wenn es durch den Christus geordnet
wird, immer Entwicklungskräfte in sich trägt. Das kann
bedeuten, daß bestimmte Taten der Vergangenheit keine
direkten Folgen in der Zukunft haben müssen. Das ist
auch der Grund, daß die neutestamentliche Anschauung
des Schicksals nicht nur leeres Gerede ist: Wer mehr und
mehr lernt, sich als Mitarbeiter dem Christus zur Verfügung zu stellen, wird sehen, wie sich auch der Charakter
seines Schicksals ändern wird (vgl. auch S. 96f.).

Warum aber vergibt der Christus nur denen die Sünden,
die an Ihn glauben: (vgl. z. B. Mk 4,12)? Müßte man nicht
erwarten, daß er *allen* Menschen ihre Sünden vergibt, so
wie wir das doch auch tun sollen?

Wenn der Christus das tun würde, d. h. wenn der
Mensch nie die Folgen seiner Taten zu verantworten
brauchte, wie sollte er sich dann weiterentwickeln können?
Gerade die Schuld ist ja der Antrieb, an sich zu arbeiten,

um die Nachfolge Christi antreten zu können. Indem aber der Mensch zum Christus ein Verhältnis sucht, an Ihn glaubt, beginnt er eine innere Entwicklung. Diese Entwicklung kann den Menschen zum gleichen Ergebnis führen wie die Entwicklung durch das Ausgleichen der Schuld, ohne allerdings erst das Schicksal des nächsten Lebens abwarten zu müssen.

Gibt es eine letzte Verkörperung?

– Wenn ein Mensch sich immer weiter zu seinem Besten entwickelt, muß er sich dann ewig wiederverkörpern?

Hier unterscheidet sich die abendländische Anschauung deutlich von der morgenländischen: Im Osten wird die Wiederverkörperung als eine Last empfunden, aus der man möglichst ausbrechen möchte, um in der geistigen Welt zu bleiben und vor der Wiederkehr des ewig Gleichen bewahrt zu werden. Im Abendland dagegen ist das Verständnis der wiederholten Erdenleben mit dem Entwicklungsgedanken verbunden. Es ist nicht das ewige Kreisen ohne Ende, sondern der kreisenden Bewegung ist eine Fortentwicklung überlagert: eine Schraubenbewegung in die Zukunft. So wiederholt sich in jedem Leben Geburt, Kindheit, Reifealter usw., und dennoch sind die Verhältnisse von Leben zu Leben sehr verschieden. Ja man kann sogar sagen: Eine neue Verkörperung wird erst sinnvoll, wenn sich die Erdenverhältnisse genügend gewandelt haben.

Aber auch die Erde wird sich entwickeln, so daß Zeiten kommen, in denen sich die Menschen nicht mehr wiederverkörpern werden (vgl. Rudolf Steiner: Geheimwissenschaft im Umriß; s. S. 97). Allerdings läßt sich an unserem Grad der «Vollkommenheit» wohl ablesen, daß das noch nicht so bald sein kann.

– Und wenn ein Mensch diese Vollkommenheit schon viel früher erreicht?

Wenn er wirklich vollkommen ist, dann könnte er z. B.

diese Vollkommenheit einem anderen zur Verfügung stellen und selbst dessen Schicksal auf sich nehmen, um ihm einen neuen Anfang zu ermöglichen.

Schicksal und Freiheit

Schon im Wort Schicksal liegt ein Verhältnis der Seele (Schick*sal*) zu dem, was sie trifft, was ihr geschickt wird (*Schick*sal). In diesem Sinne finden wir die Ereignisse vor und können sie im Moment nicht selbst bestimmen oder ihnen ausweichen. Hier gibt es also keine Freiheit, sondern es vollzieht sich Notwendigkeit.

Nun arbeiten wir den Plan der Ereignisse aber selbst mit aus (vgl. S. 79f.). Damit sind wir in einer ähnlichen Lage wie einer, der sich ein Haus baut und sich damit «unfrei» gemacht hat, indem er nun in sein Haus auch einzieht.

Das ist aber nur die eine Seite. Man kann doch beobachten, wie das Schicksal uns nur in eine Situation hineinführt. Daß aber dann ganz offen ist, was wir daraus machen. Hier liegt die Möglichkeit zum freien Handeln: Mein Schicksal stellt mir durch die Lebenssituation eine Frage. Wie ich diese Frage beantworte, liegt nicht vorher fest. Je nachdem, wie meine Antwort ausfällt, werden sich die nächsten Ereignisse einrichten.

Eine typische Situation dafür ist eine Heirat: Die Zusammenführung geschieht aus Schicksalskräften (öfter auch dadurch, daß ein Kind Eltern haben will; vgl. S. 93f.), die Ehe ist aber davon abhängig, wie beide gemeinsam miteinander weiterleben und aneinander arbeiten wollen.

Hier liegt auch eine Gefahr der Anschauung der wiederholten Erdenleben: Manche Ehe zerbricht, weil einer der beiden sagt: Jetzt erst habe ich den Menschen kennengelernt, den ich vom Schicksal her hätte heiraten sollen. Daß das ein Irrtum ist, zeigt schon die einfach Erfahrung: Man begegnet im Leben unter Umständen mehreren Menschen, die man hätte heiraten können. Die Kunst besteht doch darin, zu diesen Menschen eine Beziehung aufzubauen, ohne daß dadurch die Schicht der Ehe gefährdet wird.

Eine dritte Seite dieses Themas sind die freien Taten, die ihrerseits Schicksal schaffen: Wenn wir aus freier Initiative heraus etwas tun, was nur dadurch in die Welt tritt, daß wir das aus eigenem Entschluß ausführen, aber nicht weil uns irgend etwas dazu nötigt, dann sind dies Taten, die sich nicht aus dem vergangenen Schicksal ergeben. Sie werden erst in der Zukunft Schicksal zur Folge haben.

Insofern können wir unterscheiden: Wir werden einerseits in eine Situation geführt, an deren Ausgestaltung wir vor der Geburt mitgearbeitet haben. Wie wir in dieser Situation handeln, liegt noch nicht fest. Andererseits können wir auch handeln, ohne daß für diese Handlung eine Schicksalsnotwendigkeit vorliegt.

Schicksal und Seelenpflegebedürftige

Bisher bin ich immer davon ausgegangen, daß jeder sein Schicksal als Prüfung auffassen und daran arbeiten kann. Aber das ist ja für keineswegs alle Menschen der Fall.

– Wie liegen die Verhältnisse nun, wenn ein Mensch in diesem Sinne nicht in der Lage ist an seinem Schicksal zu arbeiten?

Denken wir etwa an einen Menschen, der das Schicksal hat, als Mongoloider auf die Welt zu kommen, der also auf die Liebe und Unterstützung seiner Umgebung ganz und gar angewiesen ist.

Hier kann ein Hinweis Rudolf Steiners hilfreich sein. Er fand bei seinen geisteswissenschaftlichen Untersuchungen bei bedeutenden Persönlichkeiten als frühere Verkörperungen oft sog. «Trottel»-Verkörperungen, also Verkörperungen (Inkarnationen), bei der die Individualität in dem betreffenden Leben ganz auf den Schutz der Umgebung angewiesen war. Dadurch konnte sich dieser Mensch mit den Liebe-Kräften seiner Umgebung «imprägnieren». In der Zeit zwischen Tod und neuer Geburt wurden dann diese

Kräfte in Fähigkeiten umgewandelt, die nun dem Menschheitsfortschritt dienen können.

Daher wird in der anthroposophischen Heilpädagogik versucht, die Seelenpflege Bedürftigen möglichst intensiv in einer solchen liebevollen Atmosphäre zu betreuen. Und oft wird dort die Erfahrung geschildert, wie in einem ganz eigentümlichen Leib immer wieder ein Wesen durchscheint, das solche Zukunftshoffnungen stärkt.

Von diesem Gesichtspunkt aus ist es für das sich so verkörpern wollende Wesen eine außerordentliche Tragik, wenn ihm seine Inkarnation durch eine Abtreibung verwehrt wird. Die Abtreibung erbkranker Kinder richtet in diesem Sinne großes Unheil an. Überhaupt wird durch eine Abtreibung ein Jahrzehnte langer Prozeß der Vorbereitung einer Inkarnation zunichte gemacht, der die sich verkörpern wollende Seele zwingt, kurzfristig nach einer anderen für sie viel ungünstigeren Möglichkeit der Verkörperung suchen zu müssen.

Warum müssen so viele Kinder sterben?

Diese Frage ist sehr schwer zu beantworten, dennoch sei hier ein Versuch gewagt, der vielleicht etwas Licht auf dieses Gebiet werfen kann.

Wir haben bisher nur das persönliche Schicksal betrachtet. Neben dieser Schicht gibt es aber auch Schichten, in die das individuelle Schicksal eingebettet ist: Schicksal, in das ganze Menschengruppen verwoben sind, z. B. Völkerschicksale (etwa das Schicksal der Juden und Deutschen). Darüber hinaus gibt es auch Schicksal, das durch eine bestimmte Zeitepoche geprägt wird und die ganze Menschheit betreffen kann. In diese Schicht gehört beispielsweise der Materialismus der Gegenwart. Seine Aufgabe, die Menschheit mit der Erde zu verbinden («Machet euch die Erde untertan»), hat er erfüllt, dennoch ist er dadurch nicht überwunden.

Wenn man nun versucht, die Kräfte zu skizzieren, aus

denen der Materialismus mit seiner Erkenntnismethode der Analyse groß geworden ist, so zeigt sich, daß hier mit Kräften gearbeitet wird, die in der Natur immer dann wirksam werden, wenn Tod und Vergehen eingeleitet werden. Das zeigt sich z. B. daran, daß man die Struktur, das Gerüst etwa eines Buchenblattes am besten sehen kann, wenn es im Herbst verwelkt ist. In seiner Bildungsphase im Frühjahr sind nicht die Einzelheiten maßgebend, sondern das Blatt entfaltet sich aus einem ganzheitlichen Prozeß. So steht die Synthese (im Bilden und Wachsen) der Analyse (im Verwelken und Zerfallen) gegenüber.

Auch das klare Wachbewußtsein des Menschen beruht auf solchen Zerfallsprozessen. Deshalb können wir nicht beliebig wach bleiben, sondern suchen im Schlaf Prozesse auf, die die leibliche Grundlage des Bewußtseins wieder aufbauen.

Nun würde das menschliche Bewußtsein durch die Anwendung dieser analytischen Kräfte auf lange Sicht gesehen immer mehr selbst diesen Kräften unterworfen und sklerotisieren. Das hätte zur Folge, daß eine fruchtbare Weiterentwicklung der Menschheit in Frage gestellt würde, weil alle für eine Weiterentwicklung notwendigen Lebenskräfte verdorren müßten.

Damit dieses Verdorren nicht eintritt, wird ein großes Maß an Lebenskräften gebraucht. Diese Kräfte werden frei, wenn Kinder früh sterben, weil sie ihre Lebenskräfte in ihrem kurzen Leben nicht verbrauchten. Dadurch wird ein Überhandnehmen der «Menschheitssklerose» eingedämmt. Unsere materialistische Kultur lebt gewissermaßen auf Kosten der früh sterbenden Kinder.

Das läßt sich auch innerhalb der Wirtschaft wiederfinden: Der reiche Norden lebt seine materialistische Überflußgesellschaft auf Kosten des Südens, wo Hunger und Armut zu hoher Kindersterblichkeit führt.

Selbstmord

Vom Gesichtspunkt der wiederholten Erdenleben gibt es kaum eine größere Illusion als zu glauben, man könne durch Selbstmord seinem Schicksal entgehen. Im Gegenteil: Auf den Selbstmörder kommt mit der ganzen Kraft seines nun nicht mehr ausgelebten Schicksals der Vorwurf, Götterwerk zunichte gemacht zu haben. Denn es waren ja hohe geistige Wesen, die mit uns zusammen vor diesem Leben unser Schicksal gestaltet haben.

Lindern kann man seine Qualen, wenn man in liebevollen Gedanken sich mit ihm verbindet. (Sprüche, die für eine solche Verbindung hilfreich sein können: s. S. 97).

Zunahme der Weltbevölkerung

– Wo kommen die Seelen her, wenn die Weltbevölkerung zunimmt?

Auch diese Frage ist sehr schwer zu beantworten, denn einerseits ist das Jahrtausendende eine Zeit, die viele miterleben wollen. Dadurch verkürzen sich gegenwärtig die Abstände zwischen zwei Verkörperungen, die sonst nach Jahrhunderten zählen. Andererseits gibt es auch sog. junge Seelen, d. h. Seelen, die erst auf verhältnismäßig sehr wenige Verkörperungen zurückblicken. Beides führt zu einer Zunahme der Erdbevölkerung. Wie sich das weiterentwickeln wird, ist schwer vorherzusagen. Rechnerisch ist zwar ein stark zunehmendes Wachstum der Anzahl der Menschen auf der Erde vorhersehbar. Wie weit aber die Erde selbst diese Entwicklung ermöglichen wird, ist eine offene Frage. So stellt sich etwa die Frage: Können alle Menschen ernährt werden?

Wie kommt man zur Erfahrung der früheren Erdenleben?

Bisher habe ich nur Erlebnisse beschrieben, die hinweisen können darauf, daß es wiederholte Erdenleben gibt.
– Gibt es aber auch eine unmittelbare oder wenigstens mittelbare Erfahrung eigener früherer Erdenleben?
Um solche rein geistigen Erfahrungen machen zu können, bedarf es einer Schulung, durch die sich die (geistigen) Wahrnehmungsorgane bilden, die dann diese Erfahrungen vermitteln können. Eine Einführung in einen solchen Schulungsweg ist in den Schriften Rudolf Steiners gegeben (vgl. Wie erlangt man Erkenntnisse höherer Welten?). Dort ist beschrieben, wie man mit Hilfe von Meditationsübungen diese Organe ausbilden kann. Wie eine unmittelbare Erfahrung selbst aussehen kann, ist im zweiten Mysteriendrama «Der Hüter der Schwelle» (s. S. 97) von Rudolf Steiner beschrieben.

Diese Übungen führen auch dazu, aufmerksamer auf die Ereignisse des Lebens zu schauen. Wenn man außerdem die Gesetzmäßigkeiten des Schicksals (Karma) in der Literatur studiert und sich unter diesem Gesichtspunkt eine gute Geschichtsanschauung aneignet, dann darf man darauf hoffen, wenn man wirklich ernsthaft an diesen Fragen arbeitet und nicht nur aus Neugier, daß dann das Schicksal einen so führt, daß ihm Ereignisse begegnen, die ein Licht auf die eigene Vergangenheit werfen können.

Allerdings ist für die Arbeit auf diesem Felde ein gesundes Mißtrauen gegen die eigenen Wünsche erforderlich. Zu gern möchte man doch in der Vergangenheit etwas Besonderes gewesen sein. Und Wünsche können auf diesem Gebiet die gleiche Wirkung haben wie Projektionen in der Psychologie: Man sieht, was man wünscht. Nur hat das mit der Wirklichkeit wenig zu tun.

Wenn man nun tatsächlich meint, sich für die Wiederverkörperung einer bedeutenden Persönlichkeit der Vergangenheit halten zu müssen, so kann man das u. U. daran prüfen, ob man demgegenüber Scham empfindet, dieser

Vergangenheit im gegenwärtigen Leben nicht genügend gerecht geworden zu sein. Wenn diese Scham nicht auftritt, dann sollte man den Verdacht auf eine Wunschvorstellung streng prüfen.

Ein unbeirrbarer Wahrheitssinn ist jedenfalls eine notwendige Voraussetzung für solche Forschungen.

WEITERFÜHRENDE LITERATUR

Über Rudolf Steiner:
Friedrich Rittelmeyer: Meine Lebensbegegnung mit Rudolf Steiner

Grundwerke der Anthroposophie:
Rudolf Steiner, Wie erlangt man Erkenntnisse höherer Welten, Dornach 1982, Bibl.-Nr. 10
Rudolf Steiner, Theosophie, Dornach 1978, Bibl.-Nr. 9
Rudolf Steiner, Geheimwissenschaft im Umriß, Dornach 1981, Bibl.-Nr. 13

Über Wiederverkörperung und Schicksal:
Rudolf Steiner, Vier Mysteriendramen, Dornach 1981, Bibl.-Nr. 14
Rudolf Steiner, Reinkarnation und Karma, Dornach
Rudolf Steiner, Offenbarungen des Karma, Dornach 1975, Bibl.-Nr. 120
Rudolf Steiner, Esoterische Betrachtungen karmischer Zusammenhänge, I –VI, Dornach 1975–1981, Bibl.-Nr. 235–240.

Über die Verbindung zu den Toten:
Rudolf Steiner, Unsere Toten, Dornach 1963, Bibl.-Nr. 261
Rudolf Steiner, Verbindung zwischen Lebenden und Toten, Dornach 1984, Bibl.-Nr. 168

Reinkarnation – anthroposophisch, indisch, christlich?

Georg Schmid

1. Anthroposophie – Unmittelbarkeit oder Verwandlung?

Die Erkenntnisse, die Rudolf Steiner seinem erkenntnishungrigen Publikum vorlegt, werden ihm in einer Art unmittelbaren Schau zuteil. Wahrscheinlich kennt der Steiner der ausgereiften Anthroposophie in seinem eigenen Empfinden und unzweifelbar im Empfinden seiner Anthroposophinnen und Anthroposophen nur eine Erkenntnisquelle: seine eigene Schau. Er liest – so will es die anthroposophisch-mythische Redeweise – direkt in der Akasha-Chronik, in einer Art vollkommenem höchstem Erkenntnisschatz. Was er dort direkt erschaut, teilt er mit.

Selbstverständlich ist Rudolf Steiner überzeugt, daß der unmittelbare Zugang zu dieser höchsten Erkenntnisquelle nicht nur ihm offensteht. Jeder, der die entsprechende Stufe geistiger Schulung und Entwicklung erreicht hat, trinkt direkt aus der höchsten Wahrheitsquelle. Faktisch aber scheint diese entsprechende Stufe geistiger Schule neben und nach Steiner nie mehr erreicht worden zu sein. Die Erkenntnisse von Rudolf Steiner wurden nie durch eine entsprechend bedeutsame und umfangreiche Sammlung von Erkenntnissen aus anderem Sehermund ergänzt.

Das religionsgeschichtliche Studium der Anthroposophie folgt völlig anderen Perspektiven. Hier erscheint Rudolf Steiner als genialer Kompilator, als origineller Interpret abendländisch-christlicher und abendländisch-esoterischer, abendländisch-philosophischer, abendländisch-wissenschaftlicher und theosophisch-indischer Tradition. Rudolf Steiner wird zum Baumeister und Architekten, der aus dem Steinbruch menschlicher Geistesgeschichte Block um Block sägt und in sein geistiges Goetheanum, seine Anthroposophie, einfügt.

Selbstverständlich deutete Rudolf Steiner alles andere als sklavisch quellengetreu. Er interpretiert mit allen Freiheiten des spirituellen Genies und des Sehers. Aber er interpretiert. Er greift Traditionen auf. Er ist seinen Vordenkern und Vorläufern gerade auch dort verpflichtet, wo er ihre Einsichten souverän verwandelt und ins eigene Gesamtkunstwerk fügt.

2. Anthroposophische Verfremdung oder Geisteswissenschaft?

Anthroposophie verwandelt alles Banale ins Geheimnisvolle, alles Alltägliche ins Geistige, alles Christliche ins Überchristliche, alles Menschliche ins Übermenschliche und alles Religiöse ins Gnostische. Diese große Verwandlung ist – so scheint mir – die eigentliche Kunst Rudolf Steiners, sein tiefstes, unausgesprochenes Anliegen, sein genialstes Talent. Anthroposophie entfaltet sich fast grenzenlos weltoffen. Rudolf Steiner war nicht nur ein Multitalent und so etwas wie ein Universalgelehrter. Er verwandelt jeden Gedanken, jede Einsicht und jede Erfahrung, die ihm zukommen, indem er sie in sein geistiges Gesamtkunstwerk einbindet.

Aber – so fragt sich der Nicht-Anthroposoph – ist das, was Rudolf Steiner aufgreift und in seine Gesamtschau einbindet, noch das, was es vorher war? Ist Goethe noch Goethe? Ist Christus noch Christus? Ist Reinkarnation noch Reinkarnation? Ist Mystik noch Mystik? Ist Wissenschaft noch Wissenschaft?

Was die einzelnen Traditionen vorher bedeuteten, ist für den Anthroposophen von sekundärem Wert. Erst als Teil im Gesamtkunstwerk Steiners finden sie zu ihrer eigentlichen Bestimmung.

Denn Rudolf Steiners Vision ist gleichzeitig auch Wissenschaft. Aus dem Wissenschaftsglauben des ausgehenden 19. und des beginnenden 20. Jahrhunderts heraus fließt in die Anthroposophie ein Wissenschaftsglaube eigener Art, der das von Steiner mit entsprechender Geistesschulung zu Erschauende als Erkenntnis einer unbedingt zuverlässigen Geisteswissenschaft versteht. Wie immer aber die Traditionen vorher gedeutet wurden und nebenher gedeutet werden, die Steiner aufgreift, durch Steiner finden sie zu ihrer eigenen Wahrheit. Was der Nicht-Anthroposoph als Verfremdung, ja sogar als spekulatives Mißverständnis oder gnostische Spielerei deutet, ist für den Anthroposophen Heimkehr des halbwegs Verstandenen zu seinem tiefsten Sinn. Die große Verwandlung wird von den einen bewundert und als Enthüllung der bisher nur verborgenen oder verkannten Wahrheit begrüßt, von den anderen als moderne Mystifizierung und gnostische Verfremdung bedauert. Wie immer wir aber auch diese Verwandlung beurteilen, nichts bleibt unberührt. Die Weltsicht Goethes, die Theosophie, der neutestamentliche Christus, die indische Karmamystik, der Sozialismus usw. finden bei Rudolf Steiner zu ihrem eigentlichen tieferen oder höheren Sinn oder tauchen bei ihm in ihre vergeistigte Verfremdung.

Wir betrachten diese große Verwandlung im folgenden am Beispiel der Lehre von Karma und Reinkarnation, die aus indischen Wurzeln wachsend, abendländisch rezipiert und theosophisch verwandelt in der Anthroposophie eine weitere Transformation erfährt. Wir versuchen, diesen Wandlungen – skizzenhaft – nachzuspüren, und fragen immer wieder auch – etwas buchhalterisch – nach den Kosten anthroposophischer Mutation. Was gewinnt die Reinkarnationsmystik, wenn Steiner sie in seine Schau der Wirklichkeit integriert? Und was gewinnt und was verliert der christliche Glaube, wenn er sich durch die anthroposophische Karmalehre verbindet? Daß Christen und Anthroposophen und christliche Anthroposophen bei dieser etwas buchhalterischen Betrachtung zu je anderen Ergebnissen finden werden, liegt auf der Hand. Wir können Verlust und Gewinn in diesem Fall nur subjektiv erwägen.

3. Anthroposophie – die letzte Verwandlung?

Eine Frage sei hier nur am Rande berührt. Führt Anthroposophie zur letztmöglichen Einsicht in die geistige und physische Welt? Eröffnet Rudolf Steiner eine Schau der Wirklichkeit, die in keiner Weise mehr überholt und korrigiert werden kann? Oder ist auch die Lehre Steiners, wie alles Menschliche, unzulänglich, fehlerhaft und korrekturbedürftig? Für Nichtanthroposophen liegt die Antwort auf der Hand. Die vollkommene Einsicht liegt jenseits der menschlichen Möglichkeit. Wir sehen jetzt nur «wie durch einen Spiegel» (1 Kor 13,12), und alle unsere Betrachtungen der Spiegelungen, sprich: unsere Spekulationen, erkennen die Wahrheit nur «in rätselhafter Gestalt». Christliche Theologie und Anthroposophie können nur korrekturbedürftige Erkenntnisse vorlegen. Ob die Anthroposophen sich auch derart deutlich zur Korrekturbedürftigkeit der Steinerschen Erkenntnisse äußern können, ist für mich auch nach vielen Begegnungen mit Anthroposophen immer noch eine offene Frage.

4. Ohne Priester Gott erleben

Der Gedanke an Reinkarnation und Karma ist literarisch zum ersten Mal greifbar in den frühen Upanishaden, jenen Zeugnissen vedischer Mystik und Philosophie, die betont und bewußt den Ritualismus und Polytheismus der altvedischen Zeit transzendiert. Die Brahmanen, die Priester der altvedischen Zeit, hatten in ihren Götter- und Opferspekulationen den Ritus und das Opfer beinahe über die Götter gestellt und damit sich selbst nicht nur in der indoarischen Gesellschaft, sondern im Kosmos einen einzigartigen Platz zugewiesen. Ohne die Opfer und die Priester lief gar nichts mehr – Himmel und Erde, Götter und Menschen, Wesen und Unwesen waren aufs Opfer angewiesen. Gleichzeitig belasteten die Götter denkende Menschen mit ihrem seltsam wilden, launischen, unkontrolliert parteiischen Verhalten. Mythen berichteten von einer Welt der Götter, in die der denkende Mensch sich nur noch mit großer Mühe einfühlen konnte. Was immer Götter taten, das eigene Schicksal konnte der denkende Mensch ihnen nicht überlassen. Allmächtig waren diese Wesen, aber auch schrecklich launisch und unzuverlässig. Die Mystiker der frühen Upanishadenzeit suchen die Einsamkeit, wo sie – von frühen Yogis angeleitet – meditierend in den eigenen inneren Himmel finden, um Gott nicht mehr nur aus Mythen und Priestermund zu erkennen, sondern um ihn so zu erleben, wie er ist.

Geht Rudolf Steiner nicht unter völlig anderen Bedingungen in seiner Religiosität einen entsprechenden Weg? Welchen Dogmen und Priestern könnte und wollte er sich noch anvertrauen? Wahrheit ist nicht mehr, was als Wahrheit tradiert wird. Wahrheit ist nur, was als Wahrheit erschaut wird. Diese eigene Schau, wenn sie gelingt, transzendiert und überhöht bei Rudolf Steiner und im frühen Yoga alle tradierten Wahrheiten.

Der frühe Yogi schaut das Göttliche als Es und Atman, als Urgrund alles Seienden in sich und erkennt Karma als geheimnisvoll das eigene und jedes Schicksal gestaltende Ursache. Rudolf Steiner findet darin ein Verständnis des menschlichen Geistes als zielgerichteten Prozeß der Vervollkommnung, der Höherbildung und der Vergöttlichung. Ist das Göttliche in der Upanishadenmystik vor allem der Urgrund, aus dem heraus alles wird, so ist es bei Rudolf Steiner in seinem im evolutionären Denken des 19. Jahrhundert geschulten Geist – wie wir gleich noch sehen werden – vor allem das Ziel. In beiden Fällen – als Urgrund oder als Ziel – transzendiert das Göttliche aber den Gott der Priester und der Kirchen. Gott hat sich in der Upanishadenmystik und der anthroposophischen Erkenntnis aller mühsamen personalen Charakterzüge entledigt. Er hat beide Male aber auch seine erfreulichen persönlichen Eigenschaften verloren. Gott wurde zum Geist, Grund oder Ziel, in das auch kirchenferne und priestermüde Zeitgenossen sich versenken oder das sie erschauen konnten, Gott war erlebbar, sogar bei den Atheisten. Gott war in der Vorstellung dieser priesterlosen Gläubigen nur noch ein lichtvolles Es, ein Höchstes und Letztes, jenseits aller Worte und Bilder, aber gegenwärtig im eigenen Meditieren und in der eigenen geistigen Schau. Aber Gott war auch ein sprachloses Wesen. Kommunikation mit diesem Es oder gar liebevolle Hingabe an ein göttliches Du war nicht mehr möglich und wahrscheinlich auch nicht mehr nötig. Frühes Yoga ist wortlose Rückkehr in den Urgrund aller Wirklichkeit. Anthroposophie ist zuerst wortreiche Belehrung über das Wesen des Geistes und der Welt und dann immer geheimnisvollere wortkarge Schau einer höchsten Wahrheit jenseits aller Namen und Vorstellungen. Ein wesentliches Element der altvedischen Göttermystik, die Liebe zum sehr persönlich vorgestellten und emotional erlebbaren Gott, war im frühen Yoga der neu erwachten pantheistischen Gottesschau geopfert worden. Nicht weniger offenkundig opfert der Anthroposophe auf dem Altar seiner evolutionär-spirituellen Geistesschau die Liebe des biblischen Glaubens zum persönlichen Herrn und Gott.

5. Seelenwanderungslehre und Wiedergeburtsidee

Anthroposophisch betrachtet könnte sich eine Geschichte der Seelenwanderungsidee in kurzen Zügen skizziert etwa so ausnehmen: «Die Lehre von der Seelenwanderung war in vorchristlicher Zeit weit verbreitetes Lebensgut – von der alten indischen Kultur bis hinein in das Denken griechischer Philosophen. Das führt vielfach heute zu der Meinung, daß sich bei dem gegenwärtigen Interesse an der Wiederverkörperung um ein Erwecken dieser alten Lehre handelt, hervorgerufen durch die vom Osten nach dem Westen strömende Welle von Methoden zur Kontemplation und Meditation. In Wahrheit hat sich von der Lehre der Seelenwanderung zur Idee der Wiederverkörperung eine bedeutsame geistige Entwicklung vollzogen, deren Ausgangspunkt in dem Christusereignis zur Zeitenwende liegt. Durch die wesenhafte Verbindung der geistigen göttlichen Welt mit dem Erden- und Menschsein kann der Mensch sich seiner Ich-Wesenheit bewußt werden, vom Leben der Seele zur Selbst-Erkenntnis im Geist fortschreiten (Clara Kreutzer, in R. Steiner, Wiederverkörperung, Themen aus dem Gesamtwerk 9, ausgewählt und herausgegeben von Clara Kreutzer, Stuttgart 1982, 205).

Fragt man sich, wie sich denn die indische Seelenwanderungslehre von der anthroposophischen Wiederverkörperungsidee unterscheidet, so wird uns zur Antwort, daß die nach rückwärts gewandte Seelenwanderungslehre die Seele zurück in ihren Urzustand führt: «Die Upanishaden-Mystik vergleicht das sich auflösende geläuterte Seelen-Selbst mit einem Salzklumpen, der, ins Wasser geworfen, sich selbst auflöst, eins wird mit dem wäßrigen Element. So geht die durch viele Erdenleben gereinigte Seele wieder ein in das Wesen der Gottheit, der sie entstammt. Seelenwanderung führt die Seele zurück in ihren Urzustand. – Der Sinngehalt der Wiederverkörperung leuchtet von der Zukunft her ein. Er trägt in sich die Impulse einer ständigen Entwicklung des Menschen in Wandlung bis hin zu einer fernen Vervollkommnung in neuer individueller Geistesgestalt. Die Selbsterkenntnis im Geist wird ihm zur Selbstbestimmung seines Willens zu zukunftweisender Entwicklung» (Clara Kreutzer, a. a. O., 205f).

Wenn wir durch Wiederverkörperungen zu immer mehr Selbst-Erkenntnis und Selbstbestimmung gelangten, unterscheiden wir uns grundlegend vom Tier, dem diese Selbsterkenntnis und Selbstbestimmung abgeht. Die intentionale, evolutionäre, gleichzeitig dem Fortschrittsglauben des 10. Jahrhunderts und der indischen Reinkarnationsmystik verpflichtete westliche Wiederverkörperungsidee zerbricht die indische Lehre vom Samsara, vom Rad der Geburten, das die Weisen der Geburt (Gott, Engelwesen, Mensch, Hungergeist, Tier, Höllen) im Schema des sich ewig drehenden Rades miteinander verbindet. Menschliche Geburt kann in der indischen, in keiner Weise evolutionär denkenden Reinkarnationsmystik sofort wieder von tierischer Geburt abgelöst werden. Die westliche, intentionale, zielorientierte und die Entfaltung des Selbstbewußtseins und der Selbstbestimmung betonende Wiedergeburtsidee muß solche Rückfälle zwingend ausschließen. Ähnliches gilt für die Weltverantwortung der inkarnierenden Wesen. Die westliche Wiedergeburtsidee verbindet das zunehmend selbstbewußte Menschsein mit «voller Verantwortung für das irdische Dasein in seinen persönlichen und allgemein menschlichen Aufgaben» (Clara Kreutzer, a. a. O., 20). Der Lehre von der Seelenwanderung hingegen «fehlt mit ihrem rückwärts gewandten Blick auf einen wieder anzustrebenden vorirdischen Zustand – auch notwendigerweise – dieses Verantwortungsbewußtsein (Clara Kreutzer, a. a. O., 206).

6. Karma woher? Karma wohin?

Die grundsätzlich einem Grund und Ursprung zugewandte indische Reinkarnationsmystik und die evolutionistische Spiritualität Steiners bestimmen den existentiellen Wert des Karmagedankens also in beinah konträrer Weise. Eine Karmamystik, die sich vor allem am Ursprung und am vergangenen Geschehen orientiert, belastet den denkenden Mystiker bis an die äußerste Grenze des Lebensüberdrußes. Endlose Inkarnationsreihen liegen hinter uns. Positives und negatives Karma wird uns noch durch endlose Reihen von Wiedergeburten jagen. Kaum hat die indische Mystik Karma als geheimnisvolle schicksalgestaltende Macht entdeckt, verfällt diese Mystik einer tiefen Erlösungssehnsucht und einem weltverachtenden Pessimismus. Was wurde, muß wieder entwerden. Die Kette der Geburten muß so rasch wie möglich enden. Jede neue Form indischer Mystik entwickelt ihre Methode und ihre Hoffnung, um möglichst noch in diesem Leben ans Ende der Geburtenreihe zu finden. Hauptsache, nachher ist kein neues Werden mehr.

Kurz – die indische Seelenwanderungslehre, dem Ursprung und dem Einssein mit allem zugewandt, sucht weltlose Erlösung. Welt ist nur Samsara, Kreislauf des Leidens. Innerhalb der Inkarnationen ist grundsätzlich keine Höherentwicklung zu erkennen. Im Ozean des Samsara treibt uns das eigene Karma in die jeweils gebotene menschliche oder tierische, irdische oder überirdische Verkörperung. Die dem Ziel der Reinkarnationsreihe zugewandte, grundsätzlich evolutionistisch zu denkende, westliche theosophisch-anthroposophische Wiedergeburtsidee sieht die Selbstbestimmung und Selbsterkenntnis des Menschen derart entwickelt, daß sich der menschliche Geist nicht mehr in tierische Geburt verirrt. Die Seelen steigen – wie es Helena Blavatsky formuliert – «durch alle Grade der Intelligenz, vom niedersten bis zum höchsten manas, vom Mineral und Pflanze bis hinauf zum heiligsten Erzengel» auf (H. P. Blavatsky, Geheimlehre I, 1899, 45). In dieser optimistisch-evolutionisten Sicht des Wiedergeburtsprozesses folgt Rudolf Steiner uneingestanden der theosophischen Grundlinie: Es ist für westliches Empfinden und westliches menschliches Selbstbestimmungsgefühl unvorstellbar, daß dieser stetige Aufstieg durch Rückfälle in vormenschliche Geburten unterbrochen werden könnte. Gleichzeitig gewinnt die sichtbare Welt andere, viel zentralere Bedeutung. In ihr entfaltet und gestaltet sich dieser Aufstieg der Seelen oder diese Selbsterkenntnis des Geistes. Je selbstbestimmter ein Geist sich erlebt, desto bewußter wird Welt nicht nur als Samsara wahrgenommen, sondern Verantwortung für sie übernommen.

Summa: Die pantheistische Mystik der Upanishadenzeit findet auf der Linie des Reinkarnationsgedankens in eine weltlose Erlösungsmystik, in die Sehnsucht nach der letzten Einheit, die auch schon die erste Einheit war und die alles Werden und Wachsen als Zerbrechen des Unreinen versteht. Die evolutionistische Karmamystik der Theosophie und Anthroposophie fragt nach dem Woraufhin der Entwicklung, bejaht den Karmaprozeß und unterstreicht die Möglichkeiten jedes Menschen zur karmischen Höherentwicklung. Der Theosoph und der Anthroposoph freuen sich auf höhere Wiedergeburt. Der indische Mystiker sucht jede Wiedergeburt um alles in der Welt zu vermeiden.

7. Das Bedürfnis nach persönlichen Mythen

Mythos ist Welt als geheimnisvolle Geschichte und Menschsein als wunderbarer Prozeß weit über die Anfänge und das Ende des jetzigen irdischen Lebens hinaus. Mythen machen Menschsein und Leben in der Welt lebbar. Sie schenken dem Menschen und der Welt einen ewigen Sinn sogar dort, wo im Moment den Menschen nur noch Unsinn und Vergänglichkeit anstarren. Mythen sind – so scheint mir – auch nur durch neue Mythen zu ersetzen. Das Zerbrechen der Volksmythen führt ins Aufblühen unzähliger Individualmythen. Am Ende der rituell zelebrierten Mythendramen entfalten sich philosophische und wissenschaftliche Mythen, nicht weniger das ganze Menschsein übergreifend als die veralteten Göttergeschichten, die sie ersetzten.

Die Reinkarnationslehre ist – so scheint mir – im Zerbrechen der Volksmythen der vielleicht naheliegendste und einleuchtendste individualmythische Ersatz.

8. Reinkarnationslehre als Neo-Mythos

Kehren wir noch einmal in die Gegenüberstellung von Seelenwanderung und Reinkarnationsidee zurück. Seelenwanderungslehre und Reinkarnationsidee entfalten sich in einem analogen geistigen Raum. In der Zeit der Upanishaden, in der Theosophie des letzten Jahrhunderts und in der Anthroposophie von R. Steiner begegnen wir einem Denken und Erkennen, das die Grenzen einer zu eng gewordenen alten Weltsicht durchbricht und das neue, die alte Weltsicht transzendierende, ganzheitlichere Weltsicht wagt.

Die Mythen der vedischen Zeit, aufs engste mit dem Ritualismus und Priestermonopol der Brahmanen verbun-

den, führen kritischen Wahrheitssucher der Upanishadenzeit nur noch ins lächelnde Spiel mit netten Ideen. Eigene
Erfahrung ist dieser Himmel der vedischen Götter und Seher schon lange nicht mehr. In analoger Weise wird der
Materialismus und Scientismus des 19. Jahrhunderts für
die Theosophie und Anthroposophie zur Welt, die das Eigentliche im Menschen, seinen Geist, zu ersticken droht.
Gleichzeitig hat die tradierte christliche Lehre analog der
vedischen Tradition in der Upanishadenzeit nur noch ritu-
ellen und doktrinären Wert. In eigene Gotteserfahrung
führt die kirchliche Verkündigung nicht mehr. Die Wahrheiten der Kirche erstarrten zur erfahrungslosen Idee.
Kurz – die tradierte Ewigkeit verblaßten in der Upanishadenzeit und in der Moderne zum bloßen Gedanken. Die
in die totale Vergänglichkeit hinausgeworfene Seele sucht
nach neuer, überzeugender Wahrheit, die das kleine einzelne Leben ins kosmische Ganze eines Weltprozesses oder
doch in die Weite eines eigenen Erlösungsweges stellt. Nur
so, im Durchbruch zu eigener, neuer erfahrener Ewigkeit,
kann die Seele des Menschen den Anforderungen der vergänglichen Existenz standhalten.

Wie kann nun aber die Seele des Menschen zu überzeugender Erkenntnis ewiger Wahrheit finden, wenn die
religiöse und kulturelle Gegenwart ihr nur zerbrochene
Mythen und geistloses Alltagswissen anbietet? Jedes neue
Suchen nach erfahrbarer Ewigkeit oder Unendlichkeit beginnt mit mystischen Einsichten und endet in Entwürfen
neuer, intuitiv erschauter Mythologie. Selbstverständlich
spricht kaum einer der neuen Wahrheitssucher von Mystik
oder Mythologie. Faktisch aber ist Mystik, intuitive Wahrnehmung der unendlich nahen Ewigkeit, die «via regia»
der neuen Wahrheitsfindung und Mythologie, die ins bun-
te Bild transponierte erfahrbare Ewigkeit, das logische
Produkt der neuen Wahrheitsfindung. Diese mystische
Wurzel und mythische Konsequenz der neuen Wahrheitsfindung läßt sich am Beispiel des frühen Yoga und der Anthroposophie erläutern.

Anthroposophie ist grundsätzlich Bereitschaft, sich einer

das Alltagsbewußtsein sprengenden Erkenntnis zu stellen: Oder in Worten von R. Steiner: «...das seelische Erleben, das den physischen Leib angreifen muß, muß ... zum Bewußtsein kommen. Ohne das geht es nicht ab, wenn man Erkenntnisse über die geistige Welt gewinnen will, daß man Dinge zu hören bekommt, die einem grotesk, paradox erscheinen, eben weil die geistige Welt anders ist als die physische Welt... Die Gesetze der banal-philiströsen Welt gelten nicht für die geistigen Zusammenhänge» (Die Bildung von Karma zwischen Tod und Geburt, Vortrag vom 24. 2. 1924, in: R. Steiner, Wiederverkörperung, 201). Der Geist des Menschen wird in der Enge der Alltagsrealität hellhörig fürs Neue, ganz Andere, Transzendierende. Er öffnet sich, wo die Alltagswelt in ihrer Banalität erstarrt, in eigener mystischer Einsicht Erkennntnissen, die vom Alltagsbewußtsein aus betrachtet gegenstandslose Mythen sind. Die neue mystische Einsicht bildet sich aus eigenen Einsichten intuitiv und kreativ-kognitiv ein Bild des Lebens und des Menschseins, das das Alltagsbewußtsein nur belächeln kann. Die neue Einsicht nimmt dieses Lächeln hin. Es kann und will gar nicht von Einsichtslosen wahrgenommen und verstanden werden. Es genügt ihm, daß ihm Einsicht gelang und daß aus dieser eigenen mystischen Einsicht heraus sich nun eine neue überzeugende Mythologie gestaltet. Hauptsache, der neue Mythos schenkt dem Leben seinen Geheimnischarakter zurück, eine Dimension, die in der Banalität der Moderne abhanden gekommen ist. Diese Rückgewinnung der Geheimnisstruktur des menschlichen Geistes und seiner Welt ist deshalb so unendlich bedeutsam, weil menschlicher Geist sich selber nur als Geheimnis ertragen kann. Wäre der Geist für den Geist gelöstes Rätsel oder gar Begriff, er müßte vor sich selber fliehen. Auch das Leben als Ganzes braucht diese Geheimnisstruktur. Für den Geist des Menschen ist nur das Geheimnisvolle liebenswert. Und nur das liebenswerte Menschsein ist lebenswert. Leben ohne Geheimnis wird zum Alptraum, zum banalen Zeitvertreib oder zur abgrundtiefen Lethargie.

Wer das Leben nicht nur hinter sich bringen, sondern leben will, muß es als Geheimnis erleben. Mit anderen Worten: Ohne Mythen wird Menschsein zum Schatten seiner selbst. Und neue Mythenbildung wird dort zum «sine qua non» erfüllten Menschseins, wo religiöse Doktrin und Alltagsbewußtsein die eigene Erfahrung des ewig Sinnvollen verbaute. Im Zerbrechen der alten Mythen und in der Banalität moderner Alltagserkenntnis schafft sich die Seele des Menschen neue, eigene, individuelle Mythen, die ihr erlauben, als geheimnisvolles Wesen in einer geheimnisvollen Welt wieder liebenswert und lebenswert zu sein. Diese aus eigenen mystischen Intuitionen gewonnene neue mythologische Deutung eigener Existenz ist in Sinnkrisen des individuellen Lebens und der kollektiven Kultur gar nicht zu umgehen. Vergebens wettert der aufgeklärte Geist gegen die neue Mystifizierung menschlicher Existenz. Man müßte dem Menschen verbieten, Mensch zu sein, wenn man dieser eigenen mystischen Wahrheitssuche und den aus ihr herauswachsenden Neomythen und Mystifizierungen der Existenz ausweichen wollte.

Noch deutlicher als in der altindischen und anthroposophischen Seelenwanderung resp. Reinkarnationslehre zeigt sich der neomythische und individualmythische Charakter der Wiedergeburtslehre in der religiösen Gegenwart. Im Zerfall kirchlicher und traditionell religiöser Orientierung wird das Woher und Wohin meines Wesenskernes zur Grundfrage postmoderner Selbsterkenntnis. Rückführungen in sog. frühere Leben überzeugen mich vom grenzenlosen Wert meines Selbst, von seiner unsagbar geheimnisvollen Geschichte. Sie entgrenzen mich über alle Mauern der Vergänglichkeit hinaus und enthüllen meinem wachen Geist ein klein wenig das in mir schlummernde Mysterium. Kurz – sie befähigen mich, Mensch zu sein und die augenfällige Bedeutungslosigkeit meines Daseins aufzuwiegen mit ewiger oder zumindestens Jahrhunderte und Jahrtausende transzendierender Bedeutung.

9. Christlicher Glaube und Wiedergeburtsidee

Was gewinnt und was verliert der biblische Glaube, wenn er sich mit der von Rudolf Steiner erschauten Wiedergeburtsidee verbindet? Die Bilanz, die ich hier zu ziehen wage, kann – wie angedeutet – nur subjektiv richtig ausfallen. Ich meine, daß Reinkarnationslehre sich biblisch besehen in keiner Weise aufdrängt, aber sich auch nicht direkt verbietet. In einer Zeit, in der Reinkarnationsvorstellungen einen weiten Bereich der hellenistischen Welt bestimmten, kämpft Jesus nicht gegen die Vorstellung von Karma. Er führt, wie das Gespräch über die Schuld des Blindgeborenen (Joh 9,1ff) zeigt, nur deutlich über alles Suchen nach vorgeburtlicher Schuld weit hinaus. Die Reinkarnationsidee erübrigt sich. Es genügt dem biblischen Menschen, im Hier und Jetzt zu leben und das Vorher und Nachher Gott zu überlassen. Diese tiefe Liebe zum Hier und Jetzt und diese antispekulative Bindung an das, was jetzt ist, kennzeichnet den biblischen Glauben.

Braucht der biblische Glaube die Reinkarnationsidee als Neomythos zum Schutz des geheimnisvollen Menschseins? Menschsein findet im biblischen Glauben auch im Zerbrechen der Volksmythen in andere, nichtreinkarnatorische Erfahrungen seines eigenen, tiefsten Wertes. Begegnung mit Gott wird in der christlichen Mystik zur schönsten Erfahrung zutiefst sinnvoller und geheimnisvoller Existenz. Eine Kette von Wiedergeburten kann diesem tiefsten Geheimnis nichts beifügen.

Kurz – christlicher Glaube muß in keiner Weise sich mit der Wiedergeburtsidee von Rudolf Steiner verbinden. Doch was würde er gewinnen und verlieren, wenn er es doch tut?

Würde christlicher Glaube sich mit der Wiedergeburtsidee verbinden – und in der Vorstellung vieler Zeitgenossen ist diese Verbindung bereits schon Selbstverständlichkeit –, so fragt sich immer wieder: Wer bestimmt wen? Was ist Gestalt, und was ist Kleid? Was ist Körper, und was ist Schmuck? Verwandelt das christliche Erleben der göttlichen Gnade die Vorstellung von einem unendlich langen Aufstieg durch zahllose Wiedergeburten in eine faszinierende spirituelle Traumreise von höchst beiläufiger Bedeutung, oder verwandelt die Vorstellung vom mühsamen Aufstieg durch die verschiedensten Körper, Welten und Entwicklungsstufen die frohe Botschaft von Gottes Liebe zum unvollkommenen Menschen zum höchstens vorläufigen Trost für geistig noch nicht sehr entwickelte primitiv gläubige Wesen? Verwandelt die biblische Liebe zum göttlichen Du das anthroposophische Sich-Ausrichten auf ein letztes göttliches Es in ein lebendiges Gespräch mit dem persönlichen Gott?

Oder verwandelt der Reinkarnationsgedanke den christlichen Glauben in eine neue christliche-theosophische-anthroposophische Gnosis? Der reinkarnationsgläubige Christ muß sich fragen, wieviel ihm der christliche Glaube und wieviel ihm die Reinkarnationsidee wert sind. Und er muß sich überlegen, was mit seinem Glauben und was mit der Wiedergeburtsidee geschieht, wenn er beide miteinander verbindet. Die Verbindung kann – so meine ich – so oder so ausfallen. Mit anthroposophisch inspirierten Christen kann die Kirche leben. Aber mit christlich inspirierten Anthroposophen den grenzenlos menschenfreundlichen und den unvollkommenen Menschen liebenden Gott erleben, wie soll Kirche dieses Wunder zustande bringen?

In so viel Selbstvervollkommnungsbemühung und Karmamystik bleibt für das erfahrbare Evangelium beinahe kein Raum.

Zuletzt stellt sich dem reinkarnationsgläubigen Christen die Frage: Wieviel ist mir die Reinkarnationsidee wert? Jeder Mythos und jeder Neo-Mythos hat seinen Wert. Es fragt sich nur, welchen Preis ich zahle, wenn ich mich ihm verschreibe. Wäre ich bereit, die Mitte des Evangeliums, die Erfahrung der göttlichen Gnade, der Karmaidee zu opfern oder sie doch so weit der Karmaidee angleichen, daß sie zur leeren Hülse verkommt? Und würde ich das göttliche Du in der neo-mythischen Schau des Lebens und der Welt als Prozeß ins ewige Licht hinein, wenn nicht vergessen, so doch als Form naiver Gotteserfahrung in der fortlaufenden Höherentwicklung meines Geistes lächelnd zur Seite schieben? Schicke ich den persönlichen Gott in Pension, weil ich seiner auf dem Weg meiner Vervollkommnung bald einmal nicht mehr bedarf?

Wenn ja, dann wäre meines Erachtens jeder Gewinn, den der Reinkarnationsgedanke mir einbringen könnte, überzahlt. Man kann als Christ mit Reinkarnation rechnen.

Mann und Frau können sogar mit guten Gründen mit Reinkarnation rechnen. Wer könnte heute noch wem etwas verbieten? Aber was immer auch die Wiedergeburtsidee dem postmodernen Menschen an neuem Sinn für das Geheimnis des Menschsein erschließt, es lohnt sich nicht, sich die Wiedergeburtsidee auf Kosten des Evangeliums anzueignen.

Anthroposophische Erziehung und christlicher Religionsunterricht an Waldorfschulen

Joachim Müller

Nach einer Meldung des Materialdienstes der Evangelischen Zentralstelle für Weltanschauungsfragen in Stuttgart ist die Zahl der Waldorfschulen in Deutschland, im Bund der freien Waldorfschulen e. V. zusammengeschlossen, in den letzten Jahren deutlich angewachsen. Interessant ist, daß vor allem ein sprunghaftes Ansteigen von Neugründungen in den neuen Bundesländern mit 35 Schulen und über 200 Kindergärten verzeichnet wurde. Die Waldorfschulbewegung hat auch in anderen Ländern des ehemaligen Ostblocks Fuß fassen können; weitere Neugründungen in osteuropäischen Ländern sind geplant. Darauf verweist die Gründung der «Internationalen Assoziation für Waldorfpädagogik in Mittel- und Osteuropa und weiterer östlicher Länder» am 27. September 1993 im Goetheanum. Beratungen wurden im Dezember 1993 in Prag mit Vertretern der Initiativen aus Kroatien, Polen, Slovakei, Slovenien, Tschechien und Ungarn und im Februar 1994 mit Vertretern der baltischen Staaten und Rußland abgehalten.

Doch nicht nur diese Entwicklung macht es notwendig, sich über die anthroposophischen Hintergründe, die geisteswissenschaftliche Erkenntnistheorie und den praktischen meditativ-esoterischen Erkenntnisweg, aber auch über die spezifische christliche Lehre Rudolf Steiners zu informieren. Die öffentliche Anerkennung der Anthroposophie durch die Hochschätzung ihrer vielfältigen Praxis fordert zu einer bewußten kritischen wie dialogischen Auseinandersetzung heraus. Denn das der Anthroposophie zugrunde liegende Menschen- und Weltbild prägt die Erziehung in diesen Schulen entscheidend mit, auch wenn die Anthroposophen betonen, daß die Waldorfschulen keine Weltanschauungsschulen (im Sinne der Indoktrination der Kinder) sein wollen. Sie verweisen dabei auf Rudolf Steiner, der 1919, als er auf die weltanschauliche Orientierung der neuen Schule angesprochen wurde, antwortete: «...Vor allem würde ich nie anthroposophische Schulen gründen. Die Anthroposophen müßten die Methoden und die Organisationen umgestalten; aber niemals Anthroposophie lehren. Als erstes müssen wir verstehen, was geistige Freiheit ist. Weltanschauungsschulen müssen wir am meisten vermeiden» (O. Hansmann [Hg], Pro und Contra Waldorfpädagogik, Würzburg 1987, S. 68). Da die Waldorfpädagogik zutiefst mit den anthroposophischen Lehren verwurzelt ist, ja aus der anthroposophischen Weltanschauung heraus entwickelt wurde, widerspiegelt sich in der Wirklichkeit diese Vernetzung und beeinflußt direkt oder indirekt Lehrer, Schüler und Eltern im Sinne einer Weltanschauungsschule.

Dennoch: diese Auseinandersetzung – in Ehrfurcht vor der Gesinnung des anderen, aber auch im Wissen um das Anderssein der Weltanschauung des Gegenüber – muß um so mehr geführt werden, da die Anthroposophie für die «Konsumenten» anthroposophischer Praxis anscheinend kein Gegenstand weltanschaulicher Auseinandersetzung zu sein scheint. Wenn Eltern ihre Kinder auf Waldorfschulen schicken, dann geschieht dies sehr häufig, weil dort eine Alternative zum staatlichen Schulsystem angeboten wird, die als «frei», «nicht leistungsbezogen», «nicht materialistisch» u. a. m. beschrieben wird.

Diese alternative Praxis macht heute die besondere Anziehungskraft der Anthroposophie aus – ganz gleich, ob es sich um Erziehung und Schule, um die Heilpädagogik und Sozialwissenschaften mit ihrer Dreigliederung des sozialen Organismus, aber auch um Heilkunde und biologisch-dynamische Landwirtschaft oder die anthroposophische Interpretation der Künste (Eurythmie, Musik, Sprachgestalt, Architektur und bildende Künste) handelt.

In den letzten Jahren haben neben anderen auch Gespräche über die Stellung des Religionsunterrichtes, über dessen Bedeutung und dessen Inhalte an den Waldorfschulen zwischen den Konfessionskirchen und den Anthroposophen begonnen. Sie zielen darauf ab, den anderen in seinen Absichten und Zielen besser zu verstehen und – soweit möglich – dialogisch aufeinander zuzugehen und voneinander zu lernen.

Unter der Schirmherrschaft des Deutschen Katechetenvereins (DKV) finden z. B. seit 1990 Treffen der Arbeitsgemeinschaft katholischer Religionslehrer und -lehrerinnen an Waldorfschulen in Nordrhein-Westfalen statt; 1993 wurde eine erste Tagung grenzübergreifend für Süddeutschland, Österreich und die Schweiz an der Katholischen Akademie in Weingarten veranstaltet, die vom DKV und der Schweizerischen Katechetenvereinigung (SKV) mitgetragen wurde. Dabei zeigt sich der Wille zum Austausch von Erfahrungen, zum dialogischen Gespräch, aber auch die beiderseitige Bereitschaft, voneinander zu lernen.

Einige Beobachtungen zum Religionsunterricht an Waldorfschulen

Da ich selbst nicht Mitglied der Anthroposophischen Gesellschaft und auch kein konfessioneller Religionslehrer an einer Waldorfschule bin, sondern ein Betrachter von außen, möchte ich zunächst einige Erfahrungen von konfessionellen Religionslehrern an Waldorfschulen an den Anfang stellen, die die Andersartigkeit dieser pädagogischen Welt sichtbar werden lassen:

– Eine Katechetin erzählt: Ich habe in der ersten Klasse zu Weihnachten die Geschichte der Heiligen Drei Könige erzählt und dann die Kinder aufgefordert, diese Geschichte zu malen. Zunächst erstaunte Augen und dann der Kommentar eines der Kinder: wir können dies nicht tun; der König Kaspar ist doch schwarz, und diese Farbe haben wir nicht. (Damals entdeckte diese Katechetin,

daß die Kinder der ersten Klasse nur eine Farbe, nämlich blau, im Unterricht verwenden durften.)
- Häufig findet in Deutschland und der Schweiz die Vorbereitung auf die Erstkommunion in der Kirchgemein-
de/Pfarrei statt, in der die Kinder wohnen. Dabei fällt
auf, daß Kinder, die Waldorfschulen besuchen, oft recht
zurückhaltend in diesem Erstkommunionsunterricht
reagieren. Forscht man nach den Gründen, so entdeckt
man, daß diese Waldorfschüler in diesem Alter auf
Grund des pädagogischen Konzeptes weniger gut schreiben und lesen können als die Kinder gleichen Alters, die
an staatlichen Schulen unterrichtet werden.
- Von einer Schwierigkeit im Unterricht der dritten Primarklasse erzählte eine Katechetin im Zusammenhang
mit dem Bibelunterricht: Die Behandlung alttestament-
licher Themen, wie sie im Hauptunterricht der Waldorfschule der dritten Klasse stattfindet, bringt für den
konfessionellen Religionsunterricht nicht nur Wiederho-
lungen mit sich, sondern wirft auch die Frage der Interpretation dieser Geschichten durch die anthroposophische Betrachtungsweise auf. Ähnliche Schwierigkeiten
werden auch in den anderen Klassen immer wieder erfahren, da z. B. der Lehrplan des freien christlichen Religionsunterrichtes die «Vatergottheit» an die erste Stelle
stellt und das Leben Jesu und andere neutestamentliche
Geschichten aus der Unterstufe «verbannt» sind. Diese
werden erst ab der 5. Klasse aufgegriffen.
- Schwer tun sich Religionslehrer damit, daß auch im
konfessionellen Religionsunterricht an Waldorfschulen
der Unter- und Mittelstufe keine Schulbücher benutzt
werden dürfen. Gleiches trifft auch beim Verbot der
Verwendung von Medien (Dia, Film, Video) in der Waldorfpädagogik zu (für die heutige Praxis in der Kateche-
se nahezu unerläßlich in ihrer Verwendung im Unterricht einer Mediengesellschaft).
- Von den Religionslehrern, die den konfessionellen Religionsunterricht an Waldorfschulen geben, wurde jedoch
die Kreativität der Kinder hervorgehoben, die sie vor-

fanden und auch in ihrem Bereich einsetzen und fördern konnten: die Fähigkeit der Schüler, dem erzählenden Lehrer zuzuhören, das Umsetzen von biblischen Geschichten in Spiel und künstlerischer Darstellung wurde ebenso betont wie der herzliche, spontane Kontakt zwischen SchülerInnen und LehrerIn und der Vorteil, in Kleinklassen zu unterrichten.

Diese Beispiele sollen genügen, um deutlich zu machen, daß konfessionelle ReligionslehrerInnen an Waldorfschulen häufig «Grenzgänger» sind, die in eine fremde Welt – neugierig interessiert – eindringen und auf viel Sympatisches, aber auch Unverständliches stoßen. Doch betonten alle, wie wichtig es ist, diese fremde Welt und ihre Gesetzmäßigkeiten kennenzulernen und hierbei BegleiterInnen zu finden, die weltanschauliche wie pädagogische Verstehenshilfen vermitteln – gerade weil man als externer Lehrer oder externe Lehrerin immer von bestimmten Bereichen (wie internen Konferenzen) ausgeschlossen bleibt. Daß gerade dies häufig zu wenig stattfindet, wurde gleichfalls angemerkt. Dies erklärt z. T. den häufigen Wechsel der konfessionellen ReligionslehrerInnen an Waldorfschulen.

Religion im Steinerschen Erziehungssystem

Religion wird ursprünglich im Erziehungssystem der Waldorfpädagogik nicht als Fach verstanden, dessen Schwerpunkte auf den Lehrinhalten ruhte; vielmehr wird Religion von Rudolf Steiner gesehen als existentielles Bedürfnis, als ein Unterrichtsprinzip, das in jedem Fach erkennbar sein sollte, so wie aller Unterricht auch von einem künstlerischen Element durchdrungen sein müßte. Er verweist darauf, daß «dasjenige, worauf es ankommt, ist, daß in der Religion der ganze Mensch, und zwar hauptsächlich Gefühl und Wille, lebt. Dasjenige, was an Weltanschauungsinhalt in der Religion lebt, das ist eigentlich nur zum Exemplifizieren, zur Vertiefung des Gefühls und zur Erstarkung des Willens. Das ist das, was aus der Religion fließen soll: daß der Mensch über das, was einem die vergänglichen, irdischen Dinge an Gemütsvertiefung und Willenserstarkung geben können, hinauswächst» (Konferenz 26. 9. 1919).

Erst als der Wunsch nach einem besonderen Religionsunterricht von Seiten katholischer und evangelischer Eltern vorlag, wurde 1919 der konfessionelle Religionsunterricht als exterritorialer Unterricht, der von konfessionellen katholischen Priestern oder evangelischen Pfarrern erteilt wurde, eingeführt.

Da sich Eltern aus anthroposophischen Kreisen mit dem Anliegen an die Schulleitung wandten, auch ihren Kindern einen entsprechenden Unterricht zu erteilen, wurde ein Religionsunterricht auf anthroposophischer Basis konzipiert, der als «Freier christlicher Religionsunterricht» in den Waldorf-Lehrplan integriert wurde. Dabei handelt es sich um einen Religionsunterricht auf anthroposophischer Grundlage, der von Lehrern unterrichtet wird, denen die Anthroposophische Gesellschaft die Erlaubnis erteilt. In diesem Religionsunterricht werden dann auch die spezifischen anthroposophischen Sichtweisen des Christentums weitergegeben; Themen wie Reinkarnation und Karma, das spezifische Gottes- und Christusverständnis, wie es Rudolf Steiner vertritt, und anderes mehr werden hierbei inhaltlich vermittelt.

Als weiteres Element wurde neben den wöchentlichen Religionsstunden für die Kinder der ersten acht Klassen die nicht-öffentliche «Sonntagshandlung» als integrierter Bestandteil des Religionsunterrichts ins Leben gerufen.

Als vierte Form des Religionsunterrichtes fand nach der Gründung der Christengemeinschaft im Herbst 1922 deren Unterricht einen Platz an der Waldorfschule. Die Kinder, die daran teilnehmen, wurden in der Christengemeinschaft getauft und werden auf die Konfirmation vorbereitet, durch die sie dann Teilnehmer an der «Menschenweihehandlung», dem Gottesdienst der Christengemeinschaft, werden. Dieser Unterricht wird als Teil der Erziehung zum

Gemeindeleben betrachtet. Der Religionslehrer «ist kein ausgebildeter Waldorflehrer, sondern ein aus dem Leben mit der Christengemeinschaft Wirkender und von ihr Beauftragter» (Irene Johanson, Religionsunterricht in der Christengemeinschaft, in: Erziehungskunst, 11, Stuttgart 1993, 1226).

Der konfessionelle Religionsunterricht

Rudolf Steiner war nicht glücklich über die Einführung des konfessionellen Religionsunterrichtes, sondern sah in ihm einen notwendigen Kompromiß, der geschlossen werden mußte, weil «eben die Religionsgesellschaften sich heute in einer kulturfeindlichen Weise zur Welt stellen» (Karl E. A. Stockmeyer, Rudolf Steiners Lehrplan für die Waldorfschulen, Stuttgart 1976, 342). Sein Wunsch war es, daß die Kirchen (= «Religionsgesellschaften») ihrerseits den Kompromiß eingehen und den konfessionellen Religionsunterricht in das Steinersche Erziehungssystem voll integrieren sollten. Dieses Anliegen Steiners konnte und kann auf Grund der weltanschaulichen Verschiedenheiten von seiten der evangelischen wie katholischen Konfessionskirchen nicht erfüllt werden.

Bis heute hat sich daher die Stellung des konfessionellen Religionsunterrichtes an Waldorfschulen nicht geändert: dort wo genügend Eltern für ihre Kinder den konfessionellen Religionsunterricht wünschen und die Kirchen einen Religionslehrer finden, der bereit ist, diese Aufgabe wahrzunehmen, wird er – wie in der Zwischenzeit auch jüdischer oder islamischer Religionsunterricht – meist einstündig und häufig an Randstunden erteilt.

In diesem Sinne wird sicherlich der Grundsatz, Kinder dem Bekenntnis ihrer Eltern nicht zu entfremden, ernst genommen. Bereits bei den Aufnahmegesprächen sollen diese mitteilen, welcher Kirche sie angehören und in welcher Weise sie religiös verbunden sind. Gleichzeitig erwartet man aber auch von den konfessionellen ReligionslehrerInnen und den Verantwortlichen in den Kirchen, daß sie die Entscheidung solcher Eltern, die auch bei Kirchenmitgliedschaft ihre Kinder in den Freien christlichen Unterricht schicken, respektieren. (Daß bei dieser Entscheidung der konfessionelle Religionslehrer trotz fairer wie demokratischer Behandlung die schlechtere Ausgangslage hat, da der künftige Klassenlehrer/die Klassenlehrerin, welche/r die Klasse die kommenden acht Jahre begleiten wird, oft auch den Freien christlichen Unterricht erteilen wird, sei hier nur am Rande erwähnt.)

Die Stellung der konfessionellen Religionslehrer und -lehrerinnen

Die konfessionellen «externen» ReligionslehrerInnen sind in der Regel keine vollwertigen Mitglieder der Lehrerkollegien. Als Pendler zwischen zwei Welten nehmen sie einen pädagogischen Auftrag wahr, sehen sich mit einem andersartigen Schulleben konfrontiert, müssen sich mit der «neuen Welt» der Waldorfpädagogik und der Anthroposophie auseinandersetzen.

Nicht nur für sich müssen sie Übersetzungsarbeit leisten, müssen sie sich mit (Vor-)Urteilen zum pädagogischen wie weltanschaulichen Konzept – selbst mitgebrachte oder solche, auf die sie stoßen – auseinandersetzen. Unumgänglich ist es daher für den, der längere Zeit an Waldorfschulen unterrichten möchte, Begleiter aus der «anderen Welt» zu finden, sich durch Vorträge und Veranstaltungen zu informieren und – soweit möglich – an den Konferenzen der Schule teilzunehmen (eine zeitintensive Aufgabe).

Doch hier wird es bereits schwierig: Von Schule zu Schule unterschiedlich gehandhabt, haben die konfessionellen Religionslehrer nur zu einem Teil der Konferenzen Zugang. Zur «Internen Konferenz», der die Lehrerinnen und Lehrer, die mit der Schule fest verbunden sind und die Anthroposophie für sich übernommen haben, angehören und mit der sie die Leitungsaufgabe gemeinsam wahrnehmen, werden sie jedoch meist nicht zugelassen.

Um dieses Pendeln zwischen den beiden Welten zu erleichtern, hat z. B. die Arbeitsgemeinschaft evangelischer Religionslehrer an Waldorfschulen in Baden Württemberg sich die Aufgabe gestellt, in Fortbildungsveranstaltungen und Arbeitsgemeinschaften theologische wie pädagogische Themen – im Gespräch mit sachkundigen Waldorflehrern – zu erarbeiten und auf diese Weise Übersetzungshilfen anzubieten. Ein ähnliches Angebot findet man seit einigen Jahren auch für katholische ReligionslehrerInnen – initiiert durch den Deutschen Katechetenverein und die Schweizerische Katechetenvereinigung.

Urbilder – religiöse Dimensionen in der Waldorfpädagogik

Die Waldorfpädagogik versucht die Unterrichtsstoffe nicht nur dem Fassungsvermögen der Kinder anzupassen, sondern möchte den seelischen Bedürfnissen entgegenkommen und Fragen beantworten, die jeweils in den Kindern und Jugendlichen heranreifen. Dies führt zu einem Stundenplan, der nach Epochen ausgerichtet und durch Urbilder geprägt ist.

Steht als Urbild der Kinder vor dem Schulalter die «Mutter mit Kind» (Madonna) für die Metamorphose der Hingabe an die Eltern, so sind das erste bis vierte Schuljahr von Gott als Vater bestimmt.

Mit dem Urbild der Jünger zum Rabbi (Lehrer) Jesus kommt es zur Entwicklung der eigenen Identität. In dieser Epoche, in der die Erzählungen des NT eine wesentliche Rolle spielen, in der das soziale Miteinander in seiner gemeinschaftlichen Dynamik erlernt wird, spielt die Schüler-Lehrer-Beziehung eine wesentliche Rolle.

Der Abschied aus dieser Epoche findet in der neunten Klasse statt, in der der Jugendliche «aus dem geistig-seelischen Leben der Welt herausgeworfen und in die äußerliche Welt» hineingeworfen wird (Rudolf Steiner, Vortrag vom 4. 1. 1922, in: Die gesunde Entwicklung des Menschenwesens, GA 303, Dornach 1987). Es ist die Pubertätskrise mit ihrem Abschied von der Autorität der Eltern und der Emanzipation der Jugendlichen.

Am Ende der achten Klasse steht die von Rudolf Steiner konzipierte «Jugendfeier», jene Handlung, die den Übergang «von der Kindheit zur Jugend» begleitet und in den folgenden zwei Jahren wiederholt gehalten wird, damit sie Einfluß auf den Reifungsprozeß des Jugendlichen nehmen kann. Die Bewußtwerdung der Eigenverantwortlichkeit für das eigene Schicksal, die Todesfrage wie auch die «Parzival»-Suche werden für die Klassen neun bis zwölf mit dem Urbild des Paulus und seiner geistigen Verbindung mit Christus, dem Bekehrungserlebnis von Damaskus, verbunden. Vorbilder, vermittelt durch Biographien von Persönlichkeiten, sollen Wege des geistigen Lebens vermitteln und dem Jugendlichen helfen, seine Sendung zu erkennen.

Dieses Konzept wird dann auch in den Jahresfesten, an denen die ganze Schulgemeinde (Schüler, Lehrer, Eltern) teilnimmt, umgesetzt. Erntedank und Michaeli als Herbstfeste, das Laternenfest zu St. Martin, St. Niklaus und das Weihnachtsspiel, das Dreikönigspiel und das Winteraustreiben wie der Rosenmontag mit der Titelfigur Frau Holle, Ostern, Pfingsten und Johanni, das Sommerfest, sollen dem Schüler ermöglichen, ganzheitlich eine religiöse Empfindungsfähigkeit zu entwickeln. Christliche Themen, biblische Geschichten und Heiligenlegenden, aber auch Märchen und mythische Bilder bedeutender Menschheitskulturen sind Teile eines pädagogischen Entwurfs, in dem der Mensch zum ganzen Menschen erzogen und religiös vertieft werden soll (R. Steiner).

Einige Überlegungen zum Schluß

Wenn das begonnene dialogische Gespräch über die Waldorfpädagogik und den Religionsunterricht an Waldorfschulen gelingen soll, kann dies nur geschehen, wenn sich beide Gesprächspartner bewußt sind, daß man von außen eine Neue Welt betritt, die einem fremd ist. Zunächst muß man lernen, sich in einer fremden Sprache zu verständigen und sich eine andere Kultur und andere Anschauungen zu erschließen. Dazu braucht es die Bereitschaft, sich auf diese Welt einzulassen und auch Ansprechpartner in dieser Neuen Welt, die als Wegbegleiter helfen, zu verstehen. Respektvoller Umgang miteinander und Aufgeschlossenheit sind ebenso nötig wie die Fähigkeit, die eigene Position und die eigene religiöse Identität ins Gespräch zu bringen.

Auch wenn die Waldorfschule eindeutig von der Anthroposophie her geprägt ist und damit eine bestimmte Anschauung von der Welt das gesamte pädagogische Konzept der Waldorfschulen beeinflußt, sollten die Kirchen und ihre Verantwortlichen nicht als bevormundender Machtapparat – vor allem von konfessionell gebundenen Eltern – erfahren werden. Auch wenn die Kirchen auf Grund ihres Verständnisses von Christentum Grenzlinien ziehen müssen, ist eine respektvolle Befragung gegenseitiger Berührungsflächen sowohl im weltanschaulichen wie pädagogischen Bereich notwendig und möglich. In diesem Sinne sollte der begonnene Dialog fortgesetzt werden, zumal besonders der Bereich des Religionsunterrichtes und der Unterricht der konfessionellen Religionslehrer an Waldorfschulen eine Gesprächsebene bergen, in dem Beziehungen, Vertrauen und gemeinsame Anliegen, miteinander zu arbeiten und voneinander zu lernen, möglich werden können. In diesem Sinne werden der Deutsche Katechetenverein, aber auch die Schweizerische Katechetenvereinigung versuchen, das begonnene dialogische Gespräch zu fördern und weiterzuführen.

Rudolf-Steiner-Pädagogik und religiöse Erziehung

Cornelius Bohlen

> Es gibt weder die Erkenntnis ohne den
> Glauben noch den Glauben ohne die
> Erkenntnis; ebensowenig gibt es den
> Vater ohne den Sohn... Die Erkennt-
> nis des Sohnes und des Vaters, die der
> wahrhaft erkenntnisgemäßen Richt-
> schnur entspricht, ist unmittelbares
> Erfassen der Wahrheit durch die
> Wahrheit...
> Die Erkenntnis ist sozusagen eine Art
> Vervollkommnung des Menschen als
> Menschen, da diese durch das Wissen
> von den göttlichen Dingen zur Vollen-
> dung kommt und im Einklang mit
> sich selbst und dem Worte Gottes ist.
> Denn durch die Erkenntnis kommt
> der Glaube zu seiner Vollendung.
> *Klemens von Alexandrien*, Teppiche
> V, 1 und VII, 55.

Die Frage der religiösen Erziehung des Kindes kann wohl als eine solche betrachtet werden, die mit bedeutsamsten Kulturfragen der Gegenwart zusammenhängt. Müssen doch auf diesem Gebiet des Erziehungslebens bis in das einzelne Schulzimmer hinein die Entwicklungen und Kämpfe zum Ausdruck kommen, die das Bewußtsein der Menschheit in den letzten Jahrhunderten erfaßt haben. So daß sich hier die überlieferten Überzeugungen der Religionsgemeinschaften ebenso geltend machen werden wie ihr schroffer Gegensatz, der Verlust alles überkommenen religiösen Empfindens und seiner Formen durch die Kraft der modernen Wissenschaft. Es dürfte wohl eine Tatsache sein, daß ein beträchtlicher Teil der Menschheit in unseren Gegenden heute ohne religiöse Erziehung heranwächst. Unsere ganzen Lebensverhältnisse spiegeln den stolzen

125

Grad der Freiheit des modernen Menschen von Lebensinhalten, die einstmals die heiligsten waren. Und zugleich lastet auf uns mit lähmender Gewalt der Materialismus, der jedes wirkliche religiöse Leben zerstören muß.

Der modernen Wissenschaft liegt das naturwissenschaftliche Denken zugrunde. Ungeheuer großartige Fortschritte hat die Naturwissenschaft erbracht. Unbezweifelbar ist die Objektivität ihrer Methode. Kein Wissenszweig, der nicht unter ihrem Einfluß stände. Das moderne Verstandesdenken kennt nur eine geschulte Beobachtung äußerer, materieller Gegenstände. Insofern die Geschichtsforschung, die Literaturwissenschaft, die Theologie bloß auf einem Studium der äußeren Dokumente beruhen, zeigen sie die Wirkung davon. Jedoch: so gewaltig die Ergebnisse der Naturwissenschaft auch sein mögen, so wenig kann diese unmittelbar zu einer Lösung derjenigen Fragen des Menschen beitragen, zu denen seine moralischen, sozialen und auch seine religiösen Bedürfnisse gehören. Denn diese wurzeln in geistig-seelischen Tatsachen des Menscheninneren. Der Naturwissenschaft müssen sie ein völliges Nichts sein. Wie steht der Mensch als ein Wesen, das über die bloßen Naturgesetze hinausreicht, in dem Weltendasein darinnen? Sind seine Ideale, die Antriebskräfte seines moralischen Handelns, nur sinnloser Schaum auf dem Meer der Weltennotwendigkeit? Was sind Tod und Geburt? Wie verhält sich die Menschenseele zum Ewigen? Niemals vermag die Naturwissenschaft hierauf Antwort zu geben. Ihre Haupttendenz besteht darin, den Menschen auszulöschen, um in die Realität einer von ihm unabhängig gedachten Außenwelt als ein Reich materieller Naturnotwendigkeiten einzudringen. Für sie gilt, was einer der besonnensten unter den modernen Naturforschern, Max Planck, in die Worte faßte: «Worauf es hier einzig und allein ankommt, ist die Anerkennung eines solchen festen, wenn auch niemals ganz zu erreichenden Zieles, und dieses Ziel ist ... die vollständige Loslösung des physikalischen Weltbildes von der Individualität des bildenden Geistes.»[1] Und M. Planck beschreibt auch die Rückwirkung dieses Weltbildes auf den Menschen: «Das Subjekt der Betrachtung, das beobachtende Ich rückt aus dem Mittelpunkt des Denkens heraus und wird auf einen ganz bescheidenen Platz verwiesen. In der Tat: Wie erbärmlich klein, wie ohnmächtig müssen wir Menschen uns vorkommen, wenn wir bedenken, daß die Erde, auf der wir leben, in dem schier unermeßlichen Weltall nur ein minimales Stäubchen, geradezu ein Nichts bedeutet...»[2]

Glaube und Wissen sind durch die Vorherrschaft des naturwissenschaftlichen Denkens in ihren eigentlich modernen, erst der Neuzeit angehörigen Zwiespalt geraten. Die Forderungen der gläubigen Empfindungen müssen zerstört werden, wenn sie keine Stütze in der wissenden Erkenntnis der Wirklichkeit finden können. Denn dann glaubt der Mensch an etwas, das er nicht kennen kann. Und indem die Wissenschaft ihr Weltbild malt, das nur die Außenwelt ohne den Menschen umfaßt, ist der Mensch unfähig, an sein eigenes Wissen auch zu glauben. So ist das Bewußtseinsparadox des modernen Menschen ein Glaube, der nicht wissen kann, und ein Wissen, das er nicht glauben kann. Es herrscht daher eine Stimmung des Agnostizismus in vielen Gemütern, die beides, das menschliche Wissen und Glauben, für unfähig halten muß, die wahre Lebenswirklichkeit überhaupt zu erfassen. Man höre nur, um ein Beispiel anzuführen, wie schon Hegel sich über diese Situation aussprach, indem ihm die Philosophie seiner Zeit in der Gestalt von Kant entgegentrat und «versicherte, es gebe keine Erkenntnis der Wahrheit; Gott, das Wesen der Welt und des Geistes, sei ein Unbegreifliches, Unfaßbares; der Geist müsse bei der Religion stehen bleiben und die Religion beim Glauben, Gefühl und Ahnden, ohne vernünftiges Wissen. Das Erkennen betreffe nicht die Natur des Absoluten, Gottes und dessen, was in Natur und Geist wahr und absolut ist, sondern daß allein Unwahres, Zeitliches und Vergängliches gleichsam den Vorzug genieße erkannt zu werden ... und eben solche Erkenntnis sei nur als etwas Historisches zu nehmen und nach jenen äußerlichen Seiten kritisch und gelehrt zu untersuchen, aus seinem Inhalte könne kein Ernst gemacht werden. Sie sind soweit gekommen als Pilatus, der römische Prokonsul; wie er Christus das Wort: Wahrheit, nennen hörte, erwiderte er dies mit der Frage: was ist Wahrheit? in dem Sinne als einer, der mit solchem Worte fertig sei und wisse, daß es keine Erkenntnis der Wahrheit gebe. So ist das, was von jeher für das Schmählichste und Unwürdigste gegolten hat, der Erkenntnis der Wahrheit zu entsagen, von unseren Zeiten zum höchsten Triumph des Geistes erhoben worden.»[3]

Längst haben auch die religiösen Überlieferungen die Vormacht der Wissenschaft hinnehmen müssen. Bernhard Grom, der der Anthroposophie von katholischer Seite eine Darstellung gewidmet hat, kritisiert die Anthroposophie aufgrund der gewöhnlichen Denkvoraussetzungen der materialistischen Wissenschaft und seiner christlichen Doktrin; er bemerkt gar nicht: würde er seine wissenschaftliche Denkart auf seine eigenen Glaubensinhalte anwenden, so könnte er diese nur als interessante Illusionen ansehen, die höchstens einer bloß psychologischen Erklärung bedürften. Grom erklärt dann auch, daß es für seine Auffassung keine vom Glauben gelehrte «spezifisch christliche Psychologie, Pädagogik, Medizin oder Politik» geben kann: «Nach der Lektion, die der katholischen Kirche durch den Fall Galilei erteilt wurde, steht dies für alle Natur- und Humanwissenschaften außer Zweifel.»[4] Die ganze moderne Kultur und Wissenschaft gilt ihm daher für unabhängig vom Glauben, ihren eigenen Gesetzen folgend; zugleich aber soll der Glaube der Kultur die «Grundorientierung» und «Letztziele» verleihen. So daß für diese Ansicht ein grandioser Widerspruch in aller Kraßheit auftritt: die menschliche Kultur gilt als autonom, aber das ist nur scheinbar, da sie zugleich gerade in ihren Grundlagen und letzten Zielen von den unerkennbaren Voraussetzungen des Glaubens abhängig sein und bestimmt werden soll. Demnach wäre der Mensch unfrei und muß geleitet werden, und der Christus hätte nicht Freiheit und Wahrheit, sondern Autorität und Glaubensvorschrift gebracht.

Für die Erziehung muß aber der Agnostizismus die Folge haben, daß die Lehrerbildung, insofern sie sich nur auf das äußere Verstandeswissen unserer Zivilisation stützt, die Gemütsfähigkeiten und die moralisch-religiösen Anlagen des Kindes einer völligen Verödung entgegenführen muß.

Die anthroposophische Geisteswissenschaft, wie sie Rudolf Steiner ausgebildet hat, erkennt die Berechtigung der naturwissenschaftlichen Denkungsart auf ihrem Felde voll an. Sie selbst will dem Menschen Wege zeigen, wie auch die übersinnlichen Tatsachen des Menschen und seines Zusammenhangs mit dem Weltendasein erforscht werden können. Das ist nur durch eine Umwandlung des gewöhnlichen Erkenntnisvermögens möglich. Es können die Ergebnisse der Anthroposophie aber auch von denjenigen geprüft und verstanden werden, die nicht den Trieb in sich fühlen, ihre Forschungswege zu gehen. Damit ist es wie mit aller Wahrheit. Denn wer würde meinen, daß man ein mathematischer Forscher werden muß, um die Wahrheit einer Rechnung einsehen zu können? Anthroposophie ist keine Religion und will auch keine sein; sie hat kein Bekenntnis und kennt keinen Kultus. Sie schätzt jedes Religionsbekenntnis und bekämpft keines. Sie wendet sich bloß an die Erkenntnisfähigkeiten, die in jedem Menschen liegen. Sie glaubt, daß das moderne Bewußtsein überall danach strebt, die volle Wirklichkeit zu erfassen, um aus dieser Wirklichkeit auch die Antriebe zum praktischen Handeln zu gewinnen. Durch ihre Geistesforschung vermag sie dazu beizutragen, Licht über diejenigen Wahrheiten zu verbreiten, denen auch die Religionsbildungen entstammen. Als Beiträge zur fortlaufenden christlichen Entwicklung vertrat Rudolf Steiner eine Erkenntnis des christlichen Mysteriums von Golgatha, die dieses als eine geistig erforschbare Tatsache im Mittelpunkt der irdischen Menschheitsentwicklung erkennen lassen.

Aus der anthroposophischen Geisteswissenschaft heraus ist die Rudolf-Steiner-Pädagogik entstanden. Im Jahre 1919 wurde die erste Schule, die Freie Waldorfschule in Stuttgart, begründet. Daher der oft übliche Name Waldorfpädagogik. Es arbeiten heute weltweit viele hundert

Schulen auf der Grundlage dieser Methode. Sie kann darüber hinaus überall Anwendung finden, wo man in ihr einen fruchtbaren Beitrag zur Erziehungspraxis sehen möchte. Die Methode der Rudolf-Steiner-Pädagogik beruht auf einer anschauenden Erkenntnis des Kindes, des werdenden Menschen selbst in seiner leiblichen, seelischen und geistigen Organisation. Die Menschennatur selbst soll für den Lehrer der ideale Lehrmeister für dasjenige sein, was er zu ihrer fruchtbaren Entwicklung beitragen kann. Ein Bestreben, zu einer bestimmten Weltanschauung oder gar zur Anthroposophie zu erziehen, liegt dieser Pädagogik völlig fern. Von der Anthroposophischen Gesellschaft als einer Vertreterin der Anthroposophie sind die Rudolf-Steiner-Schulen unabhängig. Es kann für diese Pädagogik ihrer eigenen Grundlage nach gar nicht eine wesentliche Frage sein, zu was der heranwachsende Mensch erzogen werden soll. Sie fragt nicht, ob der Mensch nach Programmpunkten erzogen werden soll, ob Wissensmenschen, Staatsschablonen oder leistungsfähige Wirtschaftssklaven erzogen werden sollen. Für sie ist die Frage, wie die Erziehung als eine praktische Kunst so gestaltet werden kann, daß die allgemein-menschlichen Fähigkeiten, die ein Mensch hat, bloß weil er dieser besondere Mensch ist, sich in möglichst gesunder Weise entwickeln lassen. (Da in dieser Hinsicht manche Mißverständnisse walten, ist es sehr begrüßenswert, daß der Autor des vorstehenden Beitrages, als ein Vertreter der Ökumenischen Arbeitsgruppe der Kirchen, seine Meinung dahingehend zum Ausdruck gebracht hat, daß die Waldorfschulen eben nicht auf eine weltanschauliche Beeinflussung aus sind.)

Wie stellt sich nun die Rudolf-Steiner-Pädagogik zur religiösen Erziehung und zum Religionsunterricht? – Da muß man den Tatbestand ins Auge fassen, daß die Waldorfpädagogik zunächst ganz bewußt *ohne* irgendeinen eigenen Religionsunterricht begründet wurde. Von Anfang an erklärte Rudolf Steiner, daß der Religionsunterricht Sache der Konfessionen sei. Die Schule stellt Räume und Stunden zur Verfügung und überläßt ansonsten den Religionsunterricht der katholischen und den verschiedenen protestantischen Kirchen, gegebenfalls auch anderen Religionsgemeinschaften. Für sich selbst lehnt die Schule konsequenterweise die Verantwortung für diesen Unterricht ab, den sie aber in jeder Hinsicht gehalten ist, zu ermöglichen. Der Entscheid darüber, ob und welcher Religionsunterricht zu besuchen sei, liegt bei den Eltern der Kinder. Wer diese Regelung näher betrachtet, wird darauf kommen, daß sie vor allem zwei Dingen Rechnung zu tragen sucht. Das eine liegt darin, daß die Rudolf-Steiner-Schulen eben keinerlei Weltanschauungsschulen sein sollen und sich nicht in das Gebiet der Auseinandersetzung der Religionsgemeinschaften einmischen. Und das andere ist die volle Anerkennung der Religionsfreiheit als eines tragenden Prinzips der modernen Zivilisation. Es wäre verfehlt, hierin einen oberflächlichen Kompromiß zu sehen, denn Rudolf Steiner bekannte mit tiefem Ernst gegenüber der Lehrerschaft der ersten Waldorfschule, daß kein Kind seiner Religion entfremdet werden dürfe und die Lehrer sich durchaus darum zu kümmern haben, daß die Kinder, wenn Unsicherheit oder Gleichgültigkeit besteht, behutsam auf den Religionsunterricht ihrer Konfession aufmerksam zu machen sind. Als Erforscher der kindlichen Wesenheit wußte Rudolf Steiner, wie wichtige Impulse für das Leben gerade auf dem intimen Gebiet der religiösen Erziehung liegen können. Unberechtigt in dieses hineinzugreifen ist ein Vergehen an der Individualität des heranwachsenden Menschen und seiner gerade zu ihm gehörenden Lebensschicksale.

Nun gibt es aber doch einen «anthroposophischen» Religionsunterricht. Die erste Waldorfschule war ja eine soziale Tat des Industriellen Emil Molt für die Kinder der Angestellten seines Zigarettenunternehmens. Sie war dabei eine ganz öffentliche Einheitsschule, die jedermann offenstand. Unter den Schülern befanden sich nun viele Arbeiterkinder, die den religiösen Bekenntnissen ganz fern standen, so daß sie gar keinen Religionsunterricht gehabt hätten. Zu ihnen gesellten sich dann auch noch die Kinder anthroposophischer Familien. Aus dieser Lage heraus entstand das Bedürfnis, Rudolf Steiner zu fragen, ob nicht auch für solche Kinder ein Religionsunterricht eingerichtet werden könnte. Auf dieses Wollen hin entschloß er sich nun, einen freien Religionsunterricht einzurichten, der jetzt aus der Anthroposophie heraus entwickelt wurde. Auch bescheidene Kultusformen mit sonntäglichen Handlungen wurden dafür eingerichtet. Sie werden von Laien ausgeführt. Für Kinder, die sonst gar keinen Religionsunterricht gehabt hätten, ist also der anthroposophische Religionsunterricht entstanden. Auf ihn kann hingewiesen werden; irgendeine Propaganda für ihn wird abgelehnt. Aber jetzt muß man genau beachten, daß auch er für die Schule extern in dem Sinne ist, daß er von außen gegeben wird wie jeder andere Religionsunterricht auch. Er wird nicht von der Schule verwaltet, sondern ausdrücklich durch ein Kollegium geeigneter anthroposophischer Religionslehrer, dem auch außenstehende Persönlichkeiten des anthroposophischen Lebens angehören können. Und dasselbe gilt auch für die dann wenig später entstandene «Christengemeinschaft», die Bewegung für religiöse Erneuerung, die sich selbständig durch Pfarrer und Theologiestudenten bildete, wobei Rudolf Steiner von außen helfend und beratend tätig war. An der Rudolf-Steiner-Schule ist sie extern, auf gleichem Fuß mit anderen Religionsgemeinschaften.

Fassen wir die gängige Praxis an Waldorf- oder Rudolf-Steiner-Schulen zusammen, so ergibt sich folgende Richtschnur (wobei es im einzelnen manche Abwandlungen geben mag, da die Schulen unter verschiedensten Bedingungen in Ländern aller Kontinente arbeiten und die meisten sich selbständig verwalten). Als praktisches Ideal aber kann gelten: Die Rudolf-Steiner-Pädagogik als eine allgemein-menschliche Erziehungsmethode besteht als solche ohne eigens vorgesehenen Religionsunterricht. Dieser wird den existierenden Religionsgemeinschaften anheimgestellt, wobei diese selbst für seine Besorgung verantwortlich sind. Für die Kinder von Familien, die es wünschen, kann ein freier Religionsunterricht eingerichtet werden, der auf der Grundlage der anthroposophischen Pädagogik entwickelt worden ist. Auch er wird von außerhalb der Schule aus erteilt; dabei besteht einzig der Unterschied, daß er meist von Lehrern der Schule nach derselben Methode unterrichtet wird, die auch sonst der Schule zugrunde liegt.

Der anthroposophische Religionsunterricht und die zu ihm gehörigen kultischen Handlungen sind streng als eine nur pädagogische Einrichtung anzusehen. Nur darum handelt es sich, den Kindern auch eine besondere Pflege ihrer inneren religiösen Bedürfnisse für ihre gesamtmenschliche Entwicklung angedeihen zu lassen. Eine Religionsbildung ist nicht beabsichtigt, ein Bekenntnis gibt es nicht, und eine Gemeindebildung kann gar nicht entstehen, weil dieser religiöse Unterricht und seine altersgemäßen Kultusformen für den Schüler beim Verlassen der Schule von selbst ihr Ende finden.

Eine weitere Frage der religiösen Erziehung soll hier wenigstens noch berührt werden. Ist denn die religiöse Erziehung eine solche, die von allem übrigen Unterrichten und schulischem Leben losgelöst betrachtet werden kann? So daß alle Heranbildung des werdenden Menschen ansonsten eine völlig areligiöse wäre? Könnte man getrost die moralisch-religiöse Seite der Natur des Kindes im gesamten Schulleben einer völligen Vertrocknung anheimgeben und sich einbilden, im Widerspruch dazu in ein paar abgeteilten Stunden noch so etwas wie «Religion» unterrichten? Eine derartige Organisation der Erziehung muß im Kinde die Wirkung haben, daß das religiöse Element etwas ist, was von vornherein mit der Wirklichkeit des gesamten Lebens nichts zu tun hat. Es liegt hier eine fundamentale Frage unseres Erziehungslebens. – In der Rudolf-Steiner-Pädagogik nun wird ohnehin in allen Unterrichtsgebieten versucht, voll mit allen Gemütskräften zu rechnen, wie sie sich im Kinde von Jahr zu Jahr entwickeln und umwandeln. Besonders im Volksschulalter, in welchem das Kind seiner eigenen Wesenheit nach nicht dazu neigt, in erster Linie begriffliches Wissen aufzunehmen, wird ein Unterrichten mit intellektualistischen Begriffen in allen Fächern vermieden, da sie das Gefühls- und Willensleben des Kindes verkümmern lassen. In letzterem wurzelt aber die nach der Geschlechtsreife sich entwickelnde moralische Urteilsfähigkeit des Menschen. Insofern nun die religiösen Seiten des Menschen in denselben Gemütsfähigkeiten verwurzelt sind, erhalten auch sie in der künstlerisch-bildhaften Unterrichtsmethode, die in der Rudolf-Steiner-Pädagogik im Volksschulalter angewendet wird, einen allgemeinen Nährboden für ihre Entwicklung. Wer Weltkenntnis und Unterrichtserfahrung hat, wird zudem wissen, daß sich in jedem Unterrichtsfach Berührungspunkte mit religiösen Fragen ergeben können, die durchaus der vorübergehenden Behandlung durch die einzelne Lehrerpersönlichkeit, der jeweils seiner besonderen Kinderschar mit ihren Bedürfnissen gegenübersteht, überlassen werden können. Es liegt ja in den Rudolf-Steiner-Schulen die Verantwortung des Unterrichts weitgehend bei der individuellen Lehrkraft; was sie selbst innerlich für unwahr hält, was sie nur äußerlich angelernt hat, weil es in einem Lehrplan steht, das wird auch keine überzeugende Wirkung auf ihre Schüler haben können. Und zuletzt mögen auch das Feiern von Jahresfesten und andere gemeinschaftliche Veranstaltungen des Schullebens, wie sie an Rudolf-Steiner-Schulen oft üblich sind, ihren Teil zu einem religiösen Element im allgemeinen Unterricht und Schulleben beisteuern. Dieses Element kann zur religiösen Entwicklung der Kinder jeder Konfession wie auch derjenigen Kinder, die religionslos aufwachsen, einen Beitrag leisten.

Abschließend wollen wir den freien anthroposophischen Religionsunterricht in seinem Aufbau kurz skizzieren.[5] Betont werden muß, daß er für den Lehrer umfassende Kenntnisse der Anthroposophie und der Pädagogik voraussetzt. Es ist ein christlicher Religionsunterricht in dem Sinne, daß in dem Christus-Wesen, wie es sich durch die Auferstehung fortlebend mit der irdischen Menschheitsentwicklung verbunden hat, als *wesenhafte Tatsache* erschienen ist, was auch in anderen Religionen und in allem

134

Mysterienwissen vom Göttlichen *gelehrt* und geschaut wird.[6] Der anthroposophische Religionsunterricht folgt gar keiner anderen Methode als der übrige Unterricht in der Rudolf-Steiner-Pädagogik: was braucht das Kind für seine Entwicklung in seinen verschiedenen Lebensaltern? Er steht in Verbindung mit dem freiwilligen Besuch von altersgemäß abgestuften Kultusformen, die von Rudolf Steiner gegeben wurden und den Schülern, die von ihren Eltern begleitet werden können, die Möglichkeit geben, das Christliche in realem Wort, Bild und Gebärde zu erleben. – In den ersten Schuljahren sind auch die sich später emanzipierenden seelischen und geistigen Fähigkeiten des Kindes noch stark in der Ausgestaltung und dem Wachstum seiner leiblichen Organisation tätig. Hier kann der Religionsunterricht vorwiegend darin bestehen, dem Kinde eine umfassende Empfindung zu vermitteln, daß in der gesamten Natur Geistiges lebt. Wie in den Naturtatsachen höchste Weltweisheit anschaulich zum Ausdruck kommt, wie die Pflanze beispielsweise dem Lichte hingegeben ist und die Schönheit ihres begierdelosen Lebens offenbart, das der Mensch sich dankbar als nährendes Brot einverleibt, wie zuletzt der Mensch mit seiner aufrechten Gestalt und den vom Erdboden freigewordenen Händen als Mitarbeiter göttlichen Schaffens im Weltall steht und wie seinem Mund die Laute der Sprache entströmen, in denen die Schöpfung sich selbst preist, davon oder von ähnlichem kann der Lehrer den Kindern eine Welt in verehrungsvollen bildhaften Erzählungen entwickeln. Auch die religiöse Naturweisheit der Märchen kann hier verwendet werden. Auf dieser Stufe werden alle Gebote, alle abstrakten Religionsbegriffe ganz vermieden. Rudolf Steiner hat ausgeführt, daß auch das Jesus-Leben, wie die Evangelien es schildern, von dem kindlichen Gemüt noch gar nicht sinnvoll aufgenommen werden kann und soll. Man kann diese erste Stufe einen Unterricht nennen, der ganz von der Empfindung des Vater-Göttlichen ausgeht. – Auf einer nächsten Stufe, etwa ab dem 9. und 10. Lebensjahr, geht dann der Religionsunterricht auf die Betrachtung des menschlichen Schicksals über. In diesem Alter beginnen die Kinder erst, sich in ihrem Inneren als von der Umwelt getrennte Wesen zu fühlen. Jetzt wird man versuchen können, die Anteilnahme und das liebende Miterleben an Schicksalsverläufen zu erwecken, seien diese aus dem Alten Testament, der Geschichte oder der eigenen Lebenserfahrung. Die Bedeutung von Geburt und Tod, auch von Reinkarnation und Karma, davon, wie sich die Wellen des Lebensverlaufs an dem Leben der Mitmenschen brechen, das kann durch anschauliche, das menschliche Mitgefühl in Freude und Leid ansprechende Geschichten dargestellt werden. Auf dieser Stufe wird später auch begonnen, in den Kindern einen Eindruck von der Umwandlung der Welt durch den Christus Jesus hervorzurufen und auch die Schilderung der vier Evangelien an die Schüler herangebracht. Es ist die Welt des Sohnes, des Göttlichen im Menscheninneren, das in der selbstlosen Liebe und im Schicksal des Menschen wirkt. – Zuletzt erfolgt auf einer dritten Stufe ein Unterricht, dessen Gegenstand im weitesten Sinne ein Begriff des Christentums ist. Mit der Geschlechtsreife sind die Schüler jetzt selbständig urteilsfähig geworden und betrachten kritisch alles Dogmatisch-Religiöse. In Anknüpfung an die Geschichte des Christentums oder an Elemente aus seiner reichen Begriffswelt wird darauf hingearbeitet, daß die Schüler ein bewußtes Verständnis der Wahrheiten des Christentums erleben können. Hier kann des Paulus Damaskus-Schau oder Lessings epochaler Gedanke, daß die Offenbarungswahrheiten durch die menschliche Vernunft unmittelbar im Leben erfaßt werden können, ein Leitmotiv sein. Diese dritte Stufe des Religionsunterrichts läßt sich mit dem Ausdruck des Geistes bezeichnen. Den Beschluß des freien anthroposophischen Religionsunterrichtes macht in der zwölften und letzten Schulklasse, nach den Lehrplan-Angaben Rudolf Steiners, ein Überblick über die Religionsgeschichte von den einfachsten Religionen bis zu den Weltreligionen, wobei das Christentum als ein Zusammenfluß ihrer Wahrheiten erscheinen kann.

ANMERKUNGEN

1 Max Planck, Vorträge und Erinnerungen, Darmstadt 1965, S. 49.
2 Ebenda, S. 327.
3 Georg Wilhelm Friedrich Hegel, Anrede an seine Zuhörer bei der Eröffnung seiner Vorlesungen in Berlin am 28. Oktober 1818.
4 Bernhard Grom, Anthroposophie und Christentum, München 1989, S. 116.
5 Grundlegende Ausführungen von Rudolf Steiner über das Verhältnis der Erziehung zur Religion finden sich u. a. in seinem 1923 in England gehaltenen Vortragszyklus: «Gegenwärtiges Geistesleben und Erziehung», GA 307.
Einen ausgezeichneten Einblick in den Religionsunterricht an Rudolf-Steiner-Schulen gibt Heft Nr. 11, 1993, der Zeitschrift *Erziehungskunst: Monatsschrift zur Pädagogik Rudolf Steiners*, Sonderheft: «Religiöse Erziehung an der Waldorfschule». Es enthält zu diesem Thema auch sehr lesenswerte Beiträge von katholischen und evangelischen Religionslehrern.
6 Rudolf Steiner, Das Christentum als mystische Tatsache und die Mysterien des Altertums, GA 8; Von Jesus zu Christus, GA 131.

Die Anthroposophie und die Rassenlehre Rudolf Steiners zwischen Universalismus, Eurozentrik und Germanophilie

Georg Otto Schmid

Rudolf Steiner und die Rassen: ein für einen Diskussionsband über «Anthroposophie und Christentum» eher überraschendes Thema. Daß das durch die großen Kirchen repräsentierte Christentum und die Anthroposophie in Sachen Rassismus einer Meinung sind, das würde wohl jeder annehmen. Dies trügt auch nicht: Sowohl die Vertreter der Kirchen als auch der Anthroposophie verurteilen den in letzter Zeit wieder en vogue geratenen Rassismus scharf. Dennoch, die Frage, wie Rudolf Steiner sich zu den Rassen verhalten habe, ist auf dem Tisch, öffentlich aufgeworfen durch Jutta Ditfurth in ihrem Buch: Feuer im Herzen. Plädoyer für eine ökologische linke Position, Hamburg 1992. Es geht Ditfurth in diesem Werk darum, die Anthroposophie (nebst vielen anderen) des Faschismus zu verdächtigen, und sie tut dies mit einer auf rassenkundliche Äußerungen Steiners abgestützten Argumentation. Die Reaktion der Anthroposophie war, wenn ich es richtig sehe, eine zweigeteilte: Während sich die «offizielle» Anthroposophie darauf beruft, daß Steiners Anliegen demjenigen der Faschismen verschiedenster Observanz diametral entgegengesetzt ist, wodurch sich eine Diskussion verstreuter Textstellen, die erst noch zweifelhaft überliefert und von Ditfurth aus dem alles in Minne klärenden Zusammenhang gerissen worden seien, erübrige, arbeiteten die Redaktoren der in der Anthroposophie als eher randständig-liberal geltenden Flensburger Hefte die Thematik in einer Sondernummer auf («Anthroposophie und

Rassismus», Heft 41, 6/93, Flensburg 1993). Hier ist es vor allem Wolfgang Weihrauch, der nach dem Motto: «Die exaktesten Kritiker der Anthroposophie müssen die Anthroposophen selbst sein» (a. a. O., S. 21) unter Ablehnung eines Steiner-Fundamentalismus sowohl Ditfurths Kritik als übertrieben und Steiners Rassenkunde als zeitbedingt und überholt relativiert.

Diese unterschiedliche Reaktion läßt den evangelischen Theologen aufhorchen. Ist es eine unerlaubte Übertragung seines eigenen Erfahrungshorizontes, wenn er hier eine Spannung zwischen einem fundamentalistischen und einem weltoffen-liberalen Umgang mit der eigenen Tradition, in diesem Falle dem Werk Steiners, ausmacht? Jedenfalls scheint es, daß gerade die Reaktion der Anthroposophie auf die in ihrer Schärfe sicher unhaltbaren Vorwürfe Ditfurths einiges über die gegenwärtige Struktur der Anthroposophie und ihr Verhältnis zu Rudolf Steiner aussagen kann. Insofern wird das Thema interessant, nicht weil es ein Zentralthema der Anthroposophie wäre – solches behauptet außer Ditfurth niemand –, sondern als «exemplum», das für andere stehen kann. Andererseits ist das Thema Rassen durch die Geschichte unseres Jahrhunderts und aktuelle Ereignisse als ein hochsensibles erwiesen.

Daraus folgt in unserem Rahmen zweierlei: Erstens können rassistische Bemerkungen, von wem immer sie stammen mögen, heute nicht mehr gönnerhaft mit Verweis auf ihre Randständigkeit beiseite getan werden. Wie sich eine Weltanschauung zum Rassismus verhält, ist heute – hier ist Ditfurth im Recht – zur Gretchenfrage ihrer Humanität geworden. Dieser Gretchenfrage hat sich auch die Anthroposophie und allen voran Rudolf Steiner zu stellen, genauso wie sich das Christentum mit den rassistischen Strömungen in seinem Schoße zu beschäftigen hat: Erinnert sei hier etwa an die «Deutschen Christen» in der Zeit des Nationalsozialismus. Auch die großen Gestalten einer Weltanschauung dürfen dieser Prüfung nicht entzogen werden, und tritt Rassistisches zutage, ist dieses in aller Form zurückzuweisen (wie es im Rahmen des

Protestantismus für Luthers Schrift «Von den Juden und ihren Lügen» selbstverständlich ist. In diesem Zusammenhang wäre ein Verweis auf allenfalls in dieser Schrift verborgene «tiefere, bis jetzt noch unverstandene Weisheit» schlicht zynisch).

Zum zweiten ist die Katastrophe, zu welcher Rassenkunde und Rassendenken in diesem Jahrhundert geführt haben, ein Prüfstein für einen Denker, der beansprucht, Grundlinien der Zukunft des Menschen über Jahrtausende, ja -zehntausende hinaus zu kennen. Läßt seine Beschäftigung mit dem Thema erkennen, daß er die kommenden katastrophalen Ereignisse in Betracht zieht oder auch nur erahnt?

Diese Fragen sollen uns beschäftigen, wenn es nun darum geht, Steiners rassenkundliche Äußerungen zu betrachten. Keinesfalls ist es hingegen Ziel der folgenden Darstellung, die Anthroposophie als Ganzes zu bewerten. Die «großen» Themen der Anthroposophie, um deretwegen sie heute auf breites Interesse stößt, wie etwa die Waldorf-Pädagogik oder die anthroposophische Heilkunst, geraten hier nicht in den Blick. Gegen Ditfurth ist festzuhalten: Selbst wenn Steiner ein glühender Rassist gewesen wäre, würde dies z. B. seine Pädagogik nicht erledigen, es sei denn, diese basiere konstitutiv auf dem Rassismus. Ditfurths Pars-pro-toto-Argument ist nicht zulässig (was nicht heißt, daß die Waldorf-Pädagogik nicht, dann allerdings mit pädagogischen Argumenten, einer kritischen Bewertung unterzogen werden könnte).

Steiners Rassenkunde: Die Quellenlage

In Steiners Gesamtwerk, repräsentiert durch die von der Nachlaß-Verwaltung herausgegebene Gesamtausgabe (GA), findet sich Rassenkundliches im Sinne von Erklärungen für die Differenz der physischen Erscheinung verschiedener Subspezies der Art Mensch in drei Zusammenhängen.

- Die Rassenentstehung entfaltet der frühe Steiner im Rahmen seiner Darlegungen zur Weltentstehung. Als Quellen kommen hier frühe Werke (wie «Aus der Akasha-Chronik», GA 11) oder frühe Vortragszyklen mit der Thematik der Weltentstehung (wie «Vor dem Tore der Theosophie», GA 95, oder «Die Theosophie des Rosenkreuzers», GA 99) in Betracht. Die die Rassen bezüglichen Abschnitte sind in den angesprochenen Texten meist kurz.
- Hauptquelle für Steiners rassenkundliche Gedanken sind seine rassenkundlichen Vorträge. Vier solche sich hauptsächlich dem Thema der Rassen widmenden Vorträge sind dem Schreibenden bekannt und sollen unten ausführlich und unter Angabe des Zusammenhangs dargestellt werden.
- Daneben findet sich Rassenkundliches, resp. aus heutiger Sicht durchaus auch qualifiziert Rassistisches, in Marginalien, Veranschaulichungen und Seitenhieben im Rahmen von Vorträgen, die eigentlich ganz anderen Themen gewidmet sind. Solche Bemerkungen sind bei Steiner nicht selten, sollen hier aber nicht näher behandelt werden, da hier das Argument vom «aus dem Zusammenhang Reissen» zwangsläufig voll greifen würde.
- Eine Einschränkung ist zur angegebenen Quellenlage zu machen: Anthroposophische Kenner des steinerschen Gesamtwerkes sind auf die Frage nach die Menschenrassen bezüglichen Äußerungen Steiners nicht gerade auskunftsfreudig. So liegt wohl vieles in den Tiefen des uferlosen Gesamtwerkes (knapp 400 Bände) noch verborgen. Die Zurückhaltung gewisser Anthroposophen in Sachen Information über rassenkundliche Ideen Steiners ist ihr gutes Recht als Vertreter einer weltanschaulich-religiösen Bewegung. Ob solches aber unbedingt der wissenschaftlichen Redlichkeit des «Geisteswissenschaftlers» entspricht, muß hier offenbleiben. Der Umgang kirchlicher Theologen, so viel soll hier doch gesagt werden, mit Problematischem in der eigenen Tradition ist doch meist ein offenerer.

Rudolf Steiners Beschäftigung mit den Kategorien «Rasse», «Volk» und «Nation» – Versuch einer zeitlichen Gliederung

Gerade in den obgenannten Kategorien legt sich bei einer Durchsicht von Steiners Gesamtwerk eine zeitliche Gliederung nahe. Die verschiedenen Begriffe sind Steiner nicht in jeder Schaffensperiode gleich wichtig, zumindest wenn man auf die Zahl ihrer Nennungen im gedruckten und im Vortragswerk abstellt. Für unsere Thematik lassen sich folgende Perioden mit je charakteristischer Terminologie und Stoßrichtung ausmachen:

1. Der frühe, theosophische Steiner: Für unser Thema reicht Steiners theosophische Phase bis zum Jahr 1910, in welchem der Volksseelenzyklus (s. u.) einen Umbruch darstellt. Als Theosoph vertritt Steiner die theosophische Rassenlehre, deren Rassenbegriff zwischen zeitlich-epochaler und biologischer Einheit oszilliert. Im Rahmen von Steiners zunehmender Abgrenzung von der Theosophischen Gesellschaft tritt die biologische Komponente zurück. Die historischen «Rassen» oder nun Epochen und die biologischen Subspezies werden damit in ihrer Behandlung entschränkt. Daneben tritt die theosophische Terminologie zunehmend hinter einer genuin anthroposophischen zurück. Auf diese Phase wird detailliert einzugehen sein.

2. Der Begriff der Volksseele kann als Titel über der zweiten Phase, die von ca. 1910 bis ungefähr zur Mitte des Ersten Weltkriegs dauert, stehen. Der Volksseelenzyklus von 1910 markiert den Einschnitt, den Übergang von der Rassenthematik zur in der Folge breit ausgearbeiteten Volksseelenthematik. Dabei wird der Volksbegriff dort noch im Rassebegriff verankert, eine Begriffshierarchie, die später nicht mehr thematisiert wird. Das Verblassen der Rassenthematik geht bei Steiner einher mit einem zunehmenden Verlust des Interesses am Thema Weltentwicklung überhaupt, in dessen Rahmen die Rassen jeweils zur

Sprache kamen. Ein Zusammenhang mit Steiners zunehmender Distanzierung von der Theosophie darf dabei sicher vermutet werden. Betrachtungen über die europäischen Völker – und vornehmlich um die geht es Steiner in dieser Schaffensperiode –, ihre Geschichte und ihre jeweiligen Aufgaben fallen vor allem in die Zeit nach Beginn des Ersten Weltkriegs und sind nicht zuletzt durch die Kriegspropaganda der Entente-Mächte motiviert, mit der sich Steiner in Vorträgen dieser Zeit intensiv auseinandersetzt. Als Vortragszyklen sind hier exemplarisch zu nennen etwa GA 64 und GA 157, auf welche sich diese Darstellung auch abstützt.

Der Grundgedanke Steiners zur Interpretation der Aufgabe der verschiedenen Völker Europas ist es, diese Völker mit bestimmten Teilen der menschlichen Seele in anthroposophischer Sicht in eine Wechselbeziehung zu bringen. Es wäre dann einerseits Aufgabe des jeweiligen Volkes, den betreffenden Seelenteil zu entwickeln, auf daß sich im Zusammenwirken der Völker der ganze Mensch entfaltet, andererseits wäre schon die bisherige Kulturgeschichte eines Volks im Lichte des zugehörigen Seelenteils zu sehen, wobei die Geschichte nicht nur Zeugnis vom Wirken des jeweiligen Seelenteils ablegt, sondern im Bezug zu diesem erst richtig verstanden werden kann.

Eine detaillierte Besprechung von Steiners Volksseelenkonzeption über diese Grundlinien hinaus muß hier unterbleiben. Festgestellt werden kann aber, daß Steiner diese doch nationalismusgefährdete Theorie recht gut gegen diese Gefahr abfedert, indem er zum Beispiel meint, daß der Mensch tagsüber in der eigenen Volksseele lebt, des nachts aber mit den anderen Volksseelen zusammenkommt (etwa in GA 157, S. 56). Außerdem soll ein Mensch, der ein bestimmtes Volk besonders haßt, im nächsten Leben genau in diesem inkarniert werden.

Problematisch für den Außenstehenden erscheint allerdings die Position Deutschlands oder (aus aktuellem Anlaß oder ad personam?) Mitteleuropas: Mitteleuropa soll das «Ich» als ganzes, nicht nur einen Seelenteil entwickeln

(vgl. etwa GA 64, S. 135). Damit erfährt Mitteleuropa
den auf der Entwicklungslinie am höchsten stehenden
Auftrag der Gegenwart (Rußland wird zwar der höherste-
hende Seelenteil des «Geistselbst» zugeordnet, aber Steiner
betont häufig, daß dieser Seelenteil erst entwickelt werden
muß. Er ist gewissermaßen noch futuristisch). Mitteleuropa steht mithin momentan an der Spitze der Entwicklung.
Steiner glaubt denn auch öfter, die europäischen Völker
würden sich mit der Zeit zum deutschen Geistesleben hin-
wenden. So meint Steiner im Februar 1915, «daß man Sie-
ge auch noch in anderer Beziehung, als man vielleicht
meint, hervorzubringen hat: den Sieg des deutschen Gei-
steslebens, den Sieg der tieferen Prinzipien einer Weltanschauung, wie sie vorbereitet sind im deutschen Geistesleben, – gegenüber dem, was so vielfach als das Flachere aus
England herübergekommen ist. Das ist nicht chauvini-
stisch-national, sondern einfach sachlich-historisch gesprochen. Es wird der deutsche Geist einsehen müssen,
daß noch manches Englische (Steiner nennt vorher New-
tons Farbenlehre und Darwins Deszendenztheorie, gos.)
an seinen Ursprung zurückgeschickt werden muß (Steiner
bezieht sich hier auf die damalige Praxis deutscher Träger
englischer Ehrenzeichen, diese zurückzusenden, gos). Und
man kann sagen: in dieser Beziehung darf das deutsche
Geistesleben hoffen, daß die in ihm liegenden Keime in
Zukunft immer mehr und mehr zur Geltung kommen.
Dann aber muß dasjenige, was die deutsche Seele, der
deutsche Geist ist, ebenso verteidigt werden, wie er durch
unsere aufopferungsvollen Zeitgenossen (die Soldaten an
der Front, gos) eben verteidigt wird. Denn da wird ein
Heiligstes der Menschheit verteidigt» (GA 64, S. 287). Es-
senz dieses «Heiligsten», des deutschen Geistes, scheint
nach der folgenden und anderen Stellen vornehmlich die
Anthroposophie zu sein. Hier verdeutlicht sich damit auch
ein möglicher Grund für die Lokalisation Mitteleuropas
an der Spitze der gegenwärtigen Menschheitsentwicklung:
Es ist das Problem des archimedischen Punktes. Wenn obi-
ge Formulierungen aus heutiger Sicht unerträglich natio-

144

nalistisch klingen, ist zu bedenken, daß Steiner im Rahmen der beiderseitigen Kriegspropaganda des Ersten Weltkriegs im ganzen als recht gemäßigt gelten kann.

3. Gegen Ende des Ersten Weltkriegs und in der folgenden «großen» Phase Steiners, in welcher er seine wirkmächtigen Anstöße für Pädagogik, Medizin und Landwirtschaft entwirft, läßt Steiner von der Volksseelenthematik zunehmend ab und beschäftigt sich statt dessen, aus Anlaß des 14-Punkte-Programms Woodrow Wilsons, mit dem Nationalismus. Er lehnt das Nationalstaatenkonzept wie auch das «Selbstbestimmungsrecht der Völker», das seine Heimat, die österreichisch-ungarische Doppelmonarchie, auseinanderbrechen läßt, als Ausfluß des Nationalismus scharf ab. Dem in Europa aufblühenden Denken in nationalen Kategorien stellt er die Internationalität der Anthroposophie gegenüber. (Diese Haltung Steiners ist mit Zitaten aus dieser Zeit, die damit auch im Bereich «Völker und Rassen» als Steiners große gelten kann, gut belegt im Werk von Karl Heyer, Rudolf Steiner über den Nationalismus, in Buchform Basel 1993, weshalb eine detaillierte Darstellung hier unterbleiben kann. Aus Steiners Werk ist hier speziell hinzuweisen auf «Die Kernpunkte der sozialen Frage», GA 23/TB 606, hier insbesondere S. 141ff., und GA 332a/TB 631.)

4. Der späte Steiner kehrt um 1923 zur Behandlung der Rassenthematik zurück, ausgelöst durch die zunehmende «Multikulturalisierung» Europas, welche Steiner scharf ablehnt (vgl. seine Polemik gegen die modischen «Negerromane» in GA 348, S. 287), und die Ruhrbesetzung, in deren Rahmen er sich zu massiven antifranzösischen und gegen die damals eingesetzten schwarzafrikanischen Arbeiter gerichteten Bemerkungen hinreißen läßt. Explizit rassenkundlich tätig wird Steiner in einem der Vorträge für die Arbeiter am Goetheanumbau, welcher uns unten noch beschäftigen wird. Für Steiners rassenkundliche Äußerungen dieser letzten Phase wird ihre zeitliche Paral-

lelität zur sich entwickelnden NS-Rassenkunde zum interpretatorischen Problem.

5. Durchgängig in Steiners Schaffen finden sich aus heutiger Sicht eurozentrisch und kulturimperialistisch interpretierbare Züge. In seiner Theorie rückt er von der Vorstellung, daß Europa der gegenwärtige Hauptträger des Menschheitsfortschritts ist, m. W. nirgendwo ab, wenn er solches auch nicht immer mit derselben Schärfe formuliert. Daraus folgend oder daneben finden sich mancherlei kulturelle Vorbehalte resp. Vorurteile gegenüber «Wilden» und nicht wenige Marginalien über die angebliche «Dekadenz» außereuropäischer Schriftkulturen. So äußert sich Steiner in den von mir konsultierten Werken etliche Male über die Schwarzafrikaner. Irgendeine positive Wertung unterbleibt aber.

Von den Freuden und Leiden einer Universaltheorie

Rudolf Steiner unternimmt es in seinem Werk, eine Gesamtschau alles Seienden zu entwerfen: Alles was ist, soll im Lichte der Geisteswissenschaft, des wahren Seins hinter dem Schein des Materialismus, beleuchtet, umgewertet, in wahrer Weise neu bewertet werden. Alle Elemente der Welt werden aufgegriffen und unter geisteswissenschaftlichen Aspekten rekombiniert, zueinander in Beziehung gesetzt. Das Resultat ist eine Weltsicht der Verbundenheit alles Seienden, die als alternative Sicht der Welt durchaus zu faszinieren, mitzureißen vermag. Eine solche Universaltheorie, die ihrem Anspruch nach alles einbezieht, nirgendwo bescheiden ihre Nichtzuständigkeit erklärt, sondern den großen Überblick, oder kritischer formuliert, den universalen Rundumschlag wagt, birgt allerdings auch spezifische Gefahren.

Zum ersten will die Universaltheorie alle Fragen beantworten. Steiner beantwortet alle Fragen. Sein Vortragspublikum findet ihn im Rahmen der manchmal seine Vorträge beschließenden Schlußdiskussion nie ratlos oder sich vornehm auf sein Fachgebiet beschränkend vor. Steiner gibt Antwort, und sei die Frage aus heutiger Sicht noch so abwegig. Wenn die Universaltheorie aber von ihrem Anspruch her alle Fragen beantwortet, dann greift sie zwangsläufig alle zeitgenössischen Differenzen auf. Alles was den Zeitgenossen bewegt, wird in die Theorie eingebaut. Wenn sich die Diskussion darum dreht, welches denn die psychisch-intellektuellen Unterschiede zwischen einem Schwarzafrikaner und einem Europäer sind, so weiß die Universaltheorie darauf Antwort. Und sie erklärt sogleich auch, warum das so ist. Daß die Frage vielleicht falsch gestellt ist, insofern es solche Unterschiede möglicherweise gar nicht gibt, sondern nur aus gewissen, rückblickend durchsichtigen Gründen geglaubt werden, gerät nicht in den Blick.

Problematisch dabei ist, daß solcherart eine zeitgenössische Differenz, allgemein geglaubt, in eine dem Anspruch nach zeitlose Theorie eingebaut, damit petrifiziert, quasi verewigt wird. Wer interessiert sich heute für Volkscharaktere? Verschiedene Mentalitäten werden allenfalls am Stammtisch debattiert, aber die Festlegung verschiedener Völker des sich vereinigenden Europa auf verschiedene Charaktere ist glücklicherweise passé. Die Anthroposophie hat sich damit zu befassen, weil solches seit Steiner konstitutiv zu ihrem Weltentwurf gehört (vgl. etwa Hans Erhard Lauer, Die Volksseelen Europas, Stuttgart 1965, oder Gérard Klockenbring, Auf der Suche nach dem deutschen Volksgeist, Stuttgart 1989 [!]).

Spezifisch für Steiners Universaltheorie ist in diesem Zusammenhang eine weitere Gefahr: Steiners Weltsicht operiert ganz generell mit dem Gedanken, daß vieles, was für herkömmliches Verständnis ein bloßes Kollektivum darstellt, angemessener durch eine Wesenheit, ein Subjekt zu beschreiben sei. So entsteht der Volksgeist und gar der «Rassegeist». Indem Steiner Kollektivbegriffe verwesentlicht, zu Wesenheiten hypostasiert, macht er sich aber abhängig von zeitgenössischem Kollektivempfinden, das kommen und auch wieder vergehen kann. Das «Volk» wird heute, durch schreckliche historische Erfahrungen belehrt, weit weniger als Kollektiv wahrgenommen als zu Steiners Zeit. Daß die Anthroposophie darauf reagieren kann, lassen obgenannte Titel bezweifeln.

Eine dritte Gefahr liegt darin begründet, daß Steiner eine Entwicklungstheorie mit monolinearem Verlauf entwirft. Steiner gibt eine Geschichte der Welt, die vom Unentwickelten über klar definierte Schritte zum entwickelten Zustand führt. Der Entwicklung unterworfen ist die Seele; die Seelen der Menschen lassen sich also perlenschnurmäßig aufreihen in entwickeltere und weniger entwickelte. Problematisch wird solches in unserem Zusammenhang dadurch, daß Steiner eine Physis-Psyche-Korrelation einführt. Der Zustand des Körpers wird letztlich bestimmt durch den Zustand der Seele, durch ihr Fortgeschritten-Sein oder ihr Zurückbleiben. Daraus folgt aber mit einer gewissen Zwangsläufigkeit, daß sich die verschiedenen äußeren Erscheinungsbilder, die verschiedenen Phänotypen der Art Mensch in bezug auf ihren Entwicklungsstand hierarchisieren lassen, salopp gesagt, daß man es dem Menschen ansieht, wie entwickelt er ist. Damit wird deutlich, daß eine Verteilung der verschiedenen Hautfarben auf verschiedene Entwicklungsstufen von Steiners Ansatz her recht nahe liegt.

Bei welcher Hautfarbe die Spitze der gegenwärtigen Entwicklung zu orten ist, wird diktiert vom Problem des archimedischen Punktes. Steiner kann sich selbst, will er seinen Überblick über die Menschheitsentwicklung nicht selbst entwerten, nur an dem Ort, in der «Rasse» lokalisieren, die am weitesten fortgeschritten ist. Würde Steiner z. B. die Indianer für die fortgeschrittensten Teile der Menschheit halten, würde sich sofort die Frage aufdrängen, warum denn nicht diese die Anthroposophie als erste entworfen haben. (Mit dem gleichen Problem hatte etwa schon Karl Marx zu kämpfen. Deutschland mußte der in der ökonomischen Entwicklung fortgeschrittenste Staat sein, damit die marxsche Theorie sich nicht durch die «Überbau»-These selber entwertet. Das Problem taucht immer dann auf, wenn eine Entwicklungstheorie die Entwicklung des Geistes mit geographisch sich ausprägenden Faktoren korreliert.)

Rudolf Steiners Rassenkunde im einzelnen

A. Der frühe Steiner und die Rassenlehre der Theosophen

1. Die Ausdifferenzierung der Rassen im Rahmen der Menschheitsentwicklung

Steiners frühe Ausführungen zum Thema Menschheitsentwicklung lehnen sich eng an die «Geheimlehre» von H. P. Blavatsky an, von der Steiner noch 1906 meint, sie sei «zu einem großen Teil ihres Inhaltes von einer der höchsten geistigen Individualitäten inspiriert worden» (GA 95/ TB 659, S. 86f.). Späterhin wird sich Steiner nicht mehr auf Blavatsky berufen; jegliche Übernahme Blavatskyschen Gedankengutes durch Steiner wird durch die heutige Anthroposophie denn auch energisch bestritten. Wie dem auch sei, jedenfalls ist die Darstellung der Rassenentstehung durch den frühen Steiner der Blavatskyschen Konzeption eng verwandt. Steiner entwirft seine Darstellung vor allem in Artikeln, die in den Jahren 1904 bis 1908 in der Zeitschrift «Lucifer-Gnosis» erschienen sind (GA 11).

Wie in der Theosophie dient auch bei Steiner der Rassebegriff dazu, die Menschheitsentwicklung zeitlich zu gliedern. Unterhalb der Grobeinteilung der Geschichte in «planetarische Verkörperungen» – es ist hier an astronomische Zeitspannen zu denken – findet sich die Historie für Steiner gegliedert in «Wurzelrassen», sieben an der Zahl, die wiederum eine Gliederung in sieben «Unterrassen» erfahren. Die Wurzelrassen für unsere, die vierte planetarische Verkörperung heißen «Polarier», «Hyperboräer», «Lemurier», «Atlantier» und «Arier» (so noch in GA 11, später ändert Steiner den letzten Begriff in «nachatlantische Wurzelrasse»).

Bei den Wurzelrassen handelt es sich aber kaum um Rassen im gebräuchlichen Sinne, sind ihre physischen Konstitutionen von der des heutigen Menschen doch recht weit entfernt, bedingt auch durch eine jeweils andere Naturgesetzlichkeit. So soll nach Steiner das Wasser zur atlantischen Zeit dünner, die Luft jedoch dichter gewesen sein als heute. Konsequenterweise erscheint auch die Körperlichkeit der frühen Wurzelrassen überraschend: Während sich z. B. die Hyperboräer noch vegetativ fortgepflanzt haben, erscheinen die Lemurier als Luftwesen mit der Fähigkeit, einzelne Glieder willentlich zu verlängern (so etwa in GA 100, S. 246, Vortrag von 1907). Der heutigen physischen Konstitution vergleichbar ist der Mensch erst in der fünften, arischen oder nachatlantischen Wurzelrasse. Die Wurzelrassen als Ganzes sind damit für eine Bewertung von Steiners Einschätzung der heutigen Menschenrassen unerheblich.

Die Unterrassen hingegen sind beim frühen Steiner in Anlehnung an Blavatsky durchaus im Sinne heutiger Subspezies der Art Mensch konzipiert. Steiner ändert zwar im Rahmen seiner Distanznahme zur theosophischen Bewegung den Begriff «Unterrasse» in «Kulturepoche», worauf sich anthroposophische Apologeten gerne abstützen mit der Zielrichtung, damit auch die «Unterrassen» des frühen Steiner als rein zeitliche und biologisch unverdächtige Einheiten interpretieren zu können. Dies verunmöglicht Steiners Frühwerk aber: Steiner sieht zwar eine sich zeitlich staffelnde Entwicklung der verschiedenen Unterrassen, meint aber in einer Deutlichkeit, die diesbezügliche Spekulationen eigentlich verbieten sollte, man habe sich die Entwicklung der Unterrassen «nicht so vorzustellen, als ob eine Unterrasse gleich verschwinden würde, wenn eine neue sich entwickelt. Es erhält sich vielleicht eine jede noch lange, wenn neben ihr andere sich entwickeln. So leben immer Bevölkerungen auf der Erde nebeneinander, die verschiedene Stufen der Entwickelung zeigen» (GA 11/TB 616, S. 33). So sind nach Steiners Meinung heutige Subspezies der Art Mensch durchaus direkte

Nachkommen verflossener Unterrassen, so die Mongolen als Abkömmlinge der siebenten Unterrasse der Atlantier, ebenfalls «Mongolen» oder allenfalls «Ur-Mongolen» genannt (a. a. O., S. 43), während die «Arier» als die eigentlichen Träger der nachatlantischen Zeit und der «gegenwärtigen Kulturmenschheit» (a. a. O., S. 32), auf die fünfte atlantische Unterrasse zurückgehen (a. a. O., S. 41). Mithin leben bis heute Nachkommen der fünften und der siebenten atlantischen Unterrasse nebeneinander. Damit nicht genug, sogar auf ihrer Stufe stehengebliebene Nachfahren der Lemurier ortet Steiner unter der heutigen Menschheit; so kam nach seiner Darstellung der größte Teil der Lemurier «in Verfall. Er wurde zu verkümmerten Menschen, deren Nachkommen heute noch als sogenannte wilde Völker gewisse Teile der Erde bewohnen. Nur ein kleiner Teil der lemurischen Menschheit war zur Fortentwickelung fähig. Aus diesen bildeten sich die Atlantier» (a. a. O., S. 32). Die heutige Menschheit besteht also für den Steiner von 1904–1908 aus Menschen, die auf der lemurischen Stufe aus der Entwicklung der übrigen Menschheit ausgeschert sind, aus solchen, die während der Entwicklung der Atlantischen Wurzelrasse den Hauptstrom der Entwicklung verließen, und aus «Ariern», die einen Schritt über die atlantische Stufe hinaus sich entwickeln.

Dies geschieht nach Ansicht des frühen Steiner folgendermaßen: Aus der fünften Unterrasse der Atlantier nimmt ihr «Hauptführer, welchen die okkultistische Literatur als Manu bezeichnet, die Befähigtsten heraus, um aus ihnen eine neue Menschheit hervorgehen zu lassen. Diese Befähigtsten waren in der fünften Unterrasse vorhanden. Die Denkkraft der sechsten und der siebenten (der Mongolen, gos) Unterrasse war schon in einer gewissen Weise auf Abwege geraten und nicht mehr zur Weiterentwickelung geeignet. – Die Eigenschaften der Besten mußten entwickelt werden. Das geschah, indem der Führer die Auserlesenen an einem besonderen Orte der Erde – in Innerasien – absonderte und sie vor jedem Einflusse der Zurückgebliebenen oder der auf Abwege Geratenen befreite» (a. a. O., S. 48). An «der Entwickelung der neuen Rasse» (a. a. O., S. 50) arbeiten neben Manu noch andere hohe Wesenheiten mit. Dann kommt es in dieser innerasiatischen Rassen-Entwicklungs-Zucht-und-Lehrstätte zu einer Scheidung: Nur ein Teil der «Auserlesenen» wendet die erlernten Fähigkeiten im Sinne des Göttlichen an. «Und nur aus dieser letzteren Zahl konnte der Manu den Keim zur neuen Rasse wirklich bilden. Mit ihr zog er sich dann zurück, um sie weiterzuentwickeln, während die anderen sich mit der übrigen Menschheit vermischten. – Von der genannten geringen Zahl von Menschen, die sich zuletzt um den Manu geschart hatte, stammt dann alles ab, was die wahren Fortschrittskeime der fünften Wurzelrasse bis heute noch bildet» (a. a. O., S. 52f.). Nach abgeschlossener Schulung ist es dann Aufgabe dieser «Keimrasse», den erworbenen «neuen Geist der übrigen Menschheit zu bringen, die von den vorhergehenden Rassen noch übriggeblieben war... Die alten zurückgebliebenen Charakterzüge vermischten sich mit dem, was die Sendboten des Manu in die verschiedenen Teile der Welt trugen, dadurch entstanden mannigfaltige neue Kulturen und Zivilisationen» (a. a. O.).

Aus den Fortschrittskeimen der «Auserlesenen» in Verbindung mit Autochthonem entstehen dann die Unterrassen der arischen oder nachatlantischen Wurzelrasse, es sind dies die Inder, die Perser, die chaldäisch-assyrisch-babylonisch-ägyptischen Völker, dazu gehörig auch «später die Semiten, die wie ein Zweig aus ihnen hervorgingen» (GA 95/TB 659, S. 105), dann die vierte Unterrasse, die griechisch-lateinische Rasse, und als gegenwärtige fünfte die Germanen und die Angelsachsen, die «Unterrasse, der wir selbst angehören... Sie entdeckt die göttlichen Weltengesetze, die Gesetze der Schwerkraft, des Lichtes, der Wärme, des Dampfes, der Elektrizität...» (a. a. O., S. 107). So die Terminologie des frühen Steiner um 1907. Später, greifbar schon 1910 in der «Geheimwissenschaft im Umriß» (GA 13), tilgt Steiner manche Rassenbegrifflichkeit. Er spricht nun nicht mehr von Unterrassen, sondern von «Kulturepochen» und unterstreicht die damit beabsichtigte Verzeitlichung und Entbiologisierung der zur Debatte stehenden Einheit durch die Benennung der ersten beiden Kulturepochen als «altindisch» und «urpersisch», damit Kulturträger urferner Zeiten (Steiner datiert ins Mesolithikum) und nicht heutige Völker meinend. Ebenso spricht Steiner fürderhin meist bloß von der fünften nachatlantischen Kulturepoche, ohne die «Angelsachsen und Germanen» spezifisch hervorzuheben (vgl. allerdings noch den Volksseelenzyklus von 1910).

2. Steiner stellt Haeckel vom Kopf auf die Füße: Menschheitsentwicklung und dekadente Äste

Die Auseinandersetzung des frühen Steiner mit Ernst Haeckel, dem Popularisator der Darwinschen Deszendenztheorie im deutschen Sprachraum, zeitigt nebst Steiners durchaus origineller Variante der Evolutionsbetrachtung einige für unsere Thematik recht fatale Folgen. Steiner stellt Haeckel quasi vom Kopf auf die Füße: Während Haeckel die Entwicklung des Menschen aus der Stufenreihe der Tiere heraus annimmt, wobei das Niederere dem Höheren vorausgeht, kehrt Steiner diese Evolutions- in eine Art von Depravationstheorie um. Der Mensch ist nicht höherentwickeltes Tier, sondern war von Anbeginn der Erdentwicklung (des vierten planetarischen Zustandes) an schon Tiermensch, eine Art Zwischenstufe zwischen Tier und Mensch, allerdings mit einer wesentlich weicheren Physis, weshalb paläontologische Reste nicht beizubringen sind. Diese Tiermenschheit entwickelt sich durch fortlaufende Abstoßung weniger entwickelter Wesenheiten langsam zur Menschheit vor, während die abgestoßenen Wesenheiten zur Tierwelt werden (vgl. etwa GA 95/TB 659, S. 88ff.). Was die Paläontologie findet, das sind die Überreste dieser während der Menschheitsentwicklung zurückgebliebenen, aus dieser Linie abgestoßenen Wesenheiten, die sich zu früh verfestigt haben. Sie scheiden als Tiere aus der weiteren Menschheitsentwicklung aus. Dabei scheiden

153

die undifferenzierteren Tiere vor den differenzierteren aus, weil die Tiere den jeweiligen Stand der Entwicklung der menschlichen Physis, die vom undifferenziert-formbaren zum differenziert-starren verläuft, quasi durch ihre Verfestigung petrifizieren.

So gab es nach GA 11 in der lemurischen Zeit noch keine höheren Säugetiere (TB 616, S. 62), sie spalten sich nach GA 100 (S. 247) erst während der atlantischen Zeit von der Menschheitsentwicklung ab: «Ziemlich spät in der atlantischen Zeit zweigte die Art ab, die sich dann später zu den heutigen Affen gestaltete. Früher in der atlantischen Zeit haben sich gewisse höhere Säugetiere abgezweigt, gewisse niedere Säugetiere zweigten sich in der ältesten atlantischen Zeit ab» (GA 100, S. 248, Vortrag 1907). Und: «So war zur Zeit der Atlantis ein ganz anderer Menschenschlag vorhanden, dieser hat sich höher entwickelt. Gewisse Wesenheiten bleiben dabei zurück. Und weil die Erde sich verändert, so bleiben auch sie nicht auf jener Stufe stehen, sondern sie kamen herunter, verkümmerten und wurden zu der Karikatur des Menschen, zu dem Affengeschlecht. So sind die niederen Wesen verkommene höhere, die in Dekadenz geraten sind» (a. a. O., S. 125; vgl. auch GA 99/TB 643, S. 121, 1907).

Soweit Steiners evolutionsbiologische These. Für unsere Fragestellung ausgesprochen problematisch wird dieser Entwicklungsentwurf, dieses Entwicklungsgesetz von der Höherentwicklung durch Ausscheidung weniger entwickelter Teile dadurch, daß Steiner solches in die Entwicklung der Art Mensch und ihrer Subspezies hinein verlängert. Die Absonderung der Affen war nicht die letzte, wie Steiners mittlerweile berühmtberüchtigte Tafelskizze vom Stammbaum des Menschen aus dem Jahre 1907 (GA 100, S. 245 und 247) belegt: Nachdem sich während der atlantischen Zeit das «Affengeschlecht» als «dekadente Abzweigung» von der Menschheitsentwicklung abgespalten hat, folgen am Ende der Atlantis die «Indianer», ebenfalls als leicht nach unten geneigter Ast mit der Beischrift «dekadente Abzweigung». Schräg nach oben zeigt hingegen die Linie mit Beischrift «Europäer» bzw. «Arier». Steiner kommentiert seine Einschätzung der Indianer als dekadenten Ast der Menschheitsentwicklung im betreffenden Vortrag: «Nicht alle heute auf der Erde lebenden Menschen stehen auf derselben Stufe der Entwickelung. Neben den Völkern, die auf einer hohen Kulturstufe stehen, gibt es Naturvölker, welche in der Kultur weit zurückgeblieben sind. Es hat sich in der heutigen Naturwissenschaft die Anschauung herausgebildet..., daß die höherentwickelten Völker von den in der Entwickelung zurückgebliebenen Völkern abstammen. Diese Anschauung ist den Ergebnissen der Geistesforschung nicht entsprechend» (a. a. O., S. 243). Steiner fährt weiter: «Wir haben in der amerikanischen Rasse eine primitive Urbevölkerung vor uns, die weit, weit zurückgeblieben ist, auch in bezug auf religiöse Weltanschauung... Aber die Europäer sind hinaufgestiegen zu einer höheren Kulturstufe, während die Indianer stehengeblieben und dadurch in Dekadenz gekommen sind. Diesen Entwickelungsvorgang muß man immer beachten...» (GA 100, S. 244). Steiner spricht den traditionalen Kulturen hier nicht nur «Kultur» im eigentlichen Sinne ab, er läßt sie nicht einmal als Vorstufe der Kulturentwicklung, als «noch nicht entwickelt» gelten. Traditionale Kulturen sind Zerfallserscheinungen, sind dekadent. Unsere europäischen Vorfahren waren nie so. (Anzuführen ist hier natürlich, daß solches aus Steiners Entwicklungsmodell von der Entwicklung durch Abstoßung mit einer gewissen Zwangsläufigkeit folgt, sofern dieses Gesetz auch auf die Binnenentwicklung der Art Mensch angewandt wird.)

Wohl nur als Fehler Steiners kann gewertet werden, daß er in GA 11/TB 616, S. 32 (s. o.) meint, die «wilden Völker» seien Nachkommen von Wesen, die sich schon zu lemurischer Zeit aus der Menschheitsentwicklung gelöst haben, während er in GA 100 a. a. O. die Ansicht vertritt, das «Affengeschlecht» hätte sich erst während der atlantischen Zeit abgespalten. Gibt es also «wilde Völker», die entwicklungsgeschichtlich noch unter den Affen stehen?

Ein Steiner-Fundamentalist wäre gezwungen, solches anzunehmen. Wir wollen aber hoffen, daß es sich hier nur um eine steinersche Inkonsequenz handelt, daß er das eine Mal nicht mehr genau weiß, was er das andere Mal geschrieben hat. (Der häufig zur Erklärung solcher Inkonsequenzen herangezogene Verweis auf mögliche Hör- oder Schreibfehler des Stenographen greift hier nicht, da GA 11 von Steiner selbst in der Zeitschrift «Lucifer-Gnosis» publiziert wurde und im Falle von GA 100 ein Hörfehler bei einer Tafelskizze wohl auszuschließen ist.)

3. Rassenkunde I: Die Ausprägung des Ichs bei den verschiedenen Menschenrassen

Während Steiners Konzeption der Unterrassen, der nachmaligen Kulturepochen, wie wir oben gesehen haben, schon in ihrer Begrifflichkeit zwischen biologischem Subspezies-Begriff und zeitlicher Epocheneinteilung oszilliert, unternimmt es Steiner in seinen rassenkundlichen Vorträgen, die Entstehung und Bedeutung der anthropologischen Subspezies der Art Mensch, im allgemeinen anhand der verschiedenen Hautfarben differenziert, zu erklären. Hier geht es, gerade wenn man Steiner ernst nehmen will, um Rassenkunde. Eine Verteidigung nach dem Motto: «Eigentlich ist etwas anderes gemeint», verbietet sich.

Seinen ersten ganz dem Thema Rassenkunde gewidmeten Vortrag hielt Steiner am 3. Mai 1909 im Berliner «Annie Besant-Zweig» der Theosophischen Gesellschaft. Er stand in einer Reihe zum Thema: «Geisteswissenschaftliche Menschenkunde» und ist in GA 107/TB 669 publiziert. Bei der Gewichtung einzelner Zitate aus dem Referat wird zu bedenken sein, daß der Überlieferungszustand dieses Vortrages von allen rassenkundlichen Referaten der schlechteste ist: Der publizierte Text, vom Referenten selbst nicht durchgesehen, geht auf stenographische Mitschriften zurück, die der Rudolf-Steiner-Nachlaßverwaltung nurmehr zum Teil vorliegen (S. TB 669, S. 320). Dennoch ist davon auszugehen, daß Aussageduktus und Argumentationsverlauf als authentisch angesehen werden können.

Steiner setzt ein bei einer Beobachtung, die der allgemeinen menschlichen Erfahrung zugänglich ist: «Wenn Sie einmal ein wenig Umschau halten in Ihrem Wissen über die irdischen Verhältnisse, dann werden Sie sich von vornherein auch bei einer verhältnismäßig oberflächlichen Betrachtung sagen, daß der Mensch unter verschiedenen Erdstrichen, in verschiedenen Gebieten unserer Erde, eine verschiedene Gestaltung annimmt. Die äußerlichen körperlichen Eigenschaften unterscheiden sich nach den verschiedenen Landesgebieten unserer Erde. Erinnern Sie sich daran, wie es ‹Rassen› gibt, die schwarze, rote, gelbe und weiße Rasse, und wie die Rassen ursprünglich verknüpft sind mit gewissen Gebieten unserer Erde. Sie finden das auch bestätigt, wenn Sie in Ihr geschichtliches Wissen zurückblicken, sei es in bezug auf das, was heute die Schule gibt aus der Betrachtung der rein physisch-materiellen Verhältnisse heraus, sei es das, was wir schon kennengelernt haben durch die anthroposophische Wissenschaft selber. Da blicken wir zurück in ferne Vergangenheit und sehen, wie sich des Menschen Seele, und eigentlich auch des Menschen Leib, in den verschiedenen Epochen der Erdentwickelung entfaltet hat» (a. a. O., S. 277).

Steiner holt in der Folge aus: Er geht zurück bis vor die lemurische Zeit, als, so eine von ihm oft vertretene These, Erde, Sonne und Mond noch zusammen ein Planet gewesen sein sollen, worauf sich dann erst die Sonne, dann der Mond von der Erde getrennt hätten (a. a. O., S. 278).

Die Trennung der Sonne von der Erde bewirkte nun, daß die Sonne die verschiedenen Erdgegenden auf verschiedene Weise beeinflußt. «Wie anders wirkt die Sonne in der Gegend des Nordpols und wie anders am Äquator» (a. a. O., S. 279). So geschah es, daß die Lemurier, Wasser-Luft-Wesen mit noch geringer Verbindung zwischen ihrem physischen Leib und ihrer Seele, sich am Nordpol und am Äquator in ganz verschiedener Weise entwickelten. Während die Nordpol-Lemurier sich kaum um ihren physischen Körper kümmern, dafür aber geistig höher stehen, wobei sie ihre Individualität wenig ausbilden und in einer Art Gruppenindividualität verbleiben, senken sich die Äquator-Lemurier stark in ihre physischen Körper hinab, entwickeln diese und ihre Individualität. Aber: weil letztere «zu früh in eine physische Leiblichkeit hinuntergestiegen» waren, verfielen sie «ja gerade in jene Laster und Untugenden, die zum Untergange von Lemurien geführt haben» (a. a. O., S. 283), «und die Folge war, daß der beste Teil der Bevölkerung auswanderte in jene Gegenden, die zwischen dem Äquator und den nördlichen Ländern lagen. Denn in den lemurischen Zeiten haben wir die zukunftssichersten Glieder der Menschheit in den Zwischenländern zwischen dem Äquator und dem Nordpol, gerade am besten entwickelten sich die Menschenleiber, die dann wieder Träger werden konnten der besten Menschenseelen, in jenen Gegenden der alten Atlantis, die in der heute sogenannten gemäßigten Zone lagen» (a. a. O.).

Die Lemurier der gemäßigten Zone überleben den Untergang Lemuriens und werden Vorfahren der Atlantier, die dann die Aufgabe haben (jede Entwicklungsstufe hat bei Steiner ihre spezifische Aufgabe), ihr Ich zu entwickeln. Auch die Atlantier sind in ihrer Physis differenziert, und zwar so, «daß geistig sehr bedeutende, hochentwickelte Menschen in der damaligen Zeit physisch klein waren, kleine Menschen waren. Dagegen hatte der, der geistig nicht sehr bedeutend war, in der atlantischen Zeit einen riesig entwickelten Körper» (a. a. O., S. 284). Das Schema: Entweder geistige Entwicklung oder physische Entwicklung, wiederholt sich hier. Und: «Also sehen wir, wie der menschliche Leib in der atlantischen Zeit sich noch gestalten konnte nach den geistigen Eigenschaften. Daher konnte er auch die Gestalt annehmen, die ihn befähigte, alle Organe, das Herz, das Gehirn und so weiter, so zu bauen, daß sie der Ausdruck wurden für ein eigentliches Ich-Wesen, für ein selbstbewußtes Wesen» (a. a. O., S. 285). Dies kann nun auf drei Weisen geschehen: Es gibt da die «Normalmenschen», bei denen «sich die Hingabe an die Außenwelt und das Ich-Gefühl die Waage» halten. Dann gibt es Menschen mit «furchtbar starkem Ich-Gefühl» und als drittes Menschen mit ungenügendem Ich-Gefühl, die «ganz hingegeben waren an die Außenwelt».

Der goldene Mittelweg ist hier der beste: «Also, die Normalmenschen waren für die Eingeweihten am besten zu brauchen als Material (sic!) für die Zukunftsentwicke-lung, und sie waren auch diejenigen, welche der große Sonnen-Eingeweihte, der Manu, um sich sammelte als das entwicklungsfähigste Volk»(a. a. O., S. 285f.).

Bis dato beschreibt Steiner die Entwicklung dreier «Völ-ker» auf der Atlantis. Gegenwartsrelevanz erhält die Sache dadurch, daß die drei Völker Vorfahren dreier heutiger Subspezies der Art Mensch sein sollen.

Steiner referiert weiter: «Diejenigen Völker, bei denen der Ich-Trieb zu stark entwickelt war und von innen her-aus den ganzen Menschen durchdrang und ihm die Ich-heit, die Egoität, aufprägte, die wanderten allmählich nach Westen, und das wurde die Bevölkerung, die in ihren letzten Resten auftritt als die indianische Bevölkerung Amerikas» (a. a. O., S. 286).

Was wurde aus der dritten Gruppe? «Die Menschen, welche ihr Ich-Gefühl zu gering ausgebildet hatten, wan-derten nach dem Osten, und die übriggebliebenen Reste von diesen Menschen sind die nachherige Negerbevölke-rung Afrikas geworden. Bis in die körperlichen Dinge tritt das zutage, wenn man die Dinge wirklich geisteswissen-schaftlich betrachtet» (a. a. O.).

Nun kommt Steiner auf die Hautfarbe zu sprechen, die auch Zeugnis des inneren Zustandes der betroffenen Men-schen sein soll: «Wenn der Mensch sein Inneres ganz aus-prägt in seiner Physiognomie, in seiner Körperoberfläche, dann durchdringt das gleichsam mit der Farbe der Inner-lichkeit sein Äußeres. Die Farbe der Egoität ist aber die rote, die kupferrote oder auch die gelblichbraune Farbe. Daher kann tatsächlich auch eine zu starke Egoität, die von irgendeinem gekränkten Ehrgefühl herrührt, auch heute noch den Menschen von innen heraus sozusagen gelb vor Ärger machen. Das sind Erscheinungen, die durchaus miteinander zusammenhängen: die Kupferfarbe derjenigen Völker, die nach Westen herübergewandert waren, und das Gelb bei dem Menschen, dem die ‹Galle überläuft›, wie man sagt...» (a. a. O.).

Die Steinersche Hautfarbenlehre geht noch weiter: «Diejenigen Menschen aber, die ihre Ich-Wesenheit zu schwach entwickelt haben, die den Sonneneinwirkungen zu sehr ausgesetzt waren, sie waren wie Pflanzen (sic!): sie setzten unter ihrer Haut zuviel kohlenstoffartige Bestandteile ab und wurden schwarz. Daher sind die Neger schwarz» (a. a. O.).

Steiner resümmiert: «So haben wir auf der einen Seite östlich von Atlantis in der schwarzen Negerbevölkerung, auf der anderen Seite westlich von Atlantis in den kupferroten Völkern Überreste von solchen Menschen, die nicht in einem normalen Maße das Ich-Gefühl entwickelt hatten. Mit den Normalmenschen war am meisten zu machen. Sie wurden daher auch dazu ausersehen, von dem bekannten Orte in Innerasien aus die verschiedenen anderen Gebiete zu durchsetzen» (a. a. O.).

Die von Manu auserwählten «Normalmenschen» weisen unter sich auch wieder verschiedene Grade der Ich-Entwicklung auf. So findet sich eine Gruppe, die wie die Indianer über ein starkes Ich-Gefühl verfügt, aber nicht kupferrot wird, weil sie nach Osten statt nach Westen zieht, nach Europa. Bei ihr war «das starke Persönlichkeitsgefühl von Anfang an ... das Wesentliche» (a. a. O., S. 287).

Steiner faßt noch einmal programmatisch zusammen: «So sehen wir, wie beim Menschen das Äußere auf die innerlichen Verhältnisse wirkt und wie die Erde durch die verschiedenen Lagen, in der ihre Oberfläche der Sonnenbestrahlung ausgesetzt sind, die Veranlassung gab für die verschiedensten Grade der Seelenentwicklung» (a. a. O.).

Die Erklärung der asiatischen Völker und ihrer zugehörigen Hautfarben steht noch aus. Steiner spricht von einem Teil der europäischen Bevölkerung, «der sich dann hinüberwandte ... in die Gegenden, die schon besiedelt waren von der in den verschiedensten Graden dunkel gewordenen Bevölkerung, der sich dann mit dieser vermischte, der hatte nun auch alle möglichen Grade der anderen Hautfarbe. Sehen Sie sich die Farben an, von den Negern angefangen bis zu der gelben Bevölkerung hin, die in Asien zu finden ist. Daher haben Sie dort Leiber, die wiederum Hüllen der verschiedensten Seelen sind, von der ganz passiven Negerseele angefangen, die völlig der Umgebung, der äußeren Physis hingegeben ist, bis zu den anderen Stufen der passiven Seelen in den verschiedensten Gegenden Asiens» (a. a. O., S. 288).

So ergeben sich zwei «Mischungsverhältnisse»: «auf dem europäischen Boden die einen, welche den Grundstock der weißen Bevölkerung bildeten, die das Persönlichkeitsgefühl am stärksten ausgebildet hatten... Dagegen haben wir in Asien Bevölkerungen, die passive, hingebende Naturen sind, bei denen gerade das Passive im höheren Grade zum Ausdruck kommt. Die Bevölkerung wird dadurch träumerisch... Das ist der Grundunterschied zwischen der europäischen und der asiatischen Bevölkerung» (a. a. O., S. 288f.).

Wie reagiert nun Manu auf diese Situation? «Mitten hineingekeilt war der Manu mit seinen Normalmenschen. Jeder einzelnen Schattierung dieser Bevölkerung mußte er die richtige Kultur geben... Und so sehen wir, wie der Bevölkerung in Asien eine Lehre gegeben wird, die dazu bestimmt ist, sie in ihrer Passivität, in ihrem Hingegebensein zu befriedigen. Nicht das ‹Ich› betont diese asiatisch-afrikanische Bevölkerung. Der Neger würde zum Teil ganz und gar nicht das Ich betonen. Blickte diese Bevölkerung zum Göttlichen auf, so sagte sie: Ich finde das innerste Wesen von mir selber nicht in mir, sondern ich finde es in Brahman, indem ich aus mir ausfließe, indem ich mich hingebe an das Universum. Eine solche Lehre hätte man in Europa nicht verstanden. Europa war dazu viel zu sehr gegen den Nordpol gelagert, und eine gewisse Ähnlichkeit bleibt schon den Ländern, auch durch die verschiedenen

Zeiten hindurch» (a. a. O.). Steiner erinnert an die oben erwähnten Lemurier, und meint nun, auch die nachatlantischen Europäer würden ihr Persönlichkeitsgefühl nicht im physischen Körper ausleben, sondern verinnerlichen.

Symbolisch scheint Steiner dafür der Glaube an die Walküre, die für die höhere Seele stehen soll, mit der sich der Mensch im Tode vereinigt (Steiner unterlegt hier die nur in einem Teil der germanischen Religion vertretene Walküren-Vorstellung ganz Europa, ebenso wie er vorhin die hinduistische Brahman-Konzeption über den ganzen afrikanisch-asiatischen Raum ausdehnte. Kenntnisse über afrikanische Religionen fehlen ihm offenbar. Mittendrin, zwischen Brahman und Walküre quasi, entsteht dann die «Mose-Christus-Religion. Mittendrin, zwischen Orient und Okzident, da nur konnte sie hineinfallen» (a. a. O., S. 290). Sie dehnt sich dann nach Westen aus, nicht hingegen nach Osten. «...in Europa war alles vorbereitet für den Christus» (a. a. O.). Dies liegt wiederum daran, daß in Europa das Ich-Gefühl genau im richtigen Maße entwickelt war: «Es beruht im Grunde genommen alle Entwickelung seit der atlantischen Zeit darauf, daß entweder Bevölkerungsteile das Ich-Gefühl sich gerade im richtigen Verhältnis erhalten oder daß sie das Ich zu stark oder zu schwach entwickelt hatten. Aus allen Völkern, die das Ich in irgendeinem Grade zu stark oder zu schwach entwickelt hatten, konnte nichts Besonderes werden» (a. a. O., S. 291).

Solches hat für Steiner eine große Bedeutung für die Gegenwart: «...in einer gewissen Beziehung muß alle Geisteswissenschaft appellieren an das, was man nennt: Entwickelung eines höheren Ichs aus dem niederen Ich heraus. Wenn wir jetzt in die Zeiten zurückschauen, können wir sagen: Daran, daß gewisse Bevölkerungsteile der Erde nicht die Möglichkeit gefunden haben, richtig mit der Erdentwickelung Schritt zu halten in der Herausentwickelung des Ichs, daran können wir uns die Lehre nehmen, wieviel gefehlt werden kann in bezug auf die Entwickelung des höheren Ichs aus dem niederen Ich. Da gab es zum Beispiel in der alten Atlantis Völker, die dann zu Indianern geworden sind, die sich sozusagen verloren haben von der Erdenbevölkerung ... sie haben dieses Ich so stark entwickelt, daß es bei ihnen bis in die Hautfarbe gegangen ist, sie wurden eben kupferrot. Sie haben sich in der Dekadenz entwickelt» (a. a. O., S. 291f.). Auch die Schwarzafrikaner finden nochmals Erwähnung, «welche so ihr Ich verleugnet haben, daß sie schwarz davon wurden, weil die äußeren Kräfte, die von der Sonne auf die Erde kommen, sie eben schwarz machten. Nur diejenigen, welche imstande waren, die Balance zu halten in bezug auf ihr Ich, das waren die, welche sich in die Zukunft hinein entwickeln konnten» (a. a. O., S. 292).

Steiner schließt mit einer Ermahnung: Auch heute in Europa gibt es diese falschen Einstellungen. Diejenige, die sich nur auf überkommene Tradition, auf von außen Zukommendes beruft und auf die Anthroposophie verzichtet, entspricht der Haltung der Schwarzafrikaner. Aber: «...heute wird man nicht mehr schwarz davon, wenn man bloß auf Tradition baut...» (a. a. O.). Wobei sich Steiner eine Anspielung auf die «Schwarzen», die katholisch-konservativen Zeitgenossen, nicht verkneifen kann. Den zweiten Streich führt Steiner gegen eine Mystik, die meint, unter Verzicht auf die Erkenntnisse aus der Akasha-Chronik das Göttliche in sich zu finden. Solches sollte eigentlich zu einer kupferroten Verfärbung führen. Zwischen der Skylla der Tradition und der Charybdis der Mystik hindurch führt die Anthroposophie.

Zusammenfassung:
– Die verschiedenen Hautfarben der Menschen erklären sich durch die verschiedene Entwicklung des Ich, wie denn überhaupt von der Hautfarbe auf die Seele geschlossen werden kann.
– Als Zweitursache wird die in verschiedenen Weltgegenden verschiedene Sonneneinstrahlung genannt.
– Aus der Atlantis wandern drei Bevölkerungsströme aus: die Indianer nach Westen, die Schwarzafrikaner nach

Osten und Manu mit seinen «Normalmenschen» ebenfalls nach Osten.
– Letztere vermischen sich z. T. mit den Schwarzen, was die Asiaten ergeben soll.
– Indianer und Schwarzafrikaner sind in die Sackgasse geratene Entwicklungsstränge, nur die «Normalmenschen» können sich weiterentwickeln.

4. Rassenkunde II:

a) Vorbemerkung: Die Bildung der Rassen

Zum Thema der Bildung der Rassen äußert sich Steiner, wie wir sehen werden in ganz anderem Sinne als 1909, auch 1910 im Rahmen seines Volksseelenzyklus in Kristiana (Oslo). Der Zyklus wurde aufgrund von Vortragsnachschriften publiziert, die Steiner selbst durchgesehen hat. Bei diesen Vorträgen kann also im Gegensatz zum vorherigen Vortrag jede einzelne Formulierung als von Steiner genehmigt betrachtet werden. Der Zyklus ist heute zugänglich als GA 121/TB 613.

Die «Bildung der Rassen» bespricht Steiner in der zweiten Hälfte des Vortrages vom 10. Juni 1910. Die erste Hälfte ist dem Thema «Das Innenleben der Volksgeister» gewidmet. Steiner geht hier wie im ganzen Volksseelenzyklus davon aus, daß jedem Volk ein bestimmter Geist der Stufe «Erzengel» als Volksgeist beigegeben ist (die Erzengel stehen zwei Stufen über dem Menschen). Daneben führt Steiner auch die Sprachgeister ein, eine Mischung aus Erzengeln und der nächsthöheren Hierarchie, der «Geister der Form». Über den Volksgeistern stehen die Zeitgeister, die ganze Epochen leiten. Diese drei Typen von Wesenheiten können im Moment auf sich beruhen. Interessant für unsere Fragestellung wird erst der vierte: Es handelt sich bei ihm um «Geister der Bewegung», die als solche fünf Stufen über dem Menschen stehen, aber auf dem Stand von «Geistern der Form» stehengeblieben sind. Diese wirken nun mit normalen «Geistern der Form» zusammen: «Durch dieses Zusammenwirken ... geschieht die Ausgestaltung dessen, was wir die menschlichen Rassen nennen, die wir unterscheiden müssen von den Völkern», die von den Volksgeistern geschaffen werden (GA 121/TB 613, S. 65). Steiner differenziert: «Ein Volk ist keine Rasse. Der Volksbegriff hat nichts zu tun mit dem Rassenbegriff. Es kann sich eine Rasse in die verschiedensten Völker spalten. Rassen sind andere Gemeinschaften als Volksgemeinschaften. Wir sprechen gewiß mit Recht von einem deutschen, einem holländischen, einem norwegischen Volke, wir sprechen aber von einer germanischen Rasse. Was wirkt da nun in dem Rassenbegriff? Da wirken zusammen diejenigen Wesenheiten, die wir als die normalen Geister der Form oder Gewalten bezeichnen, und die Wesenheiten, die wir als die abnormen Geister der Form, die eigentlich Geister der Bewegung sind mit Missionen der Geister der Form, kennengelernt haben. Deshalb sind die Menschen in Rassen gespalten. Das, was die Menschen über das ganze Erdenrund hin gleich macht, was jeden Menschen, gleichgültig welcher Rasse er angehört, zum Menschen, zu Angehörigen des ganzen Menschentums macht, das bewirken die normalen Geister der Form. Dasjenige aber, was über die ganze Erde dahinspielt, was das gesamte Menschentum in Rassen gliedert, das bewirken die abnormen Geister der Form...» (a. a. O., S. 65f.).

Wichtig ist nach Steiner nun, zu verstehen, was diese Geister «mit den Menschenrassen wollen, wie durch dieselben eine Grundlage geschaffen wird für das, was sich aus ihnen heraushebt» (a. a. O., S. 66). Dieses Verständnis für die Funktion der Menschenrassen will Steiner in seinen folgenden Vorträgen ermöglichen.

b) «Rassenentwickelung und Kulturentwickelung»
Unter diesem Titel spricht Steiner im vierten Vortrag des Volksseelenzyklus am 10. Juni 1910 (GA 212/TB 613, S. 67ff.). Steiners Leitfrage lautet hier: «Will man zu dem Verhältnis der Menschenrassen zueinander vordringen,

165

welche ja die Grundlage sind, aus welcher sich die einzelnen Volksgemeinschaften herausheben, dann muß man berücksichtigen, daß der Mensch, den wir vor uns haben, der wir selber sind, eigentlich ein recht kompliziertes Wesen ist und nur durch das Zusammenwirken vieler, vieler Wesenheiten des Weltalls in seiner heutigen Form und Wesenheit hat entstehen können» (a. a. O., S. 67). Steiner nennt dann diese Wesenheiten, indem er seine ganze Engelshierarchie aufzählt: «Wenn Sie vorüberziehen lassen vor Ihrem Blick alle die Wesenheiten, die da zusammengewirkt haben, diese Geister des Willens oder Throne, die Geister der Weisheit, Geister der Bewegung, Geister der Form, Geister der Persönlichkeit, Erzengel, bis herunter zu den Engeln, und über den Geistern des Willens oder Thronen die Cherubime und Seraphime, so werden Sie sich sagen können, daß aus einem ganz komplizierten Zusammenwirken erst hervorgehen konnte, was des Menschen heutige Organisation möglich macht» (a. a. O.).

Alle diese Wesenheiten sind in irgendeiner Weise an der Bildung des Menschen beteiligt. Die wichtigste Funktion haben aber die Geister der Form: «Sie sind Verleiher der Ich-Organisation» (a. a. O., S. 68). Und die Bildung des Ich ist ja, wir haben es schon erwähnt, die große Aufgabe des Menschen auf seiner gegenwärtigen Entwicklungsstufe.

Diese «Ich-Organisation» wird dem Menschen aber nicht gleich bei Geburt verliehen. Statt dessen gilt es hier, Steiners Jahrsiebt-Theorie zu bedenken. Eigentlich wäre der Mensch nämlich dazu bestimmt, während seiner ersten sieben Lebensjahre (Steiner nennt als Endpunkt den Zahnwechsel) nur den physischen Leib zu entwickeln und in einem bloß «dumpfen Bewußtsein» zu verharren. Das zweite Jahrsiebt zwischen Zahnwechsel und Pubertät bringt die Entwicklung des Ätherleibs, des untersten Seelenteils nach Steiners Verständnis, und ein Schlafbewußtsein. Im dritten Jahrsiebt bis zum Erwachsenenalter kommt der Astralleib samt Traumdasein zum Zug, und erst mit 21 Jahren ist der Mensch eigentlich dazu bestimmt, von den «Geistern der Form» die Ich-Organisation samt vollem Bewußtsein zu empfangen (a. a. O., S. 68ff.).

Die Entwicklung des Menschen verläuft nun aber nicht so. Dies rührt daher, daß andere Wesenheiten, die im obigen Vortrag erwähnten «abnormen Geister der Form», dem Menschen schon vor dem 21. Lebensjahr Fähigkeiten verleihen, die dieser eigentlich erst nach diesem Zeitpunkt erhalten sollte.

Wäre diese Einwirkung unterblieben, so weitet Steiner seine These in der Folge aus, wäre der Mensch in den ersten drei Lebensjahrsiebten, vor der Enwicklung des Ichs, gar nicht in Kontakt mit dem Erdboden gekommen. «Er hätte» diese Entwicklung «erhöht über der Erde, im Umkreis der Erde durchmachen müssen». Erst im Alter von 21 wäre der Mensch zur Erde herabgestiegen, um sie mit 40 wieder zu verlassen (a. a. O., S. 72f.). Wäre dies so geschehen, «dann würde der Mensch nicht in dem Grade an die Erde gebunden sein, in dem er tatsächlich heute an dieselbe gebunden ist. Wenn das eingetreten wäre, dann würden alle Menschen, welche die Erde betreten, von gleicher Gestalt und Wesenheit sein; dann würden alle Menschen, die über die Erde hingegangen sind, gleichgestaltet gewesen sein. Eine Menschheit gäbe es nur. Dasjenige, was uns zu einem solchen Wesen macht, daß sich daraus die spezifischen Eigenschaften der Rassen ergeben, die im Menschentum zum Ausdruck kommen, das ist nicht im mittleren Drittel des Lebens enthalten» (a. a. O., S. 73). Der Mensch wäre also dazu bestimmt, eine Menschheit ohne physische Unterschiede zu bilden. Dies wurde dadurch verunmöglicht, daß die abnormen Geister der Form den Menschen schon vor dem 21. Lebensjahr auf die Erde kommen ließen. «Dadurch aber ist der Mensch mehr von der Erde, auf der er lebt, abhängig geworden, als er es sonst geworden wäre. Er ist abhängig geworden von dem Orte der Erde, auf dem er lebt» (a. a. O.). Er wird dadurch «erdgebunden, wird ein mit dem Gebiete, auf dem er geboren ist, zusammenhängendes, zu ihm gehörendes Wesen. Dadurch wird er abhängig von all den Verhältnissen der Erde, die diesem Orte zugehören, von dem Einfallen der Sonnenstrahlen, von dem Umstand, ob die Gegend nahe dem Äquator in der heißen Zone oder in einem mehr gemäßigten Gebiete sich befindet, ob er auf einem niedrig gelegenen Gebiet oder auf einem Hochplateau geboren ist... Der Mensch wird also ganz abhängig von den irdischen Verhältnissen, von dem Ort, an dem er geboren ist... Das alles bestimmt seinen Rassencharakter, und auf diesem Umwege sind die abnormen Geister der Form ... die Verursacher der Rassenverschiedenheit des Menschen über die ganze Erde hin, die also von dem Orte auf der Erde abhängt, auf dem der Mensch geboren wird» (a. a. O., S. 74).

Es bleibt nun Steiner aber nicht verborgen, daß die äußeren physischen Merkmale wie Hautfarbe sich im einzelnen eher den Regeln der Vererbung beugen als denen der Topographie. Steiner erklärt das damit, daß die abnormen Geister der Form ja auch in der Lebenszeit auf den Menschen einwirken, in der sich seine Fortpflanzungsfähigkeit entwickelt: «Dadurch ist die Möglichkeit gegeben, daß der Mensch nicht nur in der geschilderten Weise abhängig wird von dem Orte, auf dem er geboren ist, sondern daß die Eigenschaften, die er dadurch erhält, auch auf seine Nachkommen vererbt werden können, daß also die Rassenzugehörigkeit nicht nur sich ausspricht in den Einflüssen des Wohnplatzes, sondern auch in dem, was durch die Rasse vererbt ist. Darin haben Sie die Erklärung dafür, warum die Rasse dasjenige ist, was vererbbar ist, und wir werden verstehen, was die Geheimwissenschaft zeigt: daß nur in der Vergangenheit die Rassenmerkmale durch den Ort hervorgebracht sind, an dem die Menschen geboren wurden. Das war in der letzten lemurischen Zeit und in der ersten atlantischen Zeit der Fall ... in späterer Zeit beginnt die Rasse den Charakter zu haben, daß sie an die Vererbung gebunden ist und nicht mehr an den Ort. So sehen wir die Rasse als etwas, was ursprünglich an einem bestimmten Ort der Erde gebunden war und das sich dann in der Menschheit durch die

Vererbung fortpflanzte, aber vom Orte immer unabhängiger wurde» (a. a. O., S. 74f.).

Daran anschließend gibt Steiner eine evolutionshistorische Verortung des Rassebegriffs: Erst seit der erwähnten lemurischen Zeit kann überhaupt von verschiedenen Rassen gesprochen werden. In unserer Zeit wird die Bedeutung der Rassen immer mehr abnehmen, und zwar zugunsten des Volkes. «Wir werden sehen, wie in unserer Zeit die Volksmerkmale das sind, was die Rassencharaktere wieder auseinander bringt, was sie wieder auszulöschen beginnt» (a. a. O., S. 75). Steiner bezieht pointiert Stellung gegen die theosophische Lehre von einem ewigen Kreislauf der Rassen: «Die Rassen sind entstanden und werden einmal vergehen, werden einmal nicht mehr da sein» (a. a. O., S. 76). Dies wird allerdings nicht allzubald geschehen, erst für die sechste «Entwicklungsepoche» (vormals Wurzelrasse) ist solches zu erwarten (a. a. O.). Und von dieser sind wir noch durch die zwei letzten Kulturepochen der Nachatlantischen (vormals Arischen) Epoche (je gut 2000 Jahre) und den die nachatlantische Zeit beendenden «Krieg aller gegen alle» getrennt.

Im zweiten Teil seines Vortrages wendet Steiner seine Erkenntnis vom Zusammenhang zwischen Lebensraum und Rassencharakter auf die einzelnen Subspezies an. Steiner macht auf der Erde verschiedene Punkte aus, an welchen «der Urgrund, der Bodengrund, sein Wesen nach oben strahlt und die menschliche Organisation durchdringt, so daß der Mensch abhängig wird von diesem Erduntergrund» (a. a. O., S. 76f.).

Vier Punkte insgesamt findet Steiner über die Erde verteilt. Der erste liegt «im Innern von Afrika»: «An diesem Punkte wirken gleichsam von der Erde ausstrahlend alle diejenigen Kräfte, welche den Menschen namentlich während seiner ersten Kindheitszeit ergreifen können... So wirkt also jener Punkt auf der Erde, auf dem der Mensch lebt, am allerstärksten in der ersten Kindheitszeit und bestimmt dadurch diejenigen Menschen, die ganz abhängig sind von diesen Kräften, ihr ganzes Leben hindurch so, daß jener Punkt ihnen die ersten Kindheitsmerkmale bleibend aufprägt. Das ist ungefähr eine Charakteristik aller derjenigen Menschen – in bezug auf ihren Rassencharakter –, die sozusagen um diesen Erdenpunkt herum die bestimmenden Kräfte aus der Erde heraus erhalten. Das, was wir schwarze Rasse nennen, ist im wesentlichen durch diese Eigenschaften bedingt» (a. a. O., S. 77). Die «schwarze Rasse» ist also in einem hier nicht näher bestimmten Sinn besonders durch die Kindheit geprägt oder mit den in der Kindheit wirksamen Kräften verbunden.

In Asien findet sich der zweite Punkt, «wo die späteren Jugendkräfte dem Menschen aus den Erdenkräften heraus bleibend aufgedrückt werden, wo das, was die besonderen Eigenschaften des späteren Jugendzeitalters sind, aus der Erdenwesenheit heraus auf den Menschen übertragen wird und ihm den Rassencharakter gibt. Die hier in Betracht kommenden Rassen sind die gelben und bräunlichen Rassen unserer Zeit» (a. a. O.).

Das Folgende ahnt man schon, und auch Rudolf Steiner scheint es nicht ganz geheuer zu sein: «Die reifsten Merkmale drückt dem Menschen der entsprechende Punkt im europäischen Gebiete auf. Das ist einfach eine Gesetzmäßigkeit. Da alle Menschen in verschiedenen Reinkarnationen durch die verschiedenen Rassen durchgehen, so besteht, obgleich man uns entgegenhalten kann, daß der Europäer gegen die schwarze und die gelbe Rasse einen Vorsprung hat, doch keine eigentliche Benachteiligung. Hier ist die Wahrheit zwar manchmal verschleiert, aber Sie sehen, man kommt mit Hilfe der Geisteswissenschaft doch auf merkwürdige Erkenntnisse» (a. a. O., S. 78). Der letzteren Feststellung ist man geneigt, sich anzuschließen, allerdings nicht ganz im Wortsinn Steiners.

Den fünften Punkt macht Steiner in Amerika aus, «wo diejenigen Kräfte wirksam sind, die jenseits des mittleren Lebensdrittels liegen». Steiner setzt fort, sich wiederum absichernd: «Und da kommen wir – ich bitte das nicht mißzuverstehen, was eben gesagt wird; es bezieht sich nur auf den Menschen, insofern er von den physisch-organisatorischen Kräften abhängig ist, von den Kräften, die nicht sein Wesen als Menschen ausmachen, sondern in denen er lebt –, da kommen wir zu den Kräften, die sehr viel zu tun haben mit dem Absterben des Menschen, mit demjenigen im Menschen, was dem letzten Lebensdrittel angehört. Diese gesetzmäßig verlaufende Linie (aus den vier Punkten gebildet, gos) gibt es durchaus; sie ist eine Wahrheit, eine reale Kurve, und drückt die Gesetzmäßigkeit im Wirken unserer Erde auf den Menschen aus. Diesen Gang nehmen die Kräfte, die auf den Menschen rassebestimmend wirken. Nicht etwa deshalb, weil es den Europäern gefallen hat, ist die indianische Bevölkerung ausgestorben (sic!), sondern weil die indianische Bevölkerung die Kräfte erwerben mußte, die sie zum Aussterben führten» (a. a. O., S. 78f.; es sei hier nochmals betont, daß Rudolf Steiner die Vortragsnachschrift selbst durchgesehen hat. Steiner ergänzt: «Wo Rassencharaktere in Betracht kommen, da wirken sie in dieser Weise. In unserer Zeit wird der Rassencharakter aber allmählich überwunden» (a. a. O.).

Nun entwirft Steiner eine Geschichte der Ausbreitung der Rassen, die betreffs geographische Begriffe in etwa der 1909 präsentierten These entspricht und deshalb hier auf sich beruhen kann. Neu ist die Betonung des «Aussterbens der Indianer»: «Nach Westen mußte die Menschheit gehen, um als Rasse zu sterben» (a. a. O.). Eine Novität stellt auch das Konzept einer Gegenbewegung von Ost nach West, von Asien nach Europa dar, sie ist «gleichsam eine höhere Stufe der Rassenentwicklung, die Entwicklung der Kulturen». Gemeint ist hier die Linie der Kulturepochen von der altindischen bis zur heutigen. Die Rassenthematik kommt wieder im sechsten Vortrag des Zyklus zur Sprache.

c) Die fünf Hauptrassen der Menschheit
Die Menschenrassen behandelt Steiner erneut im sechsten Vortrag des Volksseelenzyklus am 12. Juni 1910, morgens (GA 121/TB 613, S. 105ff.).

Steiner setzt wiederum ein mit einer Besprechung der Engelshierarchien, insbesondere der uns hier interessierenden normalen Geister der Form, die dem Menschen das Ich verleihen, und der abnormen Geister der Form, die für die «Rassencharaktere» verantwortlich sind. Steiner konkretisiert seine bisherigen Ausführungen: So sollen die normalen Geister der Form in Siebenzahl existieren, wovon sechs unter dem alttestamentlichen Gottesnamen «Elohim» die Sonne bewohnen, der siebente jedoch unter dem Namen «Jahwe oder Jehova» vom Mond aus seine Wirkung entfaltet. Die abnormen Geister der Form würden von den übrigen fünf astrologischen Planeten Merkur, Venus, Mars, Jupiter und Saturn aus wirken (a. a. O., S. 105ff.).

«Hieraus ergibt sich, daß fünf Mittelpunkte der Beeinflussung möglich sind durch diese abnormen Geister der Form, und diese fünf Mittelpunkte der Beeinflussung ergeben in ihrer Rückstrahlung, in ihrer Reflektierung vom Erdmittelpunkte aus auf die Menschheit in der Tat dasjenige, was wir anerkennen als die fünf Grundrassen der Menschheit» (a. a. O., S. 109).

Nun korreliert Steiner eine jede dieser nunmehr plötzlich fünf «Grundrassen» mit einem der genannten Planeten (der vorerwähnte Vortrag, in welchem Steiner bloß vier «Rassencharaktere» thematisiert, wurde keine 48 Stunden vorher gehalten und erschien in derselben vom Referenten durchgesehenen Schrift; die Differenz wird deshalb beabsichtigt sein, wenn auch kein Grund dafür ohne weiteres einsichtig wäre).

Die Reihenfolge ist, jetzt allerdings ergänzt, immer noch dieselbe: «Wenn wir den Punkt, den wir vor einigen Tagen (zwei, gos) in Afrika gefunden haben, und jetzt näher dadurch charakterisieren, daß, weil die normalen Geister der Form zusammenwirken mit denjenigen abnormen Geistern der Form, die im Merkur zentriert sind, die Rasse der Neger entsteht, so bezeichnen wir okkult ganz richtig das, was in der schwarzen Rasse herauskommt, als die Merkur-Rasse» (a. a. O.).

«Jetzt verfolgen wir diese Linie weiter, die wir dazumal (vor zwei Tagen, gos) durch die Mittelpunkte der einzelnen Rassenausstrahlungen gezogen haben. Da kommen wir nach Asien und finden die Venus-Rasse oder die malayische Rasse. Wir kommen dann durch das breite Gebiet Asiens hindurch und finden in der mongolischen Rasse die Mars-Rasse. Wir gehen dann herüber auf europäisches Gebiet und finden in den europäischen Menschen, in ihrem Urcharakter, in ihrem Rassencharakter die Jupiter-Menschen. Gehen wir über das Meer hinüber nach Amerika, wo der Punkt, der Ort ist, an dem die Rassen oder Kulturen sterben, so finden wir die Rasse des finsteren Saturn, die ursprünglich indianische Rasse, die amerikanische Rasse. Die indianische Rasse ist also die Saturn-Rasse. Auf diese Weise bekommen Sie, wenn Sie sich okkult die Sache immer genauer vorstellen, die Kräfte, die in diesen Weltenpunkten, diesen fünf Planeten, ihre äußere materielle Offenbarung erfahren haben» (a. a. O., S. 109f.).

Steiner erwähnt in der Folge erneut die nachatlantischen Wanderungen, die zur heutigen «Rassenverteilung» geführt haben. Hier aber erscheint diese als Resultat einer Planung von höherer Seite, ganz im Gegensatz zum 1909-er Aussageduktus von der bei gewissen «Rassen» fehlgeleiteten Entwicklung und der förmlichen Flucht Manus mit seinen «Normalmenschen»: Steiner spricht vom «Zeitpunkt, wo an einem bestimmten Moment der alten atlantischen Entwicklung die Völkerzüge von einem Punkt der Atlantis ausgehen und dorthin wandern, wo sie die entsprechende Rassenausbildung in dem betreffenden Punkte erhalten können. Daher finden Sie in meiner ‹Geheimwissenschaft› (‹Die Geheimwissenschaft im Umriß›, GA 13, gos) auch darauf hingewiesen, daß in der alten Atlantis, an ganz bestimmten Mysterienstätten, die dort die atlantischen Orakel genannt sind, die Leitung dieser Verteilung der Menschen über die Erde in die Hand genommen wird, so daß in der Tat jenes Equilibrium, jene Gleichgewichtslage hervorgebracht werden konnte, die zur entsprechenden Rassenverteilung führte» (a. a. O., S. 110). So soll

173

z. B. das Merkur-Orakel den «Gleichgewichtspunkt» als «Ausstrahlungspunkt» für die «äthiopische Rasse» «ausgesucht» haben (a. a. O., S. 111). «In ähnlicher Weise wurde auch die Bildung der anderen Rassen geleitet» (a. a. O.).

An diesen Gleichgewichtspunkten wirken nun die abnormen Geister der Form von den jeweiligen Planeten in der Art, daß die betreffenden «Rassen» entstehen. Aber wie geschieht das? «Wie arbeiten nun in und an den Menschen diese Rassengeister? Sie arbeiten in sehr eigentümlicher Art, so, daß sie, man möchte sagen, durchkochen seine Kräfte zunächst bis in den physischen Leib hinein» (a. a. O., S. 112).

Steiner unterscheidet nun drei Angriffspunkte dieses Kochprozesses im physischen Leib, die jeweils mit einem der drei Seelenteile als «Abbilder» derselben verknüpft sind: Es sind dies in absteigender Reihenfolge das Blut (verknüpft mit dem Ich), das Nervensystem (Astralleib) und das Drüsensystem (Ätherleib). «In diesen drei Systemen, die dem physischen Leib angehören, aber Abbilder der höheren Glieder sind, kochen die Rassengeister, die abnormen Geister der Form» (a. a. O., S. 112f.).

Nun folgt die Anwendung auf die «fünf Grundrassen»: «Wo greift nun zum Beispiel der Merkur ein? – ich sage Merkur, um das zusammenzufassen, was sich als abnorme Geister der Form im Merkur befindet. Er greift so ein, daß er mit anderen zusammenwirkt, namentlich in das Drüsensystem. Er kocht in dem Drüsensystem drinnen, und da leben sich die Kräfte aus, die durch jenes Übergewicht der Merkurkräfte entstehen, die in der äthiopischen Rasse wirken. Alles, was der äthiopischen Rasse ihre besonderen Merkmale verleiht, das kommt davon her, daß die Merkurkräfte in dem Drüsensystem der betreffenden Menschen kochen und brodeln. Das kommt davon her, daß sie auskochen, was die allgemeine, gleiche Menschengestalt zu der besonderen der äthiopischen Rasse macht mit der schwarzen Hautfarbe, dem wolligen Haar und so weiter» (a. a. O., S. 113; im Jahre 1909, s. o., war Steiners Erklärung der schwarzen Hautfarbe noch eine deutlich andere: er sprach dort von Kohlenstoffablagerungen infolge zu starker Sonneneinstrahlung wegen eines ungenügend entwickelten Ich-Gefühls. Hier sind nun die Merkurgeister, die im Drüsensystem kochen und brodeln, die Ursache).

Für die anderen «Rassen» gilt ähnliches. Die abnormen Geister der Form auf der Venus wirken im Nervensystem, und zwar, hier taucht noch einen zusätzliche Differenzierung auf, auf dem Umweg über die Atmung: «Diesen Umweg wählen sich die abnormen Geister der Form, die wir Venuswesen nennen können, eben in der malayischen Rasse, in den gelbschattierten Rassen von Südasien und nach den Inseln des malayischen Gebietes hin. Da ist ausgebreitet, so wie über das äthiopische Gebiet die Drüsenmenschheit (sic!), über diese Fläche die Menschheit, bei der die abnormen Geister der Form auf dem Umweg über das Atmungssystem auf das Nervensystem wirken» (a. a. O., S. 113f.). Wobei zu beachten sei, daß solchermaßen «nicht eigentlich in dem höheren Nervensystem» gewirkt werde, sondern im Sonnengeflecht. Deshalb gilt: «Es wird tief im unterbewußten Organismus durch diese Venuskräfte gewühlt, die in diesem Rassenteile der Menschheit wirken» (a. a. O., S. 114).

Durch das Blut wirken die Marskräfte und bilden so die «mongolische Rasse». Steiner erwähnt hier auch eine «besondere Modifikation», durch das Zusammenwirken der Marsgeister mit dem Mondgeist Jahve entstanden: das «Semitentum» (womit er die im Titel genannten «fünf Grundrassen» faktisch auf sechs ausweitet). Die Bedeutung des Blutes im «Semitentum» belegt für Steiner sein Zusammenhang mit den übers Blut wirkenden Mars-Geistern. «So also sehen Sie, daß auf das Blut der Menschheit in zweifacher Weise gewirkt wird, daß zwei Rassenbildungen sozusagen entstehen, indem auf das Blut der Menschheit gewirkt wird. Auf der einen Seite haben wir alles dasjenige, was wir die mongolische Rasse nennen, auf der anderen Seite dasjenige, was wir als zum Semitentum gehörig bezeichnen können. Das ist eine große Polarität in der Menschheit, und wir werden auf diese Polarität unendlich Bedeutungsvolles zurückzuführen haben, wenn wir die Tiefen der Volksseelen werden verstehen wollen» (a. a. O., S. 115f.). Was dieses «unendlich Bedeutungsvolle» sei, das aus einer solchen «Rassenpolarität» hervorgehen soll, bleibt hier aber unklar.

Nun zu den Europäern: «Der Angriff, der vom Jupiter ausgeht, geht auf dem Umweg durch die Sinneseindrücke und strömt von da aus auf die Teile des Nervensystems, die im Gehirn und Rückenmark zentriert sind. Da hinein fließen also bei denjenigen Rassen, die zur Jupiter-Menschheit gehören, jene Kräfte, die den Rassencharakter besonders ausprägen. Das ist bei den arischen, vorderasiatischen und europäischen Völkern, bei denen, die wir zu den Kaukasiern rechnen, mehr oder weniger der Fall... Also durch die Sinne werden die Kaukasier bestimmt» (a. a. O., S. 116). Man beachte, daß Steiner in diesem Vortrag die semitischen Völker mithin nicht unter die Kaukasier zählt. Sie stehen diesen vielmehr als separate «Rasse» gegenüber. (Damit ist natürlich kein Antisemitismus gegeben, aber eine der Voraussetzungen dafür). Den Jupiter-Einfluß findet Steiner belegt bei den Griechen mit Zeus an der Spitze des Pantheons. Und weiter: «Modifikationen dieses Jupiter-Einflusses sind im Grunde genommen alle vorderasiatischen (die semitischen sind ausgeklammert, s. o., gos) und namentlich europäischen Völker, und Sie können jetzt schon ahnen – da der Mensch viele Sinne hat –, daß viele Modifikationen eintreten können und daß für die Ausgestaltung der einzelnen Völker innerhalb dieser Grundrasse, die durch die Einwirkung der Sinne auf das Nervensystem gebildet werden, der eine oder andere Sinn die Hegemonie erhalten kann. Dadurch können die verschiedenen Völker die verschiedenste Gestalt annehmen... Dadurch erwachsen ihnen ganz bestimmte Aufgaben. Eine Aufgabe, die besonders der kaukasischen Rasse obliegt, ist die: Sie soll den Weg machen durch die Sinne zum Geistlichen, denn sie ist auf die Sinne hin organisiert» (a. a. O., S. 117).

Wiederum aufs Drüsensystem, allerdings «auf dem Umwege über alle anderen Systeme», wirken die Saturn-Geister: «Wie sich das Wirken auf das Drüsensystem ausdrückt, sehen wir an der indianischen Rasse. Darauf beruht die Sterblichkeit derselben, ihr Verschwinden» (a. a. O., S. 118). Steiner verdeutlicht diese These: «Der Saturn-Einfluß wirkt durch alle anderen Systeme zuletzt auf das Drüsensystem ein. Das sondert aus die härtesten Teile des Menschen, und man kann daher sagen, daß dieses Hinsterben in einer Art der Verknöcherung besteht, wie dies im Äußeren doch deutlich sich offenbart. Sehen Sie sich doch die Bilder der alten Indianer an, und Sie werden gleichsam mit Händen greifen können den geschilderten Vorgang, in dem Niedergang dieser Rasse. In einer solchen Rasse ist alles dasjenige gegenwärtig geworden ... was in der Saturnentwicklung vorhanden war, dann aber hat es sich in sich selbst zurückgezogen und hat den Menschen mit seinem harten Knochensystem allein gelassen, hat ihn zum Absterben gebracht» (a. a. O., S. 118f.). Einen Beweis für das Stehen-Bleiben der indianischen Kultur sieht Steiner im indianischen Glauben an einen «Großen Geist», der noch aus der Zeit der Atlantis stammen würde. Die Indianer wären dann auf diesem Stand verblieben (Steiner beruft sich in diesem Zusammenhang auf eine Geschichte vom Zusammentreffen eines Häuptlings mit einem europäischen Einwanderer zwecks Vertragsunterzeichnung, die er aus R. L. Kuhtenbeck, Der Okkultismus der nordamerikanischen Indianer, kennt und des öftern zitiert. Steiner stützt seine doch recht weitgehenden Äußerungen über die Indianer in den mir bekannten Texten offenbar nur auf diese Geschichte bei Kuhtenbeck und auf ein paar Fotos von alten Indianern, die er gesehen hat und ebenfalls öfters erwähnt, ab.

Zusammenfassung:
- Steiner ringt sich im Volksseelenzyklus nicht zu einer einheitlichen Differenzierung der Rassen durch. Er zählt je nach Bedarf, je nach Schema, in das er die Rassen einträgt, vier, fünf oder gar sechs Rassen auf. Wesentlich ist Steiner offenbar nicht eine Erhebung der Subspezies, sondern eine Erklärung und Einbindung der sichtbaren physischen Unterschiede in sein vernetztes Schema der Weltentstehung.
- Dabei entwirft Steiner zwei Begründungsstränge der Rassenentstehung, die miteinander nicht ganz in Übereinstimmung zu bringen zu sein scheinen (was sich schon in der unterschiedlichen Zahl der Rassen ausdrückt), und alle beide in überhaupt nichts an die Darstellung aus dem Jahr zuvor erinnern.
- Gemein ist beiden Ansätzen aus dem Volksseelenzyklus, daß die Rassen durch Einwirkung höherer Wesenheiten, der von bestimmten Planeten aus auf je eine Rasse wirksamen sog. abnormen Geister der Form, sich bilden. Die Kombinationen sind: äthiopische Rasse – Merkur, malayische Rasse – Venus, mongolische Rasse – Mars, kaukasische Rasse – Jupiter, indianische Rasse – Saturn.
- Die Rassenentstehung unterliegt damit einer Planung von höherer Seite; das Dekadenzmodell von 1909 ist damit verlassen (oder im Falle der Indianer uminterpretiert: die Dekadenz ist die eigentliche Aufgabe der Indianer).
- Im ersten Begründungsmodell vernetzt Steiner die Rassen mit den verschiedenen Lebensaltern. Jede Rasse wird durch die abnormen Geister der Form mit Kräften beeinflußt, die bestimmten Lebensaltern zugehören und diese Rassen in nicht näher bestimmter Weise prägen sollen. Die Kombinationen im einzelnen: Schwarzafrikaner – Kindheit, Asiaten – Jugendalter, Europäer – Erwachsenenalter, Indianer – letztes Lebensdrittel.
- Das zweite Erklärungsmuster korreliert die Rassen mit verschiedenen Organsystemen, in welchen die entsprechenden abnormen Geister der Form «kochen» sollen,

ohne daß ganz klar würde, wie man sich diesen Kochprozeß vorzustellen hätte. Die Kombinationen (mit Umwegen in Klammern): äthiopische Rasse – Drüsensystem, malayische Rasse – Nervensystem (über das Atmungssystem), mongolische Rasse – Blut, Semitentum – ebenfalls Blut, kaukasische Rasse – Nervensystem (über die Sinnesorgane) – indianische Rasse – Drüsensystem (über alle anderen Systeme).

5. Das Ende der Rassen

Nach dem vorhin Dargestellten wird es nicht überraschen, daß Rudolf Steiner auch für das Ende der Rassen, das für ihn jedoch im Gegensatz zur Theosophie feststeht, zwei verschiedene Modelle entwirft. Das eine datiert ins Jahr 1908 und findet sich in seinem Vortragszyklus über «Die Apokalypse des Johannes» (GA 104/TB 672). In diesem Zyklus spricht Steiner vom Ende unseres Nachatlantischen Zeitalters mit dem «Krieg aller gegen alle». Das darauffolgende Zeitalter wird nun, so Steiner, nicht mehr von einer lokal begrenzten Rasse begründet, sondern von den spirituell eingestellten Menschen auf der ganzen Welt. «Da wird nicht eine auf einen Ort beschränkte Kolonie sein, sondern es werden aus der gesamten Masse der Menschen sich überall diejenigen herausrekrutieren, die reif sind, die gute, die edle, die schöne Seite der nächsten Kultur nach dem Kriege aller gegen alle zu bilden» (a. a. O., S. 151). Und weiter, die zeitliche Distanz dieses Ereignisses betonend: «Nicht eine abgeschlossene Kolonie werden diese bilden, sondern aus allen Nationen heraus werden sie sein, und nach und nach werden sie hinüber leben in den sechsten Zeitraum, also noch nicht etwa über den großen Krieg hinüber, sondern zunächst in den sechsten Zeitraum hinein. Da sind vorläufig noch immer Notwendigkeiten vorhanden, die mit alten Rassenotwendigkeiten zusammenhängen. In unserem Zeitraum spielen ja Rasse- und Kulturepoche noch durcheinander. Der eigentliche

Rassebegriff hat seine Bedeutung verloren, aber er spielt noch immer hinein. Es ist keineswegs möglich, daß eine jede Mission in gleichwertiger Weise von einem jeden Volk bei uns schon ausgeübt wird. Manches Volk ist besonders dazu prädestiniert. Die Nationen, die heute die Kulturträger des Westens sind, waren ausersehen, den fünften Zeitraum auf die Höhe zu führen. Das waren die Nationen, die den Verstand ausbilden sollten. Daher haben wir da, wo diese westliche Kultur sich ausbreitet, vorzugsweise die Verstandeskultur, und die ist noch nicht zu Ende. Diese Intelligenz wird sich noch ausbreiten» (a. a. O., S. 152f.). Eigenartigerweise greift Steiner für diese die Rassen ablösende Gruppe der Reifen dann wieder den Rassebegriff auf und bezeichnet sie als «die gute Rasse» im Gegensatz zur «bösen Rasse» der materiell eingestellten Menschen. An eine Rebiologisierung der Gruppe ist damit aber wohl nicht gedacht.

Während Steiner hier davon ausgeht, daß die Menschheit bis zu ihrer Scheidung in die «gute» und die «böse Rasse» nach Nationen und Rassen geteilt bleiben wird, entwirft er in einer Vortragsreihe aus dem Jahr 1907 (GA 99/TB 643) eine etwas andere Sicht: «So geht, indem wir uns vom fünften in das sechste und dann in das siebente Zeitalter hinüberentwickeln, der alte Zusammenhang in Stammes- und Blutsverbänden immer mehr verloren. Die Menschheit mischt sich, um sich von geistigen Gesichtspunkten aus zu gruppieren... Der Begriff der Rasse verliert schon für die nächste Zukunft, womit allerdings Tausende von Jahren gemeint sind, seinen Sinn... Wie alles entsteht, so sind auch die Rassen entstanden, und wie alles vergeht, werden auch die Rassen wieder vergehen...» (a. a. O., S. 144). Die hier angetönte zukünftige Vermischung der Menschheit kontrastiert befreiend zu Steiners z. T. unsäglichen «Neger»-Zitaten.

B. Der späte Steiner

Rassenkunde III: Farbe und Menschenrassen

Erst im Jahre 1923 kommt Steiner wieder sehr explizit auf die Menschenrassen zu sprechen, dies im Rahmen der Vorträge für die Arbeiter am Goetheanumbau und ausgelöst durch eine diesbezügliche Frage eines Vortragsteilnehmers. Der Vortrag, von den Herausgebern völlig sachgerecht mit «Farbe und Menschenrassen» übertitelt, ist publiziert in GA 349/TB 723, S. 52ff., und hat inzwischen eine gewisse negative Berühmtheit, ähnlich der Tafelskizze aus GA 100, erlangt. Der Überlieferungszustand dürfte gut sein, der Vortrag wurde von einer Berufsstenographin mitgeschrieben, von Steiner selbst allerdings nicht durchgesehen (bei heute anstößigen Aussagen ist wohl davon auszugehen, daß die Herausgeber sich im Falle von Uneindeutigkeiten für die weniger anstößige Variante entscheiden). Der volkstümliche Stil des Vortrags ist sicher in der Vortragssituation begründet, die niedere Komplexität der Argumentation sicher auch, die einzelnen inhaltlichen Aussagen sind damit allerdings nicht zu erklären.

Am Anfang stehen wiederum die Hautfarben. «Sie wissen ja, daß über die Erde hin die Menschen verschiedene Farben zeigen. Von den Europäern, zu denen wir gehören, sagt man, sie seien die weiße Rasse... Nun haben wir aber außer dieser europäischen Hautfarbe noch vier hauptsächliche andere Hautfarben. Und das wollen wir heute ein bißchen betrachten, weil man eigentlich die ganze Geschichte und das ganze soziale Leben nur versteht, wenn man auf die Rasseneigentümlichkeiten der Menschen eingehen kann. Und dann kann man ja auch erst im richtigen Sinne alles Geistige verstehen, wenn man sich zuerst damit beschäftigt, wie dieses Geistige im Menschen gerade durch die Hautfarbe hindurch wirkt» (a. a. O., S. 52).

Hier mißt Steiner der Rassenkunde doch eine sehr hohe Bedeutung bei. Bedenklich ist dabei weniger, daß er die zehn Jahre später beginnende Apotheose der Rassenkunde offenbar nicht mal ahnt, sondern daß er die rassistische und rassenkundlich interessierte Zeitströmung der zwanziger Jahre hier nicht problematisiert, ihr sogar ungewollt durch die Betonung der Wichtigkeit solcher Bemühungen in die Hände arbeitet. Aber der Einfluß der Arbeitervorträge darf wohl auch nicht überschätzt werden.

Steiner setzt den Vortrag fort, indem er eine Weltkarte mit der Rassenverteilung an die Tafel zeichnet. Er meint: «Zu Asien gehört die gelbe Rasse, die Mongolen, die mongolische Rasse, und zu Europa gehört die weiße Rasse oder die kaukasische Rasse, und zu Afrika gehört die schwarze Rasse oder die Negerrasse. Die Negerrasse gehört nicht zu Europa, und es ist natürlich nur ein Unfug, daß die jetzt in Europa eine so große Rolle spielt»(a. a. O., S. 53; Steiner bezieht sich hier offenbar auf die Ruhrbesetzung, bei welcher französischerseits auch Arbeiter aus Schwarzafrika zum Einsatz kamen; eine Parallele dieser Aussage zum Kulturkreismodell heutiger europäischer Rechtsparteien ist aber nicht zu bestreiten).

In der Folge spricht Steiner davon, wie verschiedenfarbige Körper auf Lichteinstrahlung reagieren und hebt hervor, daß schwarze Körper alles Licht aufsaugen würden, während weiße Körper das Licht reflektierten.

Diese Erkenntnis wendet Steiner nun auf die Hautfarben an: «Sehen wir uns nun zunächst die Schwarzen in Afrika an. Diese Schwarzen in Afrika haben die Eigentümlichkeit, daß sie alles Licht vom Weltenraum aufsaugen... Sie nehmen das auf. Und dieses Licht und diese Wärme im Weltenraum, die kann nicht durch den ganzen Körper durchgehen, weil ja der Mensch immer ein Mensch ist, selbst wenn er ein Schwarzer ist. Es geht nicht durch den ganzen Körper durch, sondern hält sich an die Oberfläche der Haut, und da wird die Haut dann selber schwarz. So daß also ein Schwarzer in Afrika ein Mensch ist, der möglichst viel Wärme und Licht vom Weltenraum aufnimmt und in sich verarbeitet... Da muß etwas da sein, was ihm hilft bei diesem Verarbeiten. Nun, sehen Sie, was ihm da hilft beim Verarbeiten, das ist namentlich sein Hinterhirn.

Beim Neger ist daher das Hinterhirn besonders ausgebildet. Das geht durch das Rückenmark, und das kann alles das, was da im Menschen drinnen ist an Licht und Wärme, verarbeiten. Daher ist beim Neger namentlich alles das, was mit dem Körper und mit dem Stoffwechsel zusammenhängt, lebhaft ausgebildet. Er hat, wie man sagt, ein starkes Triebleben, Instinktleben. Der Neger hat also ein starkes Triebleben. Und weil er eigentlich das Sonnige, Licht und Wärme, da an der Körperoberfläche in seiner Haut hat, geht sein ganzer Stoffwechsel so vor sich, wie wenn in seinem Inneren von der Sonne selber gekocht würde. Daher kommt sein Triebleben. Im Neger wird da drinnen fortwährend richtig gekocht, und dasjenige, was dieses Feuer schürt, ist das Hinterhirn» (a. a. O., S. 55).

Die hier präsentierte Ätiologie der schwarzen Hautfarbe ist different sowohl zur Variante von 1909 als auch zu den beiden Erklärungen von 1910: Nunmehr soll es die Sonne anstelle des Merkur sein, die im Schwarzafrikaner «kocht», an besonders beeinflußten Organsystemen wird diesmal das Hinterhirn und das Rückenmark genannt, wogegen das Drüsensystem außer Blick gerät, und in psychischer Hinsicht erscheint der Schwarze nunmehr besonders ans Triebleben gebunden, wogegen seine spezifische Bindung an die Kräfte der Kindheit nicht mehr thematisiert wird.

Solches hat aus Sicht des Außenstehenden eine positive und eine negative Komponente. Einerseits ist für Steiner die Rassenthematik offenbar nicht wichtig genug, als daß er sie in eine kohärente Form gießen würde, andererseits scheint Steiner sich auf diesem Gebiet mit einer sich um früher Gesagtes in keiner Weise kümmernden Freimütigkeit zu äußern, die dem Ernst und den Konsequenzen des Themas für die betroffenen Menschen doch nicht ganz gerecht zu werden vermag.

Steiner fährt in seiner Betrachtung der «schwarzen Rasse» fort: «Manchmal wirft die Einrichtung des Menschen noch solche Nebenprodukte ab. Das kann man gerade beim Neger sehen. Der Neger hat nicht nur dieses Kochen in seinem Organismus, sondern er hat auch noch ein furchtbar schlaues und aufmerksames Auge. Er guckt schlau und sehr aufmerksam. Das könnten Sie leicht als Widerspruch auffassen. Aber das ist so: Wenn da vorne der Nerv des Auges sitzt, so gehen die Nerven just ins Hinterhirn hinein: die kreuzen sich da. Der Nerv, der geht also ins Hinterhirn. Und weil der Neger das Hinterhirn besonders ausgebildet hat, deshalb guckt er auch so schlau, deshalb ist er ein so schlauer Beobachter der Welt. Wenn man das anfängt zu verstehen, so wird einem alles klar. Aber solche Betrachtungen, wie wir sie jetzt machen, die macht die heutige Wissenschaft gar nicht, sie versteht daher nichts von all dem» (a. a. O., S. 55f.). Wiederum wird die Wichtigkeit der Rassenkunde betont.

Steiner behandelt nun die anderen Hautfarben in der uns bereits bekannten Reihenfolge: «Gehen wir jetzt vom Schwarzen zum Gelben herüber. Beim Gelben ... ist es so, daß das Licht etwas zurückgeworfen wird, viel aber aufgenommen wird. Also da ist es schon so, daß der Mensch mehr Licht zurückwirft als beim Schwarzen. Der Schwarze ist ein Egoist, der nimmt alles Licht und alle Wärme auf» (zur Erinnerung: 1909 erklärt Steiner noch, die schwarze Hautfarbe begründe sich in mangelndem Ich-Gefühl).

Beim «Gelben» soll nun das Licht in der Atmung und Blutzirkulation wirksam sein, in welchen Organsystemen 1910 noch die Marskräfte wirksam waren. «Und das bewirkt, daß der gelbe Mensch nicht sein Hinterhirn so stark ausbildet, sondern das Mittelhirn. Da hat er das, was seine Atmung und seine Blutzirkulation versorgt. Er lebt also ziemlich im Innern, der gelbe Asiate. Sie können das auch seinem Gang anmerken; er hat einen mehr lässigen Gang. Er arbeitet nicht so stark mit den Gliedmaßen und dem Stoffwechsel. Der Neger ist viel mehr auf Rennen und auf äußere Bewegung aus, die von den Trieben beherrscht ist. Der Asiate, der Gelbe, der entwickelt mehr ein innerliches Traumleben, daher die ganze asiatische Zivilisation dieses Träumerische hat» (a. a. O., S. 57), woraus sich die asiatische Dichtung erklären soll.

Steiner kommt nun auf Europa zu sprechen: «Wir sind in der Tat dem Weltenall gegenüber eine weiße Rasse, denn wir werfen alles äußere Licht zurück. Wir werfen alles äußere Licht und im Grunde genommen auch alle Wärme zurück. Die Wärme muß schon ganz mächtig werden, wenn wir sie in uns aufnehmen wollen. Und wenn sie nicht da ist, so verkümmern wir, wie es sich an den Eskimos zeigt» (a. a. O., S. 57f.). Licht und Wärme muß der «Weiße» folglich in seinem Innern entwickeln und dazu dient: das Gehirn. «Und während der Mongole das Mittelhirn hauptsächlich braucht, müssen wir Europäer das Vorderhirn anwenden. Dadurch stellt sich das Folgende heraus: (Steiner zeichnet an die Tafel, gos) Der mit dem Hinterhirn, der hat vorzugsweise das Triebleben, das Instinktleben. Der da hier mit dem Mittelhirn hat das Gefühlsleben, das in der Brust sitzt. Und wir Europäer, wir armen Europäer haben das Denkleben, das im Kopfe sitzt» (a. a. O., S. 58), was dazu führen soll, daß der Europäer seinen inneren Menschen nicht fühlt. Deshalb würde der Europäer, im Gegensatz zum Schwarzen oder Asiaten, leicht dem Materialismus zuneigen.

Aber noch weiteres ergibt sich aus den Hautfarben: «Die Neger, die leben auf einem Erdstück, wo die Sonne sie sehr, sehr belästigt, eindringt in sie. Also geben sie sich ihr hin, nehmen sie ganz in ihren Körper auf, werden freundschaftlich mit ihr, werfen nichts zurück. Bei den Asiaten, da geht es schon mehr aus dem Heißen der Erde heraus. Die geben nicht so viel zurück. Die werden nicht mehr so freundschaftlich mit der Sonne. Und bei den Europäern, da ist es so, daß sie eigentlich überhaupt nichts von der Sonne bekommen würden, wenn sie nicht ihr eigenes Menschliche entwickelten. Daher ist Europa immer der Ausgangspunkt für alles dasjenige gewesen, was nun das Menschliche so entwickelt, daß das zu gleicher Zeit mit der Außenwelt in Beziehung kommt. Erfindungen sind in Asien sehr wenig gemacht worden. Verarbeitet kann dann die Geschichte werden; aber Erfindungen selber, wie gesagt, das, was durch die Erfahrung mit der Außenwelt entspringt, das können die Asiaten nicht machen» (a. a. O., S. 59).

Steiner illustriert diese These mit einer Geschichte von einem englischen Schraubendampfer in Japan, den die Japaner nicht hätten steuern können. Die Schlußfolgerung Steiners daraus wird durch die neuere Geschichte Japans widerlegt: «Die Japaner werden daher alle europäischen Erfindungen ausbilden; aber selber etwas ausdenken, das werden die Japaner nicht.» Steiner meint dann versöhnlich: «Es ist einmal so beim Menschengeschlecht, daß die Menschen über die Erde hin eigentlich alle aufeinander angewiesen sind. Sie müssen einander helfen. Das ergibt sich schon aus ihren Naturanlagen» (a. a. O.). Die konkreten Beispiele zeigen allerdings eine etwas einseitige Richtung der Hilfe.

Nun kommt Steiner auf den Knochenbau zu sprechen: Das Triebleben der schwarzen Menschen ergebe durch sein Kochen «Asche», die sich dann in den Knochen ablagere, weshalb schwarze Menschen «grob ausgebildete Knochen» hätten. Europäer würden feine Knochen haben, die asiatischen Menschen stünden mittendrin.

Damit sind die drei Grund-Hautfarben besprochen. Die anderen Hautfarben erklären sich durch Wanderungen: «Die Gelben wandern nach Osten hinüber. Wenn die Gelben nach Osten hinüber wandern, dann werden sie braun. Da entstehen dann die Malaien; die werden braun... Also diese braunen Malaien sind ausgewanderte Mongolen, die sich aber jetzt, weil die Sonne anders auf sie wirkt, angewöhnen, mehr Licht und mehr Wärme aufzunehmen. Bedenken Sie aber, daß sie nicht die Natur dazu haben. Sie haben sich schon angewöhnt, sogar ein solches Knochengerüst zu haben, daß sie nur einen bestimmten Grad von Wärme aufnehmen können. Sie haben nicht die Natur, so viel Wärme aufzunehmen, als sie jetzt als Malaien aufnehmen. Die Folge davon ist, daß sie anfangen, unbrauchbare Menschen zu werden, die am Menschenkörper zerbröckeln, deren Körper abstirbt. Das ist in der Tat bei der malaiischen Bevölkerung der Fall. Die stirbt an der Sonne.

Die stirbt an der Östlichkeit. So daß man sagen kann: während die Gelben, die Mongolen, noch Menschen in der Vollkraft sind, sind die Malaien schon eine absterbende Rasse. Sie sterben ab» (a. a. O., S. 60f.). Das Dekadenz-Modell von 1909 begegnet hier, 1923, in biologischem Gewande: Der Zerfall gewisser Völker (Malaien und Eskimos, s. o.) wird nicht mehr mit geisteswissenschaftlicher Binnenbegrifflichkeit (Entwicklung des Ich) begründet, sondern mit vorgeblichen Gesetzmäßigkeiten, die dem biologisch-physikalischen Bereich zuzuordnen sind. Diese Verschiebung macht die Sache noch um einiges problematischer, insbesondere angesichts der kontemporären biologischen Rassenkunde.

In Sachen absterbender Indianer bleibt sich Steiner für einmal treu: Die Indianer seien eigentlich Schwarze, die nach Amerika gezogen seien. «Jetzt kriegen sie nicht so viel Licht und Wärme, als sie brauchen, um schwarz zu werden. Daher werden sie kupferrot, werden Indianer. Das kommt von daher, weil sie gezwungen sind, etwas von Licht und Wärme zurückzuwerfen... Das können sie nicht aushalten. Daher sterben sie als Indianer im Westen aus, sind wiederum eine untergehende Rasse, sterben an ihrer eigenen Natur, die zu wenig Licht und Wärme bekommt, sterben an dem Irdischen. Das Irdische ihrer Natur ist ja ihr Triebleben. Das können sie nicht mehr ordentlich ausbilden, während sie noch starke Knochen kriegen. Weil viel Asche hineingeht in ihre Knochen, können diese Indianer diese Asche nicht mehr aushalten. Die Knochen werden furchtbar stark, daß der ganze Mensch an seinen Knochen zugrundegeht» (a. a. O., S. 61f.).

Steiner resümiert: «Sehen Sie, so hat sich die Sache entwickelt, daß diese fünf Rassen entstanden sind. Man möchte sagen, in der Mitte schwarz, gelb, weiß, und als ein Seitentrieb des Schwarzen das Kupferrote, und als ein Seitenzweig des Gelben das Braune – das sind immer die absterbenden Teile» (a. a. O.).

Nun spricht Steiner nochmals von den Weißen und betont: «Die Weißen sind eigentlich diejenigen, die das

Menschliche in sich entwickeln. Daher sind sie auf sich selber angewiesen», was ihnen als einziger «Rasse» ermöglicht, mehr oder weniger unbeschadet in andere Weltgegenden auszuwandern. So sollen etwa die Inder entstanden sein, «eine Mischung aus Mongolischem und Kaukasischem».

Auch nach Amerika sind Europäer ausgewandert. Dadurch aber wird bei diesen nebst dem Vorderhirn auch das Hinterhirn in Anspruch genommen. «Wenn man dahin kommt, da ist eigentlich immer ein Kampf zwischen Vorderhirn und Hinterhirn im Kopf. Es ist das Eigentümliche, daß, wenn eine Familie nach Amerika zieht, sich niederläßt, dann bekommen die Leute, die aus dieser Familie hervorgehen, immer etwas längere Arme. Die Arme werden länger, die Beine wachsen auch etwas mehr, wenn der Europäer in Amerika sich ansiedelt – nicht bei ihm selber natürlich, aber bei seinen Nachkommen. Das kommt davon, weil die Geschichte mehr durch das Mittelhirn hindurch nach dem Hinterhirn sich hinzieht, wenn man als Europäer nach Amerika kommt» (a. a. O., S. 63). Besonders erhellend ist diese Begründung nicht. Überhaupt wäre es interessant zu erfahren, woher Steiner diese Mär von den längeren Armen hat. Deutlich aber auch hier der angebliche Zusammenhang zwischen physischer Entwicklung und Wohnort, ein Argument, das sich trefflich gegen eine multikulturelle Gesellschaft ins Feld führen ließe.

Aus dem Wohnortwechsel der weißen Amerikaner soll nach Steiner nun auch noch anderes folgen: Während die Europäer infolge seines Bezuges zur Denkkraft immer alles beweisen würde, würden Amerikaner bloß behaupten, was sich durch einen Vergleich europäischer und amerikanischer Bücher belegen ließe. Das Beweisenwollen sei nun nicht gerade eine vorwärtsbringende Eigenschaft, weswegen die Amerikaner den Europäern voraus seien, was sich besonders im kommenden Wassermann-Zeitalter zeigen würde. Die These von der kommenden amerikanischen Zivilisation breitet Steiner in der Folge anhand einiger Beispiele aus, die hier auf sich beruhen können.

Interessant dann wieder die Zukunftsperspektive: «Nun, Sie sehen, auf diese Weise kann man durchschauen, was wir als Europäer für eine Aufgabe haben. Wir haben gar nicht die Aufgabe als Europäer, über die Amerikaner immer zu schimpfen, sondern wir müssen natürlich über die ganze Erde hin eine Zivilisation begründen, die aus dem Besten zusammengesetzt ist» (a. a. O., S. 66).

Und zusammenfassend: «Und so ist es wirklich ganz interessant: Auf der einen Seite hat man die schwarze Rasse, die am meisten irdisch ist. Wenn sie nach Westen geht, stirbt sie aus. Man hat die gelbe Rasse, die mitten zwischen Erde und Weltenall ist. Wenn sie nach Osten geht, wird sie braun, gliedert sich zu viel dem Weltenall an, stirbt aus. Die weiße Rasse ist die zukünftige, die am Geiste schaffende Rasse. Wie sie nach Indien gezogen ist, bildete sie die innerliche, poetische, dichterische, geistige indische Kultur aus. Wenn sie jetzt nach Westen geht, wird sie eine Geistigkeit ausbilden, die nicht so sehr den innerlichen Menschen ergreift, aber die äußere Welt in ihrer Geistigkeit begreift. Und so werden in der Zukunft gerade aus den Rasseeigentümlichkeiten solche Dinge hervorgehen, die man kennen muß, damit man sich richtig hineinstellt ins Leben» (a. a. O., S. 67).

Zusammenfassung:
- Der Steiner der Arbeitervorträge teilt die Menschen in fünf Rassen ein, wobei deren drei Grundrassen sind; die beiden anderen sind durch Wanderungen aus den ersteren entstanden. Steiner differenziert im einzelnen: die schwarze Rasse, daraus die Indianer; die gelbe, mongolische Rasse, daraus die Malaien; und die weiße Rasse.
- Die Rassenentstehung wird diesmal mit der unterschiedlichen Sonneneinstrahlung in den verschiedenen Weltgegenden erklärt. Diese soll bei den Trägern verschiedener Hautfarben zu differenten physischen Organisationen geführt haben.
- Die Rassen werden dadurch mit verschiedenen Teilen des Gehirns und verschiedenen psychischen Erscheinun-

gen korreliert, im einzelnen: Schwarze Rasse – Hinterhirn – Trieb- und Instinktleben, gelbe Rasse – Mittelhirn – Gefühlsleben, weiße Rasse – Vorderhirn – Denkleben.

– Das Dekadenzmodell von 1909 wird wieder aufgegriffen, allerdings in modifizierter Form; die Begründung des Absterbens der Indianer und der Malaien geschieht mit biologisch-physikalischer Begrifflichkeit anstelle der geheimwissenschaftlichen Binnenbegrifflichkeit von 1909.

– Der weißen Rasse wird im Vortrag ziemlich ungebremst der Vorrang eingeräumt, insbesondere was technologische Entwicklung, aber auch Zukunftsperspektiven anbelangt.

Befund und Anfragen an die Anthroposophie

Aus dem Dargestellten ergeben sich einige Anfragen an die Anthroposophie, insbesondere betreffs ihres Umgangs mit den zitierten Elementen von Steiners Theorie.

1. Ist Rudolf Steiner ein Rassist?

– Die von Ditfurth implizit aufgeworfene und bejahte Frage, ob Rudolf Steiner ein Rassist sei, ist differenzierter anzugehen. Je nachdem, welche Definition von Rassismus an Steiners Werk angelegt wird, wird der Befund anders ausfallen:

a) Wenn als Rassismus eine Weltsicht gemeint wird, für welche in Manier des rassistischen Sozialdarwinismus die verschiedenen Rassen in einem «struggle for life», einem Überlebenskampf stehen und sich gegenseitig zu bekämpfen hätten, auf daß die Bestangepaßte überlebt, was auch Rassenhaß und rassistisch motivierte Verfolgung beinhalten kann, so ist Rudolf Steiner bestimmt kein Rassist, sondern das wahre Gegenteil. Nirgendwo spricht Steiner vom Kampf der Rassen gegeneinander als einer Naturnotwendigkeit. Von der NS-Rassenkunde ist Steiner hier deutlich abzusetzen.

b) Wenn als Rassismus eine Haltung gesehen wird, die

verschiedenen Subspezies der Art Mensch verschiedene Stufen einer wie auch immer gearteten Entwicklung zu einem in irgendeiner Form gefaßten «wahren/eigentlichen Menschlichen» zuordnet, wobei der gegenwärtig höchste Punkt von der europäischen «Rasse» eingenommen wird, so ist Steiners Theorie bedingt als rassistisch anzusprechen. Steiner sieht dabei diese Gefahr gemildert durch die Lehre von der Reinkarnation, insofern ein entwicklungsmäßiges Werturteil über einen Menschen nur dessen gegenwärtige Physis, nicht aber seine eigentliche, seelische Wesenheit meint.

c) Wenn Rassismus eine Weltanschauung darstellt, die aus physischen Differenzen auf die psychisch/intellektuelle Konstitution schließt und gewisse Phänotypen wie etwa Hautfarben bestimmten psychisch-intellektuellen Möglichkeiten zuordnet, meist mit Vorteil für die Europäer, dann ist zumindest Steiners 1923-er Arbeitervortrag als rassistisch anzusprechen.

d) Wenn es auch als Rassismus zu bezeichnen wäre, wenn die Haltung vertreten wird, gewisse durch physische Merkmale repräsentierte Subspezies hätten gewisse ihnen zugewiesene Lebensräume, in denen sie sich auf ihre je ihnen angemessene Art zu entfalten hätten, dann wäre Steiner bestimmt als Rassist anzusprechen.

Fazit: Steiner hätte den NS-Rassismus mit Bestimmtheit in aller Schärfe abgelehnt, für eine multikulturelle Gesellschaft kann er sich aber auch nicht erwärmen. Das Kulturkreismodell heutiger europäischer Rechtsparteien kommt den Steinerschen Vorstellungen sehr nahe: Schwarzafrikaner und ihre Kultur gehören nicht nach Europa, ebensowenig chinesische oder heutige indische Kultur. In der Fluchtlinie von Steiners Vorstellungen liegt – das ist das äußerste – gar ein Apartheit-artiges Modell, das die Ungleichbehandlung der Menschen aus ihren je verschiedenen Möglichkeiten und Entwicklungsnotwendigkeiten begründet.

Anfrage: Wie geht die heutige Anthroposophie mit diesem Befund um? Negiert sie ihn? Verschweigt sie unter

Verweis auf Steiners Vorgehen gegen nationalistische Auswüchse seine rassenkundlichen Vorurteile? Oder vermag sie sich hier von Zeitgebundenem (und dem übrigen Werk aus heutiger Sicht Widersprechendem) in Steiners Vorstellungswelt zu distanzieren?

2. Von Steiners Umgang mit dem Thema «Rassen»

Wir haben gesehen, daß Steiner nur vier seiner ca. 6000 Vorträge ganz dem Thema Rassen widmet. Eine zentrale Fragestellung scheint die Thematik für ihn nicht zu sein. Diese Feststellung wird noch unterstrichen durch die Tatsache, daß er sich in seinen rassenkundlichen Vorträgen beharrlich weigert, zum Thema schon Gesagtes in irgendeiner Form mit der gerade aktuell präsentierten These in Übereinstimmung zu bringen. Es geht Steiner offenbar nicht um eine kohärente Rassenkunde; die Rassen sind ein Thema, über welches Steiner – mit Verlaub – sagt, was ihm gerade einfällt. Dies beruhigt den, der in Steiner einen Vorläufer expliziter Rassenkunde im deutschsprachigen Raum befürchtet. Andererseits stellt sich doch die Frage, ob Steiners lockerer Umgang mit der Thematik den Konsequenzen der Überlegungen für die betroffenen Menschengruppen ganz gerecht wird. Wie muß sich ein Mensch mit schwarzer Hautfarbe fühlen, wenn er das einemal hört, er hätte ein minderentwickeltes Ich-Gefühl und wäre deshalb ganz an die Sonne hingegeben, das andere Mal aber auf seinen Egoismus aufmerksam gemacht wird, welcher ihn alles Sonnenlicht aufsaugen läßt? Die Darstellungen heben sich zwar praktisch gegenseitig auf, positiv werden sie dadurch allerdings noch nicht.

Wie geht die heutige Anthroposophie mit diesen Theorieelementen um? Oder konkret: Was hat sie zu einer schwarzen Hautfarbe zu sagen? Und als Anschlußfrage: Wie ist es mit der Glaubwürdigkeit von Steiners «Geisteswissenschaft» bestellt, wenn sie je nach Anlaß zu derart differenten Ergebnissen führt?

3. Steiner und die werdende NS-Ideologie

Insbesondere im Zusammenhang mit dem 1923-er Vortrag wird die zeitliche Nähe zur NS-Ideologie zum Problem. Hat Steiner diese in irgendeiner Weise als Gefahr gesehen, wenn er 1923 noch meint, Rassenkunde sei wichtig zum Verständnis von Geschichte und Gegenwart? Wenn sich Steiner auch in jeder Form vom Nationalismus distanziert, explizite Distanzierungen von der Rassenkunde sind mir nicht bekannt. Jedenfalls bringt er sie nicht dort, wo sie zwingend hingehörten, nämlich bei rassenkundlichen Fragen aus dem Publikum.

Wie sind dann aber Steiners Aussagen über Jahrtausende zukünftiger Menschheitsentwicklung zu werten, wenn die nähere Zukunft (und ein Detail waren NS-Zeit und Zweiter Weltkrieg ja wohl nicht) offenbar unbekannt ist? Wie erklärt die Anthroposophie diesen Befund?

4. Rassenkunde und Reinkarnation

Steiner ist sich, zumindest im Volksseelenzyklus, der Tatsache bewußt, daß seine entwicklungsmäßige Wertung der verschiedenen Subspezies für den Angehörigen einer damit als minderentwickelt geltenden Subspezies ein Problem ist. Er gibt aber als Milderung die Lehre der Reinkarnation an, wodurch die Einordnung nurmehr den Körper, nicht aber die Seele betreffen würde. Die Frage bleibt aber, ob solches für einen Menschen mit schwarzer Hautfarbe wirklich ein Trost darstellt (insbesondere, wenn der Betreffende nicht an die Reinkarnationstheorie glaubt). Sein gegenwärtiges Leben erscheint als eine Art «Warteschlaufe», nach deren Ablauf, je nach Eignung, Höheres bevorsteht; oder, bestenfalls, als Primarklasse der Lebensschule, die eben auch absolviert sein will. Die gegenwärtige Existenz des Betroffenen, und nur auf die ist im Rahmen einer humanistisch sein wollenden Weltanschauung abzustellen, ist aber auf jeden Fall in ihrem Wert gemindert (was Steiner ja auch zugibt).

Was unternimmt hier die heutige Anthroposophie, um den Menschen verschiedener Hautfarbe das Menschsein

193

im gleichen Vollsinne zubilligen zu können (wie es im heutigen Christentum selbstverständlich ist)?

5. *Steiners Bedeutung für die Anthroposophie*

Die Frage nach der Bedeutung Steiners in der heutigen Anthroposophie stellt sich in unserem Zusammenhang mit besonderer Schärfe. Einerseits findet sich bei Steiner klar Rassenkundliches, aber es wird in heutigen anthroposophischen Publikationen im Gegensatz zum Volkscharakter-Konzept nicht mehr aufgegriffen (so erwähnt etwa Jens Heisterkamp in seinem Werk «Weltgeschichte als Menschenkunde. Untersuchungen zur Geschichtsauffassung Rudolf Steiners», Dornach 1989, auf S. 109 die Volksgeister samt ihrer Definition aus dem Volksseelenzyklus. Die im selben Zyklus mit ersteren korrelierten Rassegeister unterschlägt er einfach). Faktisch wird hier Steiner korrigiert, sehr zu Recht natürlich. Andererseits wird Steiner bei jeder expliziten Thematisierung seiner Rassenkunde massiv verteidigt. Irgendwelche Fehler in diesem Bereich sind bei Steiner, so die Ansicht, nicht zu finden.

Gibt es hier einen Widerspruch zwischen faktischer Korrektur des Gründers und prinzipiell festgehaltener «Unfehlbarkeit» des Herrn Doktor? Vielleicht könnte gerade das Thema der Rassen für die Anthroposophie zum Anlaß werden, Steiners Bedeutung, seinen «Offenbarungsrang», explizit zu thematisieren. In diesem Sinne hätte die von Jutta Ditfurth vom Zaun gebrochene Debatte vielleicht sogar für die Anthroposophie ihr Gutes.

Zum Rassismus-Vorwurf gegenüber der Anthroposophie

Cornelius Bohlen

Gegner der Anthroposophie haben in den letzten Jahren die Verdächtigung aufgebracht, daß die Anthroposophie Rudolf Steiners Züge eines rassistischen Weltbildes trage. Sie wissen wohl, mit was für Verleumdungen sich heute «Politik» machen läßt; denn rassistische Auffassungen widersprechen den elementarsten sozialen Empfindungen der Menschenwürde.

Aufgestiegen ist der Rassismus-Vorwurf gegen die Anthroposophie aus den Kulissen des politischen Grabenkampfes mit seinen Instinkten. Seitdem steht er als wirksame Worthülse all jenen billig zur Verfügung, die für ihre aus ganz anderen Gründen stammende Feindseligkeit gegen die Anthroposophie ein Mittel mehr brauchen.[1]

Der Verfasser dieser Zeilen ist sich im klaren darüber, daß griffige Verunglimpfungen auf manche stärker wirken als sachliche Erörterungen. Auch ist ihm klar, daß man mit herausgerissenen Zitaten aus dem Werk Rudolf Steiners die Anthroposophie auf hundert verschiedene Arten gezielt lächerlich machen kann. Das kann man mit jedem Werk der Geistesgeschichte. Ebenso weiß er, daß einige Anthrophosophen sich von manchen Äußerungen Rudolf Steiners über Völker und Rassen distanzieren, wobei sie zugleich die eindeutig antirassistische und antinationalistische Gesinnung der Anthroposophie dargelegt haben.[2] Auch ist es ihm bekannt, daß es Einzelfälle gibt, wo Angehörige der «anthroposophischen» Bewegung in Wort und Schrift trübsten nationalistischen Ideen erliegen – versprengte Fälle, denen aber wohl Beachtung zu widmen ist und von denen sich Vertreter der Anthroposophie sofort nach ihrem Bekanntwerden aufs schärfste in aller Öffentlichkeit distanziert haben. Und er will seine Überzeugung bekennen, daß jeglicher Rassismus oder Nationalismus

195

des anthroposopischen Weltbildes in ihm selbst die stärksten Bedenken gegenüber dieser Weltanschauung erregen würden.

Rudolf Steiner – des Rassismus und Nationalismus verdächtig? Gerade er? – Der Denker der Philosophie der Freiheit, dessen höchstes Lebensideal sein ganzes Leben lang war, daß dem Menschen gerade als Individuum die Welträtsel aufgegeben sind, ungeachtet von Rasse, Volk, Geschlecht, Beruf, Herkommen usw. Der Geistesforscher und Begründer der Anthroposophie, der jede Zeile, jedes gesprochene Wort seines viele Bände umfassenden Gesamtwerkes darauf gründete, die allgemeine Menschennatur, wie sie in jedem Menschen auf besondere Weise lebt, zu erforschen. Der Lebenspraktiker, der eine Fülle von internationalen sozialen Impulsen ins Leben rief: Waldorfschulen, heilpädagogische Stätten, biologisch-dynamische Landwirtschaftsweise, eurythmische Bewegungskunst, Sprachkunst, anthroposophische Medizin usw., die von Menschen der unterschiedlichsten Volkszugehörigkeit heute in allen Gebieten der Erde praktiziert werden. Der Künstler, unter dessen Leitung Persönlichkeiten aus siebzehn Nationen den Bau des Goetheanum im schweizerischen Dornach errichteten, als Wahrzeichen brüderlich wirksamer Kunst und Wissenschaft – während ringsum die Staaten der Welt mit aufgepeitschten nationalen Erregungen den Vernichtungskampf des ersten Weltkriegs führten, mit dem sich Rudolf Steiner unablässig auseinandersetzte. – Mindestens fragwürdig müßte einem da doch der Verdacht von Nationalismus und Rassismus erscheinen!

Mit dem lautesten Geschrei und am populärsten wurde der Rassismus-Verdacht von der ökologisch-sozialistischen Politikerin Jutta Ditfurth erhoben. Wir gehen darauf ein, weil auch Georg Otto Schmid sich auf diese Quelle beruft. Sie behauptet, daß die Grundlage des gesamten anthroposophischen Weltbildes die Rassenlehre sei, und versteigt sich zu dem Vorwurf: «Zum Wesen der Anthroposophie gehört ihre enge Verbindung zum Faschismus».[3] Das will sie dann ein ganzes Kapitel lang beweisen mit der Darstellung der Person von W. G. Haverbeck und der Organisationen, denen er angehörte. Haverbeck, ein ehemaliger Nationalsozialist, kam nach dem Krieg mit der Anthroposophie in Berührung und vermischte seine nationalistischen und rechtsextremen Ideen mit deren Gedankengut.

Wie ist nun daraus auf den Faschismus der Anthroposophie zu schließen? Erstens beweisen solche Personen überhaupt nichts, sie kommen überall vor, und: wer würde denn daraus schließen, wenn eine Persönlichkeit des Faschismus zum Beispiel Goethe oder die Kirche für seine Zwecke mißbraucht, daß dann zu Goethe oder zur Kirche ihrem Wesen nach Faschismus gehören? So aber die durch politische Agitation getrübte «Logik» der J. Ditfurth. Ist denn Haverbeck irgendwie repräsentativ für die Anthroposophie? Nein, im Gegenteil: Ditfurth verschweigt, daß die «Christengemeinschaft», die der Anthroposophie nahesteht, ihn nach einigen Jahren von seinem Pfarreramt gerade entlassen hat. Ebenso «übersieht» sie, daß Haverbecks späteres Buch, in welchem er Rudolf Steiner für seine höchst befremdlichen nationalistischen Ideen vereinnahmt, als erstes und lange vor Ditfurth von anthroposophischen Vertretern ausführlich und öffentlich kritisiert und angeprangert wurde.[4] Was beweist also Haverbeck wirklich? Daß man die Anthroposophie mißbrauchen kann. Was ist Ditfurths Behauptung über den Faschismus der Anthroposophie? Eine unverschämte Verlogenheit, die nicht dadurch besser wird, daß sie offensichtlich abgeschrieben und übersteigert wurde, ohne die Sache selbst zu prüfen.[5] Wenn politischer Antirassismus und Antifaschismus bei J. Ditfurth darin besteht, daß man zuerst seinen gesunden Menschenverstand abwählt, so wird es leider damit nicht viel auf sich haben. – Tatsache ist, daß das Geistesgut der Anthroposophie mit Faschismus nicht das geringste zu tun hat. Rudolf Steiner war ein heftiger Gegner einer nationalstaatlichen Machtpolitik Deutschlands nach dem Ersten Weltkrieg und den Kreisen aus dem damaligen Vorfeld des Nationalsozialismus zutiefst verhaßt. Es ist überliefert, daß er bei ihnen auf einer Liste der zu Ermordenden stand; seine öffentliche Vortragstätigkeit vor Tausenden von Menschen wurde 1922 eingestellt, nachdem nationalistische Gruppierungen die Veranstaltungen gestört und einen Anschlag auf Rudolf Steiner unternommen hatten.[6] Im Deutschland der nationalsozialistischen Diktatur wurde die Anthroposophie 1935 verboten und in den folgenden Jahren alle anthroposophischen Einrichtungen aufgelöst und unterdrückt. Gleiches geschah im stalinistischen Sowjetrußland.

Georg Otto Schmids Beurteilung der Anthroposophie ist da differenzierter als die der Ditfurth. Er sieht, daß Rassismus und Nationalismus in der Praxis überhaupt nicht vorhanden sind, daß es wichtige universelle Aspekte der Anthroposophie gibt und daß Vorstellungen über Rassen eigentlich eine eher nebensächliche Rolle im Gesamtwerk R. Steiners spielen. Dennoch kann er sich nicht enthalten, der Anthroposophie vorzuwerfen, daß sie von «rassistischem», «nationalistischem», «eurozentrischem» und «germanophilem» Gedankengut durchsetzt sei.[7] Er folgert sogar, daß aus dem Ideengebäude der Anthroposophie heraus zwangsläufig Rassismus droht. Er findet zum Rassismus der Anthroposophie: «Jutta Ditfurths Kritik trifft insofern durchaus eine strukturelle Schwäche von Steiners Konzeption. Das Problem, das durch diesen Theorieaufbau gegeben ist, wird nur darum nicht besonders virulent, weil sich Steiner relativ selten über nichteuropäische Völker äußert.» Das Problem ist der Rassismus der Anthroposophie und die Argumentation nun typisch für G. O. Schmid: Er *vermutet* einen grundsätzlichen Rassismus der Anthroposophie; weil er ihm aber doch *nicht* ganz greifbar ist, *unterstellt* er ihn einfach und *erfindet* einen Grund, warum er nicht recht zum Vorschein kommt; fügen wir an, daß der zu diesem Zweck erfundene Grund auch noch *falsch* ist, denn R. Steiner hat so oft über nicht-europäische Völker gesprochen, daß wir uns den Nachweis ersparen, weil er von jedermann hundertfach in seinem Werk aufgefunden werden kann. Noch ein Beispiel für die «Logik» des G. O. Schmid: Er weiß und schildert ganz richtig, daß die universelle Tendenz im Werk Rudolf Steiners den Anthroposophen wichtig ist und sie unter anderem in einem wahren Völkerverständnis ein Mittel gegen den Nationalismus sehen. Daran schließt er nun die Bemerkung: «Dies mag wohl sein für jemanden, der die Reinkarnationstheorie akzeptiert. Ansonsten bleiben das rassistische Streugut, der Eurozentrismus und gewisse germanophile Züge in Steiners Werk störend.» Wieder also muß er sogleich bezweifeln, was bloß nicht in seine Vermutung paßt. Erstens ist aber die Unterscheidung zwischen universellen Seiten des Menschseins und solchen, die an Rassen oder Völker gebunden sind, gar nicht von der Reinkarnationstheorie abhängig, in vieler Hinsicht auch nicht in der Anthroposophie, was Schmid wieder nur *unterstellen will*. Demnach müßte er ja auch die Menschenrechte bezweifeln, wenn sie jemandem ein Anliegen sind, der auch von der Reinkarnation überzeugt ist. Und zweitens: Wenn jemand von der Reinkarnationstheorie nichts hält, so ist das natürlich seine Sache; wenn aber die Anthroposophie sie vertritt und damit allerdings die universelle Seite des Menschseins gegenüber der durch Volk und Rasse begrenzten erheblich erweitert wird, dann ist das eine Tatsache, die zu berücksichtigen ist: zur Frage stand ja nicht der Rassismus oder die Reinkarnationstheorie von Herrn Schmid, sondern der angenommene Rassismus des anthroposophischen Ideengebäudes.

Doch genug von der seltsam getrübten Logik derjenigen, die mit ihrer Hilfe der Anthroposophie Rassismus und Nationalismus vorwerfen wollen. Hinweisen wollen wir nur noch darauf, daß das «soziale» Engagement der Kritiker dazu führt, daß sie die ausführlich vorliegenden sozialen Ideen der Anthroposophie mit keinem Worte berücksichtigen. Den «Eurozentrismus» und die «Germanophilie» werden wir außer Betracht lassen, denn warum sollte man es Rudolf Steiner vorwerfen, wenn er sich dazu gedrängt fühlte, sich an die besseren Seiten des deutschen

Geistes zu halten? Vielleicht war es ja wirklich soziale Einsicht und Liebe zu Deutschland und Europa, wenn er, nach dem Ersten Weltkrieg und während der deutschen Revolution, mit all seiner Kraft bei allen Schichten der Bevölkerung eine internationale Bewegung für die dreifache Gliederung des sozialen Organismus zu entfachen suchte. Eine Bewegung, die wohl geeignet gewesen wäre, dem Untergang Deutschlands und der Teilung Europas durch die zwölfjährige Dämonie des Nationalsozialismus wenigstens sehr stark entgegenzuwirken. Man wird ihn vielleicht für einen unpraktischen sozialen Schwärmer halten, weil es ihm nicht gelang; gar nicht unpraktisch will es uns im Rückblick erscheinen, daß er selbst meinte, man müsse alles tun, weil es um Leben und Tod für Mitteleuropa ginge, das seine tat – und, wenigstens bei den Deutschen, zu wenig Ohren und Hände fand. Die von den modernen sozialen Verhältnissen geforderte und von Rudolf Steiner vertretene Gliederung des sozialen Lebens in drei sich selbständig verwaltende Gebiete des geistigen Kulturlebens, des demokratischen Rechts- und Staatslebens und eines von diesem politischen Bereich zu trennenden Wirtschaftslebens sind aber auch heute noch von brennender Aktualität. Wir weisen in diesem Zusammenhang deshalb auf sie hin, weil diese soziale Dreigliederung die fortwährende Tendenz beinhaltet, einer nationalistisch wirksamen Machtzusammenballung auf staatlichem oder wirtschaftlichem Gebiet gerade völlig *entgegenzuarbeiten*.[8]

Wie steht es nun aber mit den angeblich rassistischen und nationalistischen Zügen des anthroposophischen Weltbildes? Nun: die Anthroposophie als Werk Rudolf Steiners enthält unter anderem einige Ausführungen über die Menschheitsrassen und eine Fülle von Charakteristiken verschiedener Völker. Es gibt dabei einige Äußerungen, die, *wenn* sie aus ihrem eigentlichen Zusammenhang herausgelöst werden, bei manchem begreiflicherweise leicht den *Anschein* von Rassismus oder Nationalismus erwecken mögen – ebensosehr steht fest, daß jede Prüfung der weltanschaulichen Grundlage und des Geistesgutes der

Anthroposophie ergibt, *daß ihr Rassismus oder Nationalismus so fremd wie nur möglich sind.* Das hieße dann aber, daß solche Äußerungen nur rassistisch empfunden und verwendet werden, ohne dies zu sein. Geflissentlich verschweigen ja diejenigen, die mit dem Bewerten mancher Aussagen ihren kritischen Verstand beweisen wollen, daß Rudolf Steiner, weit davon entfernt, den dahingehenden Tendenzen seiner Zeit zu erliegen, den Nationalismus als Gefahr der modernen Geschichte oft besprochen hat und sich selbst dazu ganz unmißverständlich geäußert hat: «*Denn durch nichts wird sich die Menschheit mehr in den Niedergang hineinbringen, als wenn sich Rassen-, Volks- und Blutsideale fortpflanzen.*»[9] Solche Wortlaute, die sich vermehren ließen und längst dokumentiert worden sind[10], könnten ja den vielartigen Facetten eines schillernden Geistes entstammen. Daß man sie aber gar nicht berücksichtigt und bewußt umgeht, das zeigt dann doch, daß einem nicht an sachlicher Einsicht, sondern nur an einseitigem Verzerren gelegen ist. Natürlich: eine antirassistische Kritik nähme sich schlecht aus, sollte sich herausstellen, daß der Kritisierte ein viel radikalerer und umfassenderer Antirassist war als man selbst.

Als die einfachsten Voraussetzungen aller Beurteilungen von Völkern und Rassen im Zusammenhang des Werkes von Rudolf Steiner müssen angeführt werden: 1. Grundlage der anthroposophischen Weltanschauung ist die Freiheit des menschlichen Individuums. 2. Das Wesen der anthroposophischen Geisteswissenschaft liegt in der Darstellung der physischen, seelischen und geistigen Organisation des Menschen, wie sie unabhängig von aller Menschheitsdifferenzierung besteht. 3. Die heutigen Menschheitsrassen sind in der anthroposophischen Auffassung nur nachwirkende Reste uralter Menschheitszustände, wobei die noch vorhandene Gliederung der Menschheit in Rassen in der näheren Zukunft der Menschheit ganz aufhören wird. 4. Alles in der Anthroposophie vorliegende Verständnis von Völkern und Rassen bezieht sich nicht unmittelbar auf die einzelnen Menschen, die ihnen angehören, sondern auf äußere und relative Bedingungen ihres Daseins. – Jede dieser Voraussetzungen soll im folgenden kurz erläutert werden:

1. Rudolf Steiners erstes zusammenfassendes Hauptwerk war die «Philosophie der Freiheit». In ihr wird dargelegt, welche Weltanschauung er als philosophischer Denker vertrat. Nie ist er davon abgerückt, sie blieb ihm eine wissenschaftliche Grundlage seines ganzen Lebenswerks. Der Mensch als individuelles Wesen wird dort hoch über alle seine Bedingtheiten durch Rasse, Volk, Geschlecht usw. gestellt. Das menschliche Handeln aus der objektiven Erkenntnis und Phantasie der freien Einzelpersönlichkeit hervorgehen zu lassen war das höchste Ideal dieser ausführlich begründeten philosophischen Auffassung: «*Wie der einzelne zu denken hat, läßt sich nicht aus irgendeinem Gattungsbegriffe ableiten. Dafür ist einzig und allein das Individuum maßgebend. Ebensowenig ist aus allgemeinen Menschencharakteren zu bestimmen, welche konkrete Ziele das Individuum seinem Wollen vorsetzen will. Wer das einzelne Individuum verstehen will, muß bis in dessen besondere Wesenheit dringen, und nicht bei typischen Eigentümlichkeiten stehen bleiben. In diesem Sinne ist jeder einzelne Mensch ein Problem. Und alle Wissenschaft, die sich mit abstrakten Gedanken und Gattungsbegriffen befaßt, ist nur eine Vorbereitung zu jener Erkenntnis, die uns zuteil wird, wenn uns eine menschliche Individualität ihre Art, die Welt anzuschauen, mitteilt, und zu der anderen, die wir aus dem Inhalt ihres Wollens gewinnen.*»[11] Es blieb diese Ansicht eine Grundlage des gesamten Aufbaus der Anthroposophie in Theorie und Praxis, die mit ihrer Forderung nach sozialem Vertrauen in die Individualkraft des Mitmenschen noch den spätesten sozialen Entwürfen Rudolf Steiners wesentlich ist. Deshalb legen wir hier Gewicht auf diese Tatsache, weil uns scheint, daß im sozialen Leben unserer Zeit nur eine Weltansicht, die die Freiheit der menschlichen Persönlichkeit vertreten kann, ein echtes Gegengewicht gegen rassistische, nationalistische und andere kollektivistische Abir-

rungen sein kann; denn diese bestehen darin, Volk, Rasse, Staat usw. in übersteigerter Form als entscheidende Mächte des Lebens anzusehen, denen der einzelne Mensch unterzuordnen ist.

2. Das Wesen der Anthroposophie selbst besteht in der spirituellen Erkenntnis der ewigen Natur des Menschen nach Leib, Seele und Geist und ihrem zeitlichen Werden in der Weltentwicklung. Alle anthroposophischen Grundbegriffe und Einzelergebnisse der Anthroposophie beruhen auf einem für alle Menschen einheitlichen, universellen Menschenbild. Dieses ist gegenüber den gewöhnlichen wissenschaftlichen Vorstellungen vom Menschen sogar erheblich erweitert und vertieft, weil es die einheitliche menschliche Organisation vollinhaltlich auch auf seelischem und geistigem Gebiet über die vergänglichen Grenzen von Tod und Geburt hinaus verfolgt. – Eine Rassen- oder Völkerlehre ist *in keiner Weise* Grundlage der Anthroposophie, wie es J. Ditfurth und andere in gröbster Weise verfälschend darstellen wollen.[12] Tatsächlich sieht alles anthroposophische Verständnis in den Völkern und Rassen nur besondere Ausprägungen der für alle Menschen einheitlichen Menschennatur.

3. Rudolf Steiners anthroposophisches Werk enthält einige grundsätzliche Darstellungen über die Entwicklung, die Einheit und die Verschiedenheit der Menschheitsrassen. – Hierzu ist zunächst zu bemerken, daß dabei die theosophische Rassenlehre nicht mit den anthroposophischen Auffassungen zu verwechseln ist, was von allen Kritikern durcheinander geworfen wird – ein Zeichen mangelnden Unterscheidungsvermögens. Rudolf Steiner hat seine Erkenntnisse immer selbständig und unabhängig von den Inhalten der theosophischen Tradition vertreten, auch als er anfänglich selbst im Rahmen der Theosophischen Gesellschaft tätig war. In schwerwiegenden Auseinandersetzungen, die die Christus-Frage betrafen, trennte sich die anthroposophische Bewegung von der Theosophischen Gesellschaft, so daß die Verwechslung von Anthroposophie und Theosophie der Behauptung gleichkommt, ge-

schiedene Eheleute als ein Paar zu betrachten. – Was nun Rudolf Steiners Verhältnis zu den theosophischen Rassenlehren angeht, so traten gleich seine ersten Veröffentlichungen zu dieser Frage sogleich mit wesentlicher Kritik auf: in urfernen Zuständen der Menschheitsvergangenheit *«bildet sich erst heraus, was man jetzt ‹Rassen› nennt. Es behält dann diesen ‹Rassencharakter› bei in der Zeit der atlantischen Entwicklung, im vierten Hauptzustand, und weiter bis in unsere Zeit des fünften Hauptzustandes. Doch schon am Ende unseres fünften Zeitalters wird das Wort ‹Rasse› wieder allen Sinn verlieren. Die Menschheit wird in der Zukunft in Teile gegliedert sein, die man nicht mehr wird als ‹Rassen› bezeichnen können. Es ist durch die gebräuchliche theosophische Literatur in dieser Beziehung viel Verwirrung angerichtet worden... Da wird die Weltentwicklung so dargestellt, als ob ewig in gleicher Art durch die Weltenkreisläufe hindurch die ‹Rassen› sich wiederholten. Das ist aber ganz und gar nicht der Fall. Auch das, was ‹Rasse› genannt zu werden verdient, e n t s t e h t und v e r g e h t.»* [13] Unterstreichen wir, was Rudolf Steiner immer wieder dargestellt hat: Wirklich grundsätzliche Bedeutung hat eine Gliederung der Menschheit in Rassen für die anthroposophische Weltsicht nur in einer mehr als zehntausend Jahre zurückliegenden, vorgeschichtlichen Epoche; seitdem sind bis in unsere Gegenwart hinein nur noch Nachklänge der Rassengliederung wirksam, die in der näheren Menschheitszukunft zugunsten anderer Differenzierungen zwischen Mensch und Mensch ganz verschwinden werden. Den heutigen Rassen ein besonderes Gewicht beimessen zu wollen wäre daher für die Anthroposophie ganz im Widerspruch damit, was sie selbst als den fortschreitenden Weltverlauf ansieht. Rudolf Steiner hat alle anthroposophische Erkenntnis und alle mit ihr zusammenhängenden sozialen Einrichtungen so begründet, daß sie unterschiedslos und im Sinne des Internationalismus jedem Menschen zugänglich sein können.

4. Wer Ausführungen Rudolf Steiners über Völker und Rassen richtig beurteilen will, hat schließlich eine weitere

Grundvorstellung zu berücksichtigen. Alles was R. Steiner jemals dazu vorgetragen hat, hat die vielfach geäußerte Voraussetzung, daß man zu unterscheiden weiß zwischen dem Menschen als individuellem Wesen und seiner Zugehörigkeit zu den verschiedenen Bedingungen, unter denen er lebt. Der Mensch als Individuum ist etwas ganz anderes als der Mensch unter dem Gesichtspunkt seiner Zugehörigkeit zu einem Volke, einer Rasse, einem Bekenntniss usw. Urteile Rudolf Steiners über ein Volk oder eine Rasse sind nicht auf den einzelnen Menschen bezogen, sondern als eine Charakteristik der jeweils in Betracht kommenden Gruppierung als solcher gemeint, die den einzelnen Menschen nur mittelbar betrifft, insofern sie bloß einen von vielen Faktoren seiner äußeren Daseinsbedingungen ausmacht. Ebensowenig wie man eine Pflanze aus den sie umgebenden Verhältnissen des Bodens, der Luft und des Lichtes erklären kann, auch wenn diese unzweifelhaft direkt in ihrem Wachstum und ihrer besonderen Ausgestaltung wirken, ebensowenig kann man über den einzelnen Menschen Aufschluß durch eine Untersuchung zum Beispiel seines Volkes gewinnen, auch wenn dieses sein Dasein in der Wirklichkeit mitbedingt und ihm eine besondere Färbung geben wird.

Wer die genannten Voraussetzungen berücksichtigt, muß wissen, daß rassistische oder nationalistische Gesinnungen der Anthroposophie ganz fremd sein müssen. Wer sie nicht zur Kenntnis nehmen will, dem muß die Berechtigung zu einem Urteil darüber ganz abgesprochen werden, denn eine Weltanschauung läßt sich nun einmal nicht beurteilen, ohne ihre einfachsten Voraussetzungen zu beachten.

Noch nicht das mindeste ist durch diese Voraussetzungen darüber gesagt, was die anthroposophische Geisteswissenschaft über die Menschheitsrassen und das Völkerleben zu erkennen meint. Sie vertritt allerdings eine umfassende spirituelle Welterkenntnis, die mit geschichtlichen Entwicklungsperioden und Volksseelen als realen geistigen Tatbeständen rechnet. Sie sieht in ihnen nicht bloß eine beliebige Ansammlung zufälliger Daten aufgrund einer unerklärlichen «Kulturtradition», wie es heute oftmals die Geschichtswissenschaft und die Ethnologie tun. Die Impulse des Geschichts- und Völkerlebens entstehen für die Betrachtung ja zunächst in den Vorstellungen und den Handlungsmotiven des Menschen, bevor sie jemals historische Tradition werden können. Das allein beweist schon ihren geistig-seelischen Ursprung. Die anthroposophische Geisteswissenschaft zeigt nun methodisch und inhaltlich, wie das Geschichts- und Völkerleben der Menschheit bis in übersinnliche Regionen zu verfolgen ist, in denen erst die geistige Realität dessen zu finden ist, was in der Konfiguration eines Zeitalters oder den besonderen Anlagen eines Volkes wirkt. Gegen alle Differenzierung wirkt dabei der Christus-Impuls, der die Menschen einheitlich verbindet, weil er sich mit dem Inneren der ganzen Menschheit verbunden hat und über allen Menschheitstrennungen steht.

Nun liegen in der Anthroposophie eine Fülle von Erkenntnisresultaten über die geschichtliche Entwicklung, den inneren Charakter der Völker und auch der Rassen vor. Und hier liegt nun das eigentliche Problem, die Quelle aller Mißverständnisse: wer in die anthroposophischen Erkenntnisresultate seine persönlichen Vorlieben und Abneigungen hineinträgt, wer anfängt, wie man sagt, sie als Werturteile zu nehmen, der wird allerdings leicht dahin kommen, das Ausmaß, die Intensität und die inhaltliche Bestimmtheit der vorliegenden anthroposophischen Ergebnisse mit seinen eigenen persönlichen Empfindungen zu vermischen und notwendig Einseitigkeiten sehen, wo es gar keine gibt. Dies gilt sowohl für Anthroposophen wie für der Anthroposophie fernstehende Beobachter, wie die traurige und bedauernswerte Tatsache zeigt, daß vereinzelte Anthroposophen ihre subjektiven nationalistischen Einseitigkeiten mit dem anthroposophischen Gedankengut vermengen. *Nur* in diesem Sinne kann man auch von einer tatsächlichen inneren Gefahr des anthroposophischen Gedankengutes sprechen, indem es wie alles Gedankengut vor Verdrehungen, Mißbrauch und persönlichen Verblendungen nicht geschützt ist. Mit der Anthroposophie und Rudolf Steiner hat das allerdings gar nichts zu tun, denn R. Steiner, der diese Gefahr seiner Erkenntnisse sehr wohl kannte und ausdrücklich vor ihr gewarnt hat[14], lehnte alle «Werturteile» auf diesen Erkenntnisgebieten durchaus ab, weil es ihm um die Darstellung objektiver übersinnlicher Tatbestände zu tun war. Gewiß hat er dabei seine Erkenntnisinhalte manchmal in eine Sprache gekleidet, die auch das Empfindungsleben mitspielen lassen. Das ändert aber nichts daran, daß es sich hier nur um Erkenntnisinhalte handelt, die einzig und allein an der Sache zu prüfen sind und bei denen persönliche Bewertungen ausgesprochen gefährlich sind und ganz aus dem Spiel zu bleiben haben. Man kann natürlich die anthroposophischen Erkenntnisse für Unsinn halten oder ganz andere vertreten wollen, sie sind aber nur ihrem Inhalte nach an der Wahrheit zu überprüfen – über die aber persönliche Bewertungen gar nichts besagen.

Wer beispielsweise Rudolf Steiners Darstellungen[15] der indianischen Rasse des westlichen Erdenterritoriums als eine solche, die eine alternde, absterbende Tendenz aufweise, rassistisch empfinden möchte, der mache sich nur klar: die Menschen, die dieser Rasse angehören, sind als solche damit gar nicht gemeint; die genannte Tendenz ist eine, die über Jahrtausende wirksam ist, wobei alle übrigen Rassen ebenfalls ihrer Umwandlung und Auflösung entgegengehen; man bedenke auch, daß in derselben Darstellung *alle* weiteren Menschheitsrassen *ebenso* als einseitig-besondere Ausformungen der leiblichen Konstitution dargestellt werden, die mit den inneren Kräfteverhältnissen eines jeweils bestimmten Lebensalters zusammenhängen; weiterhin ziehe man in Betracht, daß Rudolf Steiner bei seinen Darstellungen der Indianer immer mit dem größten Respekt von ihrer urtümlichen und hohen Spiritualität gesprochen hat; und schließlich frage man sich, ob man es auch «abwertend» und «rassistisch» finden muß, wenn man zum Beispiel die absterbende Tendenz der

Gruppe der älteren Menschen im Vergleich mit den jugendlicheren als eine bloße Tatsache ins Auge faßt. – Rudolf Steiner jedenfalls, da kann man ganz sicher sein, hat mit dieser und anderen Äußerungen überhaupt keine persönliche Bewertung verbunden – wer sie jedoch darin sehen möchte, der kann das tun, muß sich aber den Vorwurf gefallen lassen, daß er *selbst* als erstes einen «rassistischen» Sinn hineingelegt hat, sei es, weil er ihn so sehen, sei es, weil er ihn bekämpfen möchte. Es ist selbstverständlich, daß *jedes* wie auch immer geartete inhaltlich bestimmte Urteil über eine Rasse oder ein Volk wertend empfunden werden *kann:* Wer Materialist ist, wird in der Spiritualität der Indianer primitivsten Aberglauben sehen; wer archaisch-spirituelle Lebensformen liebt, wird sie bewundern usw. Ebenso wie man sagen kann, daß die Indianer einen rückschreitenden Seitenzweig der Menschheitsrassen darstellen, wird man diesen als älteren und weiseren Bruder der übrigen Rassen bezeichnen können, weil es ganz dasselbe und nur ein Spiel mit Worten ist. Es kam Rudolf Steiner jedoch gerade nicht darauf an, subjektive Wertungen zu befördern, sondern darauf, die tatsächlichen Verhältnisse so darzustellen, wie sie sich seiner Geistesforschung ergeben haben. – Hinzufügen wollen wir nur noch, daß eine Aussage wie das angeführte Beispiel über die indianische Rasse für jedermann eine bloße Hypothese bleiben muß, bevor er sich aus dem wirklichen Zusammenhang heraus ein Verständnis von ihr erworben hat.

Einen teilweise bedenklichen Unsinn können wir daher auch nur in den Zusammenstellungen von Zitaten sehen, die manche Anthroposophen heute zur Thematik der Rassen im Werk von Rudolf Steiner veranstalten[16], denn das bloße Aufstellen und Bewerten eines unverständlichen und unverstandenen Haufens von Zitaten R. Steiners hat weder mit anthroposophischer Erkenntnis noch mit einem ganz gewöhnlichen denkenden Begreifen einer Sache zu tun.

Rudolf Steiner selbst sah in einem wahren Völkerverständnis eine soziale Zeitnotwendigkeit, weil die gesamte Menschheit heute mehr und mehr durch unzählige soziale Fäden zusammenhängt, aber ein Verständnis der Begabungen und Bedürfnisse der Bevölkerungen von anderen Erdengebieten nur durch eine spirituelle Erkenntnis erlangt werden kann – ebenso wie der Aufgaben und Beschränktheiten des Volkes, dem man selbst angehört. Daher wollen wir abschließend eine Passage im vollen Wortlaut aufführen, die zeigen kann, mit welcher Gesinnung Rudolf Steiner *selbst* sein Völkerverständnis immer verstanden hat. Es geht in diesem Zusammenhang um die Differenzierung der Menschheit in Osten, Mitte und Westen, die Rudolf Steiner oft von den verschiedensten Seiten charakterisiert hat, weil sie für die heutigen geschichtlichen und sozialen Verhältnisse die wichtigste ist: «*Ja, man lernt heute die Geheimnisse unserer Zivilisation nicht kennen, wenn man nicht zu verteilen weiß die drei Impulse, bei denen es sich um den Aufstieg unserer Zivilisation handelt, auf die Glieder unserer Erdoberfläche; wenn man nicht weiß, daß das Streben nach Kosmogonie in den Talenten der anglo-amerikanischen Welt liegt, das Streben nach Freiheit in der europäischen Welt liegt, das Streben nach Altruismus und nach einer solchen Gesinnung, die, wenn sie richtig in der Wirklichkeit angewendet wird, zum Sozialismus führt, eigentlich nur in der asiatischen Kultur. Amerika, Europa, Asien haben jedes ein Drittel von dem, was anzustreben notwendig ist für einen wirklichen Neuaufstieg, für einen Neuaufbau unserer Kultur.*

Aus diesen Untergründen heraus muß heute jemand denken und empfinden, der es ernst und ehrlich meint mit einer Arbeit an einem neuen Aufbau unserer Kultur... Ich habe gesagt: sieht man unsere Kultur an mit ihren Niedergangsmomenten, so muß man den Eindruck bekommen, sie kann nicht gerettet werden, wenn die Menschen nicht einsehen: das eine ist bei dem, das zweite bei jenem, das dritte beim dritten vorhanden, wenn die Menschen nicht in großem Stile über die Erde hinweg zum Zusammenarbeiten kommen und zum wirklichen Anerkennen desjenigen, was der einzelne nicht im absoluten Sinne aus sich heraus leisten kann, sondern was nur geleistet werden kann von demjenigen, der, wenn ich so sagen darf, dazu prädestiniert ist. – Will heute der Amerikaner außer der Kosmogonie auch noch die Freiheit und den Sozialismus aus sich heraus gestalten: er kann es nicht. Will heute der Europäer zu der Begründung des Impulses der Freiheit auch noch die Kosmogonie finden und den Altruismus: er kann es nicht. Ebensowenig kann der Asiate etwas anderes als seinen alteingelebten Altruismus geltend machen. Wird dieser Altruismus von den anderen Bevölkerungsmassen der Erde übernommen und durchdrungen mit dem, wozu diese wiederum ihre Talente haben, dann erst kommen wir wirklich vorwärts. Heute ist die Menschheit darauf angewiesen, zusammenzuarbeiten, weil die Menschheit verschiedene Talente hat... Anglo-Amerikanertum hat das Talent zur Kosmogonie; Europa hat das Talent zur Freiheit; Asien hat das Talent zum Altruismus, zur Religion, zu einer sozialökonomischen Ordnung. Diese drei Gesinnungen müssen für die ganze Menschheit verschmelzen. Weltenmenschen müssen wir werden und vom Standpunkte des Weltenmenschen aus wirken. Dann kann einstmals dasjenige kommen, was die Zeit wirklich fordert.» [17]

ANMERKUNGEN

1 Ich fand es bedauerlich, daß die Ökumenische Arbeitsgruppe der Kirchen in der Schweiz es für nötig hielt, ihrer Tagung über «Anthroposophie und Christentum» einen Beitrag über angebliche rassistische und nationalistische Züge des anthroposophischen Weltbildes unterzumischen. Ein anthroposophischer Redner zum Thema wurde nicht vorgesehen, obwohl die Kirchen die Tagung als Dialog angekündigt hatten. Daher wollen wir es begrüßen, daß die Ökumenische Arbeitsgruppe mit ihrem Vorhaben zum Dialog dann ernst machte, als sie das Angebot machte, in dieser Publikation einen Artikel zur Stellungnahme einzuräumen.

2 *Flensburger Hefte*, Nr. 41, 6, 1993, Themenheft: «Anthroposophie und Rassismus».

3 Jutta Ditfurth, Feuer in die Herzen: Plädoyer für eine ökologische linke Opposition, Hamburg 1992, S. 222ff.

4 Es geht um: Werner Georg Haverbeck, Rudolf Steiner – Anwalt für Deutschland, München 1989, ein Buch, das Ideen R. Steiners in den Dienst revisionistischer Geschichtsverdrehungen stellen will. Siehe dazu folgende Artikel namhafter Anthroposophen: Christoph Lindenberg, «Mißbrauch und Verdrehung» und: Sergej O. Prokofieff, «Wessen ‹Anwalt› ist Haverbeck?», beide in der Zeitschrift *Die Drei*, Nr. 12, 1989, S. 910ff.

5 J. Ditfurth beruft sich vor allem auf V. Wölk, der bereits vor ihr ein Machwerk mit ähnlichen und genauso plumpen Behauptungen verfaßt hat: Volkmar Wölk, Neue Trends im ökofaschistischen Machwerk, in: R. Hethey / P. Kratz (Hrg.), In bester Gesellschaft: Antifa-Recherche zwischen Konservativismus und Neo-Faschismus, Göttingen 1991.
Weiterhin hat Ditfurth vielfach auf eine umfangreiche Material-Studie zurückgegriffen, in der aber Theosophie und Anthroposophie durchaus differenzierter beurteilt werden und nicht bewußt fälschend, wie bei der «journalistisch» arbeitenden Ditfurth:
Eduard Gugenberger / Roman Schweidlenka, Mutter Erde, Magie und Politik: zwischen Faschismus und neuer Gesellschaft, Wien 1987.
Ein geschichtliches Standardwerk über den Rassismus stellt übrigens ganz klar fest: «Die Theosophie selbst war nicht rassistisch... Aber der Rassismus verbündete sich schließlich mit der Theosophie. Theosophie konnte in der Tat auch einen neuen Humanismus tragen. Rudolf Steiners 1913 in Berlin gegründete ‹Anthroposophische Gesellschaft› verband Spiritualismus mit Freiheit und Universalismus.» George L. Mosse, Die Geschichte des Rassismus in Europa, Frankfurt am Main 1990, S. 119f.

6 Siehe die umfangreiche Biographie von Gerhard Wehr, Rudolf Steiner, Freiburg im Breisgau 1982, S. 326ff.

7 Ich beziehe mich im folgenden auf die schriftliche Fassung des Vortrages von Georg Otto Schmid, so wie er an der Tagung gehalten wurde und die der Verfasser mir freundlicherweise zur Verfügung stellte: «Die Anthroposophie und die Rassenlehre Rudolf Steiners zwischen Universalismus, Eurozentrik und Germanophilie». Eine Fassung des Vortrages wird in vorliegender Publikation abgedruckt. Es ist unmöglich, auf zahlreiche Sachfehler hier einzugehen. – Hinweisen möchte ich aber darauf, daß die ausführlich vorhandenen Gesamtdarstellungen der Anthroposophie von kirchlicher Seite den Rassismus-Vorwurf meines Wissens nicht enthalten.

8 Rudolf Steiner, Die Kernpunkte der sozialen Frage in den Lebensnotwendigkeiten der Zukunft und Gegenwart, GA 23. – Zu den direkten sozialen Initiativen Rudolf Steiners seit 1917 siehe die Chroniken, die von Hella Wiesberger in den *Nachrichten der Rudolf Steiner-Nachlaßverwaltung* zusammengestellt wurden: Nr. 15, 1966, Nr. 24/25 und 27/28, beide 1969.

9 Rudolf Steiner, Die spirituellen Hintergründe der äußeren Welt / Der Sturz der Geister der Finsternis, GA 177, Vortrag in Dornach vom 26. 10. 1917.

10 Karl Heyer, Rudolf Steiner über den Nationalismus, Basel 1993. Diese Materialsammlung erschien erstmals bereits 1949/50.

11 Rudolf Steiner, Die Philosophie der Freiheit: Grundzüge einer modernen Weltanschauung, GA 4, Kapitel: «Individualität und Gattung».

12 Für den Unkundigen sei zurechtrückend angemerkt: Im Gesamtwerk Rudolf Steiners gibt es, großzügig gerechnet, nur ungefähr ein Dutzend von Kapiteln und Vorträgen, die sich überhaupt mit den Menschheitsrassen als Hauptthema befassen; recht wenig bei einem Gesamtwerk von ca. 45 Bänden Schriften sowie vielen Tausend Vortragsnachschriften.

13 Rudolf Steiner, Aus der Akasha-Chronik, GA 11, Kap. «Das Leben der Erde». Diese Aufsätze stammen aus den Jahren 1904–08; es ist ganz irrtümlich, wenn man meint, Rudolf Steiners Auffassungen über die Rassen hätten sich im Laufe seiner theosophischen und dann anthroposophischen Tätigkeit im Grundsätzlichen gewandelt.

14 Rudolf Steiner, Die Mission einzelner Volksseelen im Zusammenhang mit der germanisch-nordischen Mythologie, GA 121, Vorträge in Kristiania (Oslo) vom 11. 6. und 17. 6. 1910. – Diese Vorträge, die R. Steiner selbst publiziert hat, sind als Hauptwerk der Anthroposophie für ihre Anschauung von Rassen und Völkern in der Geschichte zu betrachten; es setzt aber eine Kenntnis des universellen Menschenbildes der Anthroposophie als Grundlage bereits voraus.

15 Ebenda, GA 121, Vorträge vom 10. 6., 11. 6. und 12. 6. 1910.

16 Zum Beispiel: Flensburger Hefte, Nr. 41 (siehe Anmerkung 1).

17 Rudolf Steiner, Soziales Verständnis aus geisteswissenschaftlicher Erkenntnis, GA 191, Vortrag in Dornach am 10. 10. 1917.

Antworten auf Rückfragen

Andreas Heertsch

Frage: Führt Anthroposophie zu einem unpersönlichen (pantheistischen) Gottesbegriff?

Bernhard Grom entwickelt in seinem Beitrag diese Meinung anhand einer in der Erkenntnistheorie möglichen Erfahrung, daß der Denkende erlebt: «Ich empfinde mich denkend Eins mit dem Strome des Weltgeschehens.»[1] Diese Erfahrung sichert dem Denker den Zugang zur Welt.

Ohne diese Erfahrung ist er dem Kantianismus ausgeliefert: Wie die Welt denn wirklich («an sich») sei, das können wir nicht wissen. Wir können nur Bilder von ihr haben, von denen wir nicht wissen können, was sie mit der Welt «an sich» zu tun haben. Die theologische Folge dieser Ansicht ist der Offenbarungsglaube: Die Welt Gottes ist dem Menschen nicht zugänglich.

Nun liegt die Annahme nahe, das Eintauchen in diesen Strom des Weltgeschehens führt zu einer Auflösung der Seele in eben diesem Strom (vgl. Beitrag von Bernhard Grom). Tatsächlich heißt ja Erkenntnis auch: mit dem zu Erkennenden eins werden. Das reicht jedoch nicht hin: So war Adam ganz eins mit dem Paradies.[2] Er erkannte es aber nicht: Er hatte die Frucht des Baumes der Erkenntnis noch nicht genommen. Als er aber begann, das Paradies zu erkennen, war er schon von ihm getrennt: Er war nackt.

Es ist unbestritten, daß zum wahren Erkennen das Eins-Werden mit dem zu Erkennenden gehört. Wäre es dieses allein, so wäre Anthroposophie auf der Stufe des mittelalterlichen Arabismus: Die Seele wäre ein Tropfen aus dem Strome des Weltenseins: Sie wird in ihn zurückkehren und sich dabei wieder auflösen – spurenlos.

Erkennen heißt aber nicht nur Eins-Werden mit dem zu Erkennenden, sondern auch *darum wissen*. Und hier bleibt das Individuelle der erkennenden Seele gewahrt: Es ist die Willensbetätigung in der Erkenntnis, die sie zu «meiner» Erkenntnis macht. Im Denken «verliere» ich mich in den Strom des Weltgeschehens, aber – glücklicher Weise – erwartet das Denken (mehr und mehr) den *freien* Menschen, der die Erkenntnis *will*. In dieser eigenen Anstrengung fließt Weltensein und Individualität zusammen: hier bildet sich Individualität.

Solcher Erfahrung enthüllt sich die Welt als von Wesen getragen, von individuellen Wesen (Hierarchien), die jedes für sich ihre eigene Biographie haben. So ist Anthroposophie kein Pantheismus, im Sinne einer abstrakten einförmigen Göttlichkeit der Welt. Sondern Anthroposophie will ein Weg sein, das besondere Göttliche (sein geistiges Wesen) von jedem Geschöpf bis zu seinem Schöpfer aufsuchen zu können.

Frage: Ist der anthroposophische Begriff des «Vatergottes als schöpferischer Urgrund alles Seins» noch eine Person, zu der man ein «Du-Verhältnis» gewinnen kann, oder ist es nicht vielmehr ein unpersönliches (abstraktes) Prinzip?

Der Vatergott ist Person: Auch für uns Anthroposophen ist das «Vater unser» *das* Urgebet.[3] Allerdings möchte ich hinzufügen, daß Anthroposophie zu einem Verhältnis zu diesem Vatergott führt, das immer mehr von tiefer Verehrung geprägt ist. Das ist wohl auch der Grund, warum Rudolf Steiner in der Benennung des Vaters – wie auch seines Sohnes – zunehmend zu hinweisenden Formulierungen greift: «Urgrund allen Seins» bzw. «Mysterium von Golgatha». Daraus zu folgern, er habe kein personales Gottesverständnis, ist eine Verkennung des wahren Sachverhaltes.

Frage: Sind Anthroposophen Selbsterlöser? Meinen sie, sie könnten sich durch ihren Schulungsweg von Sünden erlösen? Brauchen Anthroposophen keinen erlösenden Tod auf Golgatha?

Es gibt vielleicht hie und da Menschen, die glauben, sie könnten sich selbst erlösen. Sie seien als «freie» Menschen völlig selbständig und nur sich selbst verantwortlich. Sie werden aber schnell einsehen, daß schon jede Erkenntnis ein Gnadenakt ist, der sich zwar vorbereiten, aber nicht erzwingen läßt.

Um nun vom Studium übersinnlicher Erkenntnisse überzugehen zu übersinnlicher Erfahrung, wird in der Anthroposophie der Schulungsweg beschrieben. Eine Anweisung lautet hier: «Wenn du *einen* Schritt vorwärts zu machen versuchst in der Erkenntnis geheimer Wahrheiten, so mache zugleich *drei* vorwärts in der Vervollkommnung deines Charakters zum Guten.»[4] Diese Arbeit bedeutet aber Selbstentwicklung im Dienste der anderen. Man kann die Erfahrung machen, daß die geistige Welt, die mit der Entwicklung des Menschen verbunden ist[5], solche Entwicklung stützt. (Was nicht heißt, daß die Widerstände der eigenen Seele einfach verschwinden, im Gegenteil, man lernt sie erst richtig kennen, aber man findet auch, daß man in diesem Kampf gnadenvolle Unterstützung erfährt.)

Ab einer gewissen Stufe heißt Erlösung auch Mitarbeit.[6] Je freier ein Mensch wird, desto mehr muß er auch Verantwortung für sein Tun übernehmen, desto mehr wird er auch aus der Stufe des hilflosen kleinen Kindes entlassen und sucht nun die neue (reife) Kindlichkeit der Heiligen, derer das Himmelreich sein wird.

Es liegt kirchengeschichtlich eine Tragik über der Auseinandersetzung zwischen Augustinus und Pelagius. Augustinus darf man wohl einen Eiferer um Gnade nennen, so sehr, daß der alte Augustinus in eine Prädestinationslehre gerät: Es ist *alles* göttliche Gnade: ob einer erlöst wird, ist Gottes Gnade, ob einer verdammt wird, alles liegt in Gottes Gnade. Diese Auffassung entwickelt Augustinus an Pelagius, der folgende Ansicht hat: Daß es das Gute gibt, ist Gnade; daß Menschen das Gute tun können, ist Gnade;

daß Menschen das Gute vollbringen, ist Gnade; daß Menschen sich zum Guten entschließen können, ist Gnade. Aber ob sich ein Mensch aktuell wirklich zum Guten entschließt, ist keine Gnade, sondern liegt in seiner Freiheit. Mag Augustinus für seine Zeitgenossen vielleicht Recht gehabt haben. Für die heutige Zeit der Entwicklung zum freien Menschen, der sich aus eigenem Antrieb entschließt, sich in Liebe für andere hinzugeben (das heißt für mich: Christ zu sein), ist diese Ansicht des Pelagius eine zutreffende Beschreibung einer Erfahrung, die heute jeder machen kann.

ANMERKUNGEN:

1 R. Steiner, Schwelle der geistigen Welt. Berlin 1913, Kap.: Vom Vertrauen, das man zu dem Denken haben kann, und von dem Wesen der denkenden Seele. Vom Meditieren. Erschienen als Band 17 in der Rudolf Steiner Gesamtausgabe, Dornach 1972

2 Vgl. meinen Beitrag in diesem Buch: Wiederverkörperung und Schicksal im Alltag. Kap. Der Garten – die Wüste – die Stadt.

3 Es wird berichtet, daß Rudolf Steiner das «Vater unser» während seines Krankenlagers bis zu seinem Tode so laut gebetet hat, daß man es auf der Straße hören konnte.

4 Rudolf Steiner: Wie erlangt man Erkenntnisse höherer Welten. Kap. Die Stufen der Einweihung. Rudolf Steiner Gesamtausgabe, Bibl. Nr. 10, Dornach 1975, S. 67

5 Der aufmerksame Leser wird bemerken, daß auch ich hier eine Umschreibung verwende, um auf die Wesenheit hinzuweisen, die zentral die menschliche Entwicklung trägt und ermöglicht. Wenn ich hier auf einfache Namensnennung verzichte, so aus den oben angeführten Gründen.

6 Vgl. meinen Beitrag: «Wiederverkörperung und Schicksal» in diesem Buch. Kap. Vergebung der Sünden und Schicksal.

Renaissance der Anthroposophie

Martin Scheidegger

In unserer Zeit, da viel von einem neuen Zeitalter die Rede ist, wo alternativer Lebensstil und Ganzheitlichkeit überall gesucht werden, erlebt auch die Anthroposophie eine Renaissance. Nicht ganz zu Unrecht beanspruchen die Anthroposophen, daß Steiner längst vor den bekannten New Age-Vertretern das neue Zeitalter geschaut und in seiner Geisteswissenschaft dargestellt habe. Dies müssen wir anerkennen, wenn auch die Zeitalter-Vorstellung bei R. Steiner sicher anders ausgeprägt ist als in der heutigen Esoterik und er natürlich nicht von einem Wassermann-Zeitalter spricht.

Das Erleben eines heraufbrechenden neuen Zeitalters hat aber die Arbeit von Rudolf Steiner ganz wesentlich geprägt. Überall hat er festgefahrenes Denken, fragwürdige Entwicklungen und einseitige theologische und philosophische Vorstellungen zu überwinden versucht. In der leidigen Polarisierung zwischen Wissenschaft und Glaube mußte es doch einen *dritten Weg* geben. Die Integration der polaren Gegensätze in ein gemeinsames Drittes ist zentrales Anliegen der Anthroposophie. Schon damals wollte Steiner in einer Bewegung für Dreigliedrigkeit auch das politische Umfeld neu gestalten und die Kapitalismus-Kommunismus-Spaltung überwinden. Im damaligen Umfeld waren seine Gedanken politisch nicht groß wirksam. Die neue Welt, das neue Zeitalter konnte sich nur auf kleinen Inseln und in bestimmten Freizonen entfalten.

Eine solche «Insel» haben wir in der Schweiz auf dem Monte Verita (Berg der Wahrheit) in Ascona. Hier fanden Alternativler und Sucher zusammen und gründeten eine neue Gesellschaft. Anarchisten, Theosophen und Naturisten suchten hier ihr Ideal einer Gegenkultur und einer neuen Welt zu verwirklichen. Es entstand eine theosophische Laiengemeinschaft, eine Künstlergemeinde und -schule, sowie ein Hotel- und Kurhaus für Freikörperkultur. Neue Ideen harrten der Verwirklichung, starre Grenzen sollten überwunden werden, und auch eine Vermittlung zwischen Ost und West sollte hier stattfinden können: Yoga und Meditation wurden gelehrt (insbesondere in der Eranos-Bewegung). Rudolf Steiner hat die Kolonie auf dem Monte Verità mitgestaltet und mitgeprägt. Seine Handschrift ist auch in diversen architektonischen Zeugnissen heute noch sichtbar.

Um die Jahrhundertwende fand diese Bewegung in Intellektuellen- und Künstlerkreisen großen Widerhall. Heute ist dieser Ort Geschichte und Museum. Das heißt aber nicht, daß die damit verbundenen Ideen und Hoffnungen für immer gestorben seien. Wiederum nähern wir uns einem Jahrhundertwechsel. Neben vielen Weltuntergangs-Propheten melden sich natürlich auch die Vertreter einer Stufenlehre wieder zu Wort. Das Erreichen einer neuen Bewußtseinsstufe, ein vertieftes geistiges Schauen, ja die eigene, persönliche spirituelle Erfahrung rücken in den Mittelpunkt vieler Suchenden. Da mag es nicht erstaunen, daß neben allen spiritistischen und spiritualistischen Angeboten aus höheren Welten, vermittelt via «channeling» durch diverse Medien, auch die klassische Geisteswissenschaft von Rudolf Steiner wiederum vermehrt Beachtung findet.

Wenn schon ein den Höheren Hierarchien der aufgestiegenen Meister entstammender Ramtha sich nicht der menschlichen Kriegs-Sucht entziehen kann und die vielen Propheten immer noch vergebens auf Entrückung und Endkampf warten, ist die anthroposophische Weltsicht eine eher überzeugende Alternative. Während Ramtha und Ram-tha (respektive ihre Medien J. Z. Knight und Julie Ravel) sich darüber streiten, ob er nun in englisch oder in deutsch sendet, legt R. Steiner großen Wert darauf, daß auf Autorität hin nichts angenommen wird. Jeder Suchende soll selber seine Erfahrung machen und zur wahren geistigen Erkenntnis kommen.

Natürlich läßt sich auch in der Geschichte der Anthroposophie diese Haltung nicht überall finden. Die Auseinandersetzungen mit der theosophischen Gesellschaft und später innerhalb der anthroposophischen Gesellschaft zeugen davon, daß auch hier Ideal und Wirklichkeit auseinanderklaffen. Noch heute kann ein Anthroposoph auf kritische Bemerkungen bezüglich der anthroposophischen Weltanschauung ohne Arg sagen: «R. Steiner war halt ein großer Eingeweihter, er konnte vieles sehen und war seiner Zeit voraus. Wir müssen dies einfach einmal so annehmen. Die Geisteswissenschaft wird sich uns nach und nach erschließen.» – Dies ist doch ein dogmatisches Übernehmen einer Lehre. Dagegen hat Steiner sich ja gerade gewendet.

Es ist aber auf jeden Fall verständlich, daß die Grundgedanken der Anthroposophie in unserer Zeit ein Wiederaufblühen erleben. Die ganze heutige spirituelle Suche hat sich auf den Menschen konzentriert. Gott und seine Vertreter auf Erden, mitsamt ihren Institutionen, sind für viele Suchende zumindest kaum mehr attraktiv, wenn nicht gar unglaubwürdig geworden. Viele der neuen Gurus haben sich ebenso als Scharlatane und Menschenverführer erwiesen, und auch all die unterschiedlichen Psychoangebote greifen in vielem zu kurz oder versprechen die Erfahrung als Konsumartikel. Da scheint eine fundierte Auseinandersetzung mit den geistigen Welten die bessere Alternative zu sein.

Neben den diversen theosophischen Mysterien-Schulen bietet hier die Anthroposophie eine westlich und christlich geprägte Anschauung von den höheren Welten. Ebenso ist die Anthroposophie, wenn auch nicht als Lehre so doch als Bestandteil der praktischen Arbeit in Erziehung und Medizin, weit herum bekannt.

Wenn Menschen sich heute vermehrt mit Anthroposophie befassen, scheint dies Ausdruck der allgemeinen Suchbewegung zu sein.

Anthroposophie versucht zwei bestimmte Elemente immer wieder zusammen zu sehen und in Einklang miteinander zu bringen: den Weg der *Selbsterkenntnis* und eine vertiefte *Welterkenntnis*. So möchte sie einen Mittelweg wählen zwischen einem individualisierenden Subjektivismus und einem verobjektivierenden Glauben. Immer geht es darum, die verborgene (d. h. die «okkulte» = unbewußte) Seite der Wirklichkeit zu erforschen und mit einzubeziehen. Ähnlich wie C. G. Jung in der Tiefenpsychologie tiefere Erkenntnis der Tiefendimension des Menschen anstrebt, so strebt Steiner die Erkenntnis höherer Welten an. Anthroposophie soll «ein Erkenntnisweg (sein), der das Geistige im Menschenwesen zum Geistigen im Weltall führen möchte». Es soll also ein Weg des Einzelnen, der esoterische Weg der Einweihung, verbunden werden mit einer Wissenschaft vom Geistigen, oder anders ausgedrückt, esoterische Erfahrung soll sich mit der exoterischen Erscheinung und Beurteilung verbinden. Wenn Steiner also mit dem Geist arbeitet, geht es um eine Bewußtseinssteigerung hin zur Erkenntnis höherer Welten. Dies ist natürlich nicht möglich allein aus der individuellen Erfahrung heraus. Dazu braucht er trotz gegenteiliger Behauptung nicht verifizierbare Vorgaben. Diese entnimmt er einer Quelle, welche eben nicht jedermann zugänglich ist, der sogenannten *Akasha-Chronik*. Dies ist eine Urkunde, praktisch das *fünfte* Evangelium, welche nicht sinnlich wahrnehmbar ist. Es ist eine *neue Offenbarung*, welche geglaubt oder abgelehnt werden muß.

An diesem Punkt entzündet sich denn auch die Auseinandersetzung zwischen christlicher Theologie und Anthroposophie. Theologen ziehen sich gerne auf die ein für allemal gegebene biblische Offenbarung zurück, während Anthroposophen die Geschichtlichkeit und die Entwicklung (Evolution) von Offenbarung und Wahrheit betonen. Es bleibt zu hoffen, daß in der nahen Zukunft ein Gespräch möglich wird, welches nicht nur die alten Fronten auffrischt, sondern aus der neuen Situation heraus auch neue Wege aufzeigen kann. Jedenfalls darf ein solches Gespräch nicht nur davon geprägt sein, daß die einen finden, die wahre Geisteserkenntnis zu haben, welche folgerichtig eine höhere Entwicklungsstufe der Menschheitsgeschichte darstellt, während die andern den Geisteswissenschaftlern vorwerfen, Anthroposophie sei mit dem Christentum nicht vereinbar.

Es ist eine eigenwillige Sicht des Menschen, welche die Anthroposophie vertritt. Angefangen mit dem Gedanken, daß der Mensch ein «viergliedriges Wesen» sei, zusammengesetzt aus physischem Leib, Ätherleib und Astralleib – zusammengehalten durch das unsterbliche Ich. Während die drei niederen Leiber durch Vererbung entstehen, kommt das Ich – und damit der eigentliche Mensch – unmittelbar aus der geistigen Welt heraus. Solche Vorstellungen werden von der christlichen Theologie als zumindest gnostizierend erkannt und abgelehnt. Die Auseinandersetzung mit der Gnosis findet sich ja schon in neutestamentlichen Schriften. Und die gnostische Vorstellung von einer unsterblichen Seele, welche in eine sterbliche Hülle schlüpfe, wurde von der Kirche verworfen.

Während Steiners Ansatz viele interessante Aspekte zur Entwicklung des Menschen aufzeigt und in vielen Erkenntnissen entwicklungspsychologische Einsichten vermitteln kann, führt doch die Vorstellung zu teilweise recht schwer nachzuvollziehenden Erkenntnissen. So soll es nach ihm zwei Jesusknaben gegeben haben (entsprechend den unterschiedlichen Stammbäumen der Evangelien): einen salomonischen (Inkarnation des Zarathustra) und einen nathanischen (Inkarnation des Buddha) Jesus. Mit 12 Jahren, im Tempel zu Jerusalem, geschah ein gewaltiges Ereignis, welches Steiner so beschreibt: «Jene Ichheit, die bis dahin als Zarathustra-Ichheit den Körper des Jesus aus der königlichen Linie des davidischen Geschlechtes gebrauchte, um auf die Höhe seiner Zeit zu kommen, drang aus dem Körper des salomonischen Jesusknaben heraus und übertrug sich auf den nathanischen Jesus, der daher wie ein Verwandelter erschien. ... Es kommt vor, daß eine Individualität auf einer gewissen Entwicklungsstufe andere Bedingungen braucht, als sie ihr von Anfang an gegeben wurden. Daher kommt es immer wieder vor, daß ein Mensch bis zu einem gewissen Lebensjahr heranwächst –

und dann auf einmal in Ohnmacht fällt und wie tot ist. Da geht dann eine Umwandlung vor sich: Es verläßt ihn sein eigenes Ich, und ein anderes Ich nimmt in seiner Körperlichkeit Platz. Eine solche Umlagerung des Ich findet auch in anderen Fällen statt: das ist eine Erscheinung, die jeder Okkultist kennt» (Das Lukas-Evangelium, S. 110).

Im geistigen Bereich hat sich mit dieser Ich-Umlagerung für Steiner der Zusammenfluß von Buddhismus und Zarathustrismus ereignet, zwei Formen der alten Initiation (Einweihung), die nun in der christlichen Einweihung überholt und überboten werden. In der Taufe, welche Jesus von Johannes empfängt, senkt sich dann die *Christus-Wesenheit* in ihn hinein und im Mysterium von Golgatha, im Tode Jesu, wird *der Christus geboren*. Selbstverständlich ist das Geschehen von Golgatha auch für Steiner heilsnotwendig. Da der Mensch aus geistiger Höhe in materielle, physische Tiefe hinabgestiegen ist und im Laufe seiner Entwicklung wiederum hinaufsteigen soll, braucht es einen solchen Mittelpunkt oder Tiefstpunkt des Geschehens, der den Beginn des Wiederaufstiegs markiert. So wie Christus ein neues Zeitalter eingeläutet hat, so bringt die Anthroposophie eine neue Epoche des Christentums: «Indem wir Anthroposophie auf das Christentum anwenden, folgen wir der welthistorischen Notwendigkeit, die dritte christliche Zeitepoche vorzubereiten... Das wird sozusagen das dritte Kapitel sein. – Das erste Kapitel ist die Zeit der Verkündigung des Christentums. Das zweite Kapitel ist das tiefste Hinuntertauchen des menschlichen Geistes in die Materie und in die Vermaterialisierung selbst des Christentums. Und das dritte Kapitel soll sein die geistige Erfassung des Christentums durch anthroposophische Vertiefung» (Das Johannes-Evangelium. S. 178/179).

Angesichts solch hoher Meinung von der Anthroposophie und des darin liegenden Anspruchs ist es nicht verwunderlich, daß die christliche Theologie immer ablehnend auf die Anthroposophie reagiert hat.

Positiv zu würdigen ist das beim Menschen und seiner Erfahrung und Entwicklung einsetzende Menschenbild. Es sieht die Prozeßhaftigkeit der menschlichen Entwicklung und versteht den Menschen als ökologisch und sozial eingebundenes Wesen. Tatsächlich hat Steiner in seiner Zeit damit berechtigterweise Alternativen zum damaligen theologischen Verständnis gesucht und gefunden. Nach ihm sucht der schöpferische Mensch nicht nur nach der eigenen Entwicklung, sondern auch nach dem gemeinschaftlichen religiösen Eingebundensein. Entsprechend ist der Mensch Bindeglied zwischen den Welten und befähigt durch seine therapeutische Arbeit an sich selber, seine leiblichen, materiellen Grenzen hinter sich zu lassen.

Steiner sieht die stufenweise Entwicklung des Menschen analog der Weltentwicklung. Da die Weltentwicklung eine Entwicklung in Bewußtseinsstufen ist, welche von planetarischen Bewußtseinsstufen ausgeht und als spiralförmig verstanden wird, ist dieser Weltsicht die Frage nach einem Anfang (d. h. nach der Schöpfung und dem Schöpfer) unwichtig. Entsprechend ist auch der Mensch ewiger sich entwickelnder Geist. Einzig die Entwicklung, welche immer tiefer in die Materie hineinführt, muß natürlich an einem bestimmten Punkt umgekehrt werden. Diese Umkehrung schafft der Mensch nicht. Dazu bedarf es des Christusimpulses, des Mysteriums von Golgatha.

Dieses Ereignis bildet den Übergang vom Abstieg, welchen Steiner als «Erbsünde» bezeichnet, hin zum Aufstieg, der als «Gnade» verstanden wird. So kann Steiner ausdrücken: «Handelt es sich nun aber beim ‹Sündenfall› nicht um ein einmaliges Ereignis, sondern um einen vieltausendjährigen Prozeß der stufenweisen Verbindung der Seele mit dem Leibe, so kann verständlich werden, daß *die ‹Erlösung› ebensowenig einen einmaligen Akt darstellt, sondern ebenfalls* ein jahrtausendlanges Geschehen, – das Gegengeschehen einer stufenweisen Wiederloslösung der Seele vom sterblichen Leibe bedeutet» (Die Anthroposophie und die Zukunft des Christentums, S. 47/48).

Obschon mit dem Christus-Impuls ein neues Zeitalter begonnen hat und die Welt durchchristet ist, stellt sich die Geschichte des Christentums doch als Verfallsgeschichte dar, welche erst mit der Geisteswissenschaft Steiners aufgehalten wird.

Als Kritik einer Leben-Jesu-Theorie liberaler Prägung ist auch Steiners Jesusverständnis verständlich. Er sieht das Heilsgeschehen nicht im historischen Jesus von Nazareth begründet, sondern im kosmischen Christus. Angesichts der Beliebigkeit vieler Jesusbilder ist die Suche nach der allgemeingültigen Heilsbotschaft sicher berechtigt. Nicht von ungefähr hat auch in der Theologie in den letzten Jahren ein vertieftes Nachdenken über die kosmische Dimension des Christus begonnen. Als solche, letztlich zeitbedingte Gedanken können anthroposophische Vorstellungen durchaus fruchtbar sein. Wenn sie allerdings zur geistigen Lehre und zur Trägerin des neuen Christentums emporgehoben wird, ist doch große Vorsicht angezeigt. An dieser Stelle müßte eine kritische Auseinandersetzung mit der Anthroposophie tatsächlich heute stattfinden.

Beispielhaft wird das Spannungsverhältnis zwischen historischer Gegebenheit und kosmischem, geistigem Geschehen in der Offenbarungsfrage deutlich. Steiner entlarvt die Inkonsequenz des traditionellen Offenbarungsverständnisses, verfällt aber dem gleichen Fehler, indem er seine Akasha-Chronik dann doch als die bessere und weiterführende Offenbarung hinstellt. Er sagt: «Nach der Auffassung der Konfessionen gilt als die einzige Quelle unseres Wissens von Christus die schriftliche und (für den Katholizismus auch) die mündliche Überlieferung. Zwar gibt man die Möglichkeit von ‹Privatoffenbarungen› Christi an einzelne Menschen durchaus zu. Aber für den Wert derselben entscheidet nach dieser Auffassung ihre Übereinstimmung oder Nichtübereinstimmung mit der in der Bibel niedergelegten Offenbarung... *Die Bibel kann aber heute kein Maßstab mehr sein für ein Urteil darüber, welche Auffassung von Christentum die richtige ist!*» (Bibel und Weisheit, S. 37f.).

Auch die Theologie kann nicht einfach ihre alten Vorstellungen zur absoluten Erkenntnis hochstilisieren, sonst landet sie in einem Fundamentalismus. Aber eine solche

Überheblichkeit der neuen Offenbarung gegenüber den biblischen Quellen, wie Steiner sie formuliert, ist nicht gerade dazu angetan, den notwendigen Dialog zwischen Anthroposophie und Theologie zu fördern: «Wir bedürfen also, wenn Christus heute mit uns leben soll, einer neuen, einer heutigen Form seiner Offenbarung» (Bibel und Weisheit, S. 40).

Und dennoch, das Gespräch muß gesucht und gefunden werden. Nicht nur hier gilt es, einseitige dogmatische Engführungen der Glaubensbilder zu überwinden. Fragen, welche sich insbesondere stellen, sind:

1. Es muß genau nachgedacht werden über das Verhältnis von biblischer Offenbarung und der Erkenntnis höherer Welten durch andere Kanäle (channeling, Akasha-Chronik, direkte Offenbarungen aus dem Himmel etc.). Es braucht ein neues Verständnis für die individuelle Gottesoffenbarung. Gleichzeitig braucht es aber auch einen Maßstab, welcher nicht von der jeweiligen Sichtweise und Interpretation schon vorgegeben wird. (Oft sind die Kontrahenten sich der subjektiven Interpretationsanteile nicht einmal bewußt – was wahrscheinlich auch auf weite Strecken für die anthroposophische Sichtweise gilt.)

2. Es muß neu überdacht werden, welchen Stellenwert die *Beziehungsstruktur* des christlichen Glaubens hat und welche Rolle sie in den Erkenntnisbemühungen der Anthroposophie spielt. Es ist dies die alte Frage der Auseinandersetzung mit dem esoterischen Weg der Einweihung. Von der Gnosis über die Mystik bis hin zur Anthroposophie zieht sich hier eine ernst zu nehmende Tradition, welche von der Theologie oft ungenügend ernst genommen wurde. Die Frage der individuellen spirituellen Erfahrung, die Gemeinschaftsfähigkeit des spirituell Suchenden und die Fähigkeit der kirchlichen Gemeinschaft, diese Erfahrung in ihrer Mitte zu ermöglichen, ist hier angesprochen.

3. Die Frage nach dem Verhältnis zwischen der Erlösungs-

tat Christi (Opfertod) und den Evolutionsvorstellungen Steiners bedarf einer eingehenden Diskussion. Es braucht auch hier neue Sichtweisen, welche nicht auf die plakative Auseinandersetzung zwischen «Selbsterlösung – Erlösung durch Jesus Christus allein» reduziert bleiben.

4. Die Vorstellungen von Steiner, welche Karma und Reinkarnation als zentrale Gegebenheiten voraussetzen, müssen mit der biblischen Tradition von der göttlichen Gnade und der Einmaligkeit und Personalität des Menschen ins Gespräch gebracht werden.

Diese und weitere Fragen sind in Zukunft in einem offenen Gespräch zu prüfen. Es wäre schade, wenn das gegenwärtig wieder aufkommende Interesse am anthroposophischen Gedankengut nur wieder zu neuen Polarisierungen führen würde. Während Theologie und Kirchen von einem rein lehrmäßig geprägten, institutionalisierten Glauben mehr und mehr wegkommen können, gelingt es vielleicht den Anthroposophen auch, die eigenen dogmatischen Engführungen und überhöhten Ansprüche fallen zu lassen.

Die Anthroposophen haben in letzter Zeit ihre Bereitschaft bekundet. Nicht nur in der Waldorf-Pädagogik und der anthroposophischen Medizin haben sie ihren Beitrag zum jetzt wieder propagierten New Age geleistet. Sie suchen in letzter Zeit vermehrt das Gespräch und gelangen mit ihren Schriften an eine breitere Öffentlichkeit. Zeugnis davon gibt beispielsweise ihre Zeitschrift *Novalis*, welche seit einiger Zeit auch am Kiosk erhältlich ist. Dabei handelt es sich um die Nachfolgezeitschrift von «Die Kommenden», welche nun als Zweimonatszeitschrift «Novalis» ein verändertes Gesicht erhalten hat und nicht mehr nur ein Insider-Blatt sein will. Die Artikel bieten eine gute Möglichkeit, sich mit den Gedanken der Anthroposophie vertraut zu machen. Es werden auch teilweise kritische Gedanken formuliert und neue Interpretationen versucht oder neue Zusammenhänge entwickelt. In diesem Sinne wird versucht, aus dem übergroßen Schatten von Steiner etwas herauszutreten.

Wesentliches Element anthroposophischer Anschauung ist die Zusammenschau verschiedener Dinge. Durch «analoges Denken» soll das esoterische Verständnis «wie oben, so unten» in vielfältigster Weise dargestellt werden. Dieses esoterisch vernetzende Denken wird in vielen Artikeln deutlich und lädt zum Weiterdenken ein.

So bietet die Anthroposophie einen wichtigen Beitrag zum heutigen New Age-Streben und all den esoterischen Angeboten. Es ist tatsächlich so, daß Steiner viele der hier und dort auftauchenden Gedanken schon vor hundert Jahren gedacht und ausgesprochen hat. New Age ist also gar nicht so neu – schließlich hat ja auch Christus ein neues Zeitalter eingeläutet. Und vielleicht kann der eine oder andere Gedanke tatsächlich einen neuen Impuls geben oder eine neue Denkrichtung anregen. Bei aller kritischen Distanz sei dies nicht verschwiegen: Neue und ungewohnte Gedanken wurden immer und werden auch in Zukunft im ersten Anlauf schwerlich von den etablierten Kirchen angenommen. Bei Galilei hat es Jahrhunderte gebraucht – vielleicht können die hilfreichen Ansätze der Anthroposophie etwas früher angenommen und die zeitbedingten Bilder und Vorstellungen bald einmal auch wieder relativiert werden.

Und nicht zuletzt sei noch darauf hingewiesen, was Paulus uns schon empfohlen hat: Prüfet alles, das Gute behaltet! Es ist nicht alles gut, was auf den ersten Blick so erscheint, aber es ist auch nicht alles schlecht, wenn einzelne Aspekte kaum glaubwürdig scheinen. So sollen wir uns nicht anmaßen, zum vornherein zwischen Weizen und Unkraut so genau unterscheiden zu können. In Geduld sollen wir die Ernte erwarten, da werden wir die Früchte erkennen. Von der Anthroposophie haben wir immerhin mit Medizin, Landwirtschaft und Pädagogik praktische Früchte, welche weit über die anthroposophische Gemeinschaft hinaus wirken.

Weltanschaulich gesehen sind sehr viele Vorstellungen

der Anthroposophie dem Weltbild von Scientology vergleichbar. Während die Art und Weise, wie die Scientologen ihr Weltbild in die Tat umsetzen, zu heftiger Kritik Anlaß gibt, kann man dies bei der Anthroposophie nicht sagen. Gerade ihr Ansatz der individuellen Förderung und Schulung jedes einzelnen Kindes vor dem Hintergrund seines Erlebens macht die Steiner-Schulen nach wie vor sehr attraktiv.

Literatur (in Auswahl)

Badewien, Jan: Anthroposophie, Eine kritische Darstellung, Konstanz 1985 (F. Bahn-Verlag), 235 S.

Brügge, Peter: Die Anthroposophen, Waldorfschulen – Biodynamischer Landbau
Ganzheitsmedizin – Kosmische Heilslehre,
Reinbek/Hamburg 1984 (Spiegel-Buch/Rowohlt-V.), 205 S.

Geisen, Richard: Anthroposophie und Gnostizismus, Paderborn 1992

Grom, Bernhard: Anthroposophie und Christentum, München 1989 (Kösel-V.), 198 S.

Heyer, Friedrich: Anthroposophie – ein Stehen in Höheren Welten?, Konstanz 1993 (F. Bahn-V., Reihe R. A. T.), 126 S.

Körner-Wellerhaus, I.: Anthroposophie – eine esoterische Weltanschauung, Stuttgart 1992 (EZW-Texte 119)

Krämer, F. J. / Scherer, G. / Wehnes, F. J.: Anthroposophie und Waldorf-Pädagogik, Annweiler 1987

Maier, Bernhard: Die religionsgeschichtliche Stellung der Anthroposophie,
München 1988 (Material-Ed. 22), 90 S.

Rest, Franco: Waldorfpädagogik, Anthroposophische Erziehung als Herausforderung für öffentliche und christliche Pädagogik, Mainz/Stuttgart 1992 (Grünewald-V./Quell-V.), Reihe: Unterscheidung, 140 S.

Ullrich, Heiner: Waldorfpädagogik und okkulte Weltanschauung. Eine bildungsphilosophische und geistesgeschichtliche Auseinandersetzung mit der Anthropologie R. Steiners, Weinheim/München 1986 (Juventa-V.), 276 S.

Wehr, Gerhard: Kontrapunkt Anthroposophie, München 1993 (Claudius-V.), 128 S.

Fundamentalistische Sichtweise:

Koegler, Traugott: Anthroposophie und Waldorf-Pädagogik, Ansätze einer kritischen Analyse, Neuh.-Stuttgart ³1985 (Hänssler-Vl), 65 S.

Eigendarstellung und Quellen:

Bühler, Walther: Anthroposophie als Forderung unserer Zeit. Eine Einführung auf der Grundlage einer spirituellen Naturanschauung, Schaffhausen ²1993 (Novalis-V.), 230 S.

Baumann, Adolf: ABC der Anthroposophie, Bern 1986

De Coster-Selinger, Cornelia: Schöpferisch Heilen. Beiträge zu einem therapeutischen Vademecum für den Entwicklungsweg der Kinder aus der Menschenkunde R. Steiners, Schaffhausen 1993 (Novalis-V.), 272 S.

Frensch, Michael: Christliche Erziehung und Waldorf-Pädagogik, Schaffhausen 1993 (Novalis-V.), 52 S.

Hemleben, Johannes: Rudolf Steiner in Selbstzeugnissen und Bilddokumenten, Reinbek 1963

Steiner, Rudolf: Die Philosophie der Freiheit, Grundzüge einer modernen Weltanschauung, Dornach ¹⁴1985 (R. Steiner-V.)

Steiner, Rudolf: Wie erlangt man Erkenntnisse der höheren Welten?, Dornach ⁹1990 (R. Steiner-V.), 239 S.

Steiner, Rudolf: Theosophie, Einführung in übersinnliche Welterkenntnis und Menschenbestimmung, Dornach ⁹1990 RB (Steiner-V.), 221 S.

Steiner, Rudolf: Die Geheimwissenschaft im Umriß, Dornach ⁶1987 TB (Rudolf Steiner-V.), 448 S.

Steiner, Rudolf: aus der Akasha-Chronik, Dornach ⁵1990 TB (Steiner-V.), 263 S.

Steiner, Rudolf: Die Wirklichkeit der höheren Welten, Dornach 1981

Steiner, Rudolf: Wiederverkörperung und Karma – und ihre Bedeutung für die Kultur der Gegenwart, Dornach ²1987 TB (Steiner-V.), 176 S.

Steiner, Rudolf: Das Johannes-Evangelium, Dornach
²1990 TB (R. Steiner-V.), 224 S.
Steiner, Rudolf: Das Lukas-Evangelium, Dornach ²1991
TB (Steiner-V.), 224 S.
Steiner, Rudolf: Das Matthäus-Evangelium, Dor-
nach 1989 TB (Steiner-V.), 272 S.
Wehr, Gerhard: Rudolf Steiner, Leben Erkenntnis, Kultur-
impuls, München 1987

Autoren

Cornelius Bohlen
studierte Völkerkunde und Philosophie. Er ist Lehrer an der Rudolf Steiner Schule in Zürich

Hans Buser
war Evangelisch-reformierter Pfarrer in Basel bis 1991 und Religionslehrer der Evangelischen Landeskirche an der Rudolf Steiner Schule. Langjährige Beschäftigung mit philosophischen und anthroposophischen Fragen.

Joachim Finger
ist Evangelisch-reformierter Pfarrer in Beringen/SH und Mitglied der Ökum. Arbeitsgruppe. Dissertation zur Entwicklung der Gurubewegungen in Indien. Publikation u. a. «Jesus – Essener, Guru, Esoteriker?»

Bernhard Grom
ist Professor für Religionspädagogik und Religionspsychologie in München, Publikation «Anthroposophie und Christentum».

Andreas Heertsch
ist Physiker in der Krebsforschung und Zweigleiter des anthroposophischen Zweiges am Goetheanum in Dornach.

Joachim Müller
ist katholischer Religionslehrer an der Kantonsschule/Lehrerseminar Heerbrugg, Copräsident der Ökumenischen Arbeitsgruppe und Präsident der Schweizerischen Katechetenvereinigung. Mitherausgeber des «Lexikon der Sekten, Sondergruppen und Weltanschauungen».

Martin Scheidegger
ist Evangelisch-reformierter Pfarrer und Leiter der Ökumenischen Beratungsstelle für Sektenfragen in Luzern

Georg Schmid
ist Evangelisch-reformierter Pfarrer in Greifensee/ZH, Titularprofessor und Leiter der Evangelischen Orientierungsstelle «Kirche, Sondergruppen, religiöse Bewegungen», Zürich und Co-Präsident der Ökumenischen Arbeitsgruppe «Neue religiöse Bewegungen in der Schweiz».

Georg Otto Schmid
studiert Theologie und Religionswissenschaft und ist Mitarbeiter der Evangelischen Orientierungsstelle «Kirche, Sondergruppen, religiöse Bewegungen» in Zürich.

Carlo Willmann
studierte in Freiburg katholische Theologie und unterrichtet heute an der Waldorfschule Darmstadt katholische Religion, Deutsch und Geschichte. In seiner Promotionsarbeit beschäftigt er sich mit der theologischen Konzeption und der religiösen Erziehung der Waldorfschule.

Weltanschauungen im Gespräch

Beiträge von: Joachim Müller – Carl-A. Keller – Bernhard Wenisch – Guido Vergauwen – Johannes Mischo

Band 7
Heilen, was verwundet ist
Heilkunst zwischen alternativer Medizin und göttlichem Geist
1990
Beiträge von: Oswald Eggenberger – Urs Pilgrim – Hansjörg Hemminger – Sturmius-M. Wittschier – Ivo Meyer – Walter J. Hollenweger – Joachim Müller

Band 9
Apokalyptische Ängste – christliche Hoffnung
1991
Beiträge von: Otto Bischofberger – Armin Beeli – Walter Bühlmann – Jan Milic Lochman – Joachim Müller

Band 10
Der Islam in Bewegung
Begegnung oder Konfrontation?
1991
Beiträge von: Otto Bischofberger – Peter Antes – Smail Balić – Ludwig Hagemann – Carl-A. Keller – Jacques Waardenburg

Band 11
Der magische Kreis
Magie und Mystik
1994
Beiträge von: Joachim Müller – Carl-A. Keller – Georg Schmid – Sturmius-M. Wittschier

Band 12
Okkultismus
Begegnung mit dem eigenen Schatten
1992
Beiträge von: Georg Schmid – Eberhard Bauer – Georg Bienemann – Bernhard Wenisch – Christa Zöller

Paulusverlag Freiburg Schweiz

Fridolin Marxer / Andreas Traber

Wiedergeburt

Hoffnung oder Illusion?

224 Seiten, broschiert
ISBN 3-7228-0359-4

Die Lehre von der Wiedergeburt findet bei uns eine ständig wachsende Akzeptanz. Doch läßt sich diese Überzeugung mit dem christlichen Glauben vereinbaren? Was ist
aus wissenschaftlicher Sicht dazu zu sagen? Diesen Fragen
stellen sich die beiden Autoren, ein Physiker und ein
Theologe. Nach einem geistesgeschichtlichen Überblick
über die Reinkarnationslehre konfrontieren sie diese mit
den Ergebnissen der Natur- und Grenzwissenschaften
sowie dem Urteil von Theologie und Philosophie. Sie bieten damit die erste fächerübergreifende Gesamtdarstel-
lung dieses Themas. Aus einer christlichen Grundhaltung
heraus beziehen sie deutlich Position, die zugleich offen ist
für andersdenkende Menschen und fremde Ansichten.

Erschienen im Paulusverlag Freiburg Schweiz